Klaus Kreuzberg

Offenlegungspolitik von Investmentfonds

GABLER EDITION WISSENSCHAFT

Klaus Kreuzberg

Offenlegungspolitik von Investmentfonds

Fondsrisiko, Portfoliooptimalität und Performance

Mit einem Geleitwort von Prof. Dr. Alexander Kempf

Deutscher Universitäts-Verlag

Bibliografische Information Der Deutschen Bibliothek
Die Deutsche Bibliothek verzeichnet diese Publikation in der Deutschen Nationalbibliografie; detaillierte bibliografische Daten sind im Internet über <http://dnb.ddb.de> abrufbar.

Dissertation Universität zu Köln, 2006

1. Auflage Mai 2006

Lektorat: Brigitte Siegel / Stefanie Brich

Der Deutsche Universitäts-Verlag ist ein Unternehmen von Springer Science+Business Media.
www.duv.de

Umschlaggestaltung: Regine Zimmer, Dipl.-Designerin, Frankfurt/Main
Druck und Buchbinder: Rosch-Buch, Scheßlitz
Gedruckt auf säurefreiem und chlorfrei gebleichtem Papier
Printed in Germany

ISBN-10 3-8350-0366-6
ISBN-13 978-3-8350-0366-8

Geleitwort

Es besteht weltweit ein Trend der Anleger, Anlageentscheidungen nicht mehr selbst zu treffen, sondern professionelle Fondsmanager mit den Anlageentscheidungen zu betrauen. Dahinter steht die Hoffnung, dass ein Fondsmanager aufgrund seiner überlegenen Informationen in der Lage ist, für den Anleger ein besseres Rendite-Risiko-Profil zu erzielen als es dieser selbst könnte. Es gibt allerdings eine umfangreiche empirische Literatur, die belegt, dass ein beträchtlicher Teil der Fondsmanager – trotz anders lautender Versprechungen – hierzu nicht dauerhaft in der Lage ist. Für dieses Phänomen wird als Erklärung häufig genannt, dass Fondsmanager bei ihren Anlageentscheidungen nicht in erster Linie das Wohl des Anlegers im Auge haben, sondern ihre eigenen Ziele verfolgen.

Dies wirft die Frage auf, wie die optimale Handelsstrategie aussieht, auf die der Anleger den Fondsmanager verpflichten sollte. Die Antwort auf diese Frage ist keineswegs offensichtlich, unterscheiden sich Fondsmanager und Fondsanleger doch bezüglich ihrer Informationen. Der Fondsmanager besitzt vermutlich bessere Informationen über den Aktienmarkt als der Fondsanleger, doch ist für den Anleger unklar, ob der Informationsvorsprung des Fondsmanagers die von ihm geforderte Managementgebühr kompensiert. Der Anleger kennt die Qualität des Fondsmanagers nicht, er ist einem Managementrisiko ausgesetzt. Dieses Managementrisiko tritt bei jeder Form des delegierten Portfoliomanagements auf, sein Ausmaß variiert aber von Fonds zu Fonds in Abhängigkeit der Offenlegungspolitik des Fonds. Je mehr Informationen der Fonds seinen Anlegern bekannt gibt, desto leichter kann der Investor die Qualität des Fondsmanagers einschätzen und desto geringer ist das Managementrisiko, dem der Anleger ausgesetzt ist.

Der zentrale Beitrag der Dissertationsschrift von Klaus Kreuzberg besteht darin, den Einfluss des Managementrisikos bzw. der Offenlegungspolitik im Asset Management Prozess erstmals analytisch herauszuarbeiten. Hierbei stehen drei Fragen im Zentrum: (i) In welcher Weise sollten Fondsmanager das Managementrisiko der Anleger bei ihren Anlageentscheidungen berücksichtigen? (ii) Wie sollten Anleger bei der Beurteilung der Performance eines Fonds das Managementrisiko berücksichtigen? (iii) Welches ist die für den Anleger optimale Offenlegungspolitik eines Fonds?

Zu jedem Fragenkomplex bietet die Arbeit wesentliche neue Erkenntnisse. So weist Herr Kreuzberg (i) nach, dass ein Fondsmanager bei seinen Anlageentscheidungen die

Offenlegungspolitik berücksichtigen muss: Je restriktiver die Veröffentlichungspolitik ist, desto weniger aggressiv sollte der Fondsmanager auf neue Informationen reagieren. Aufbauend auf diesem Optimalverhalten der Manager entwickelt (und implementiert) Herr Kreuzberg (ii) neue unverzerrte Performancemaße, die dem Ausmaß des Managementrisikos Rechnung tragen. Schließlich zeigt Herr Kreuzberg (iii) im Rahmen einer Gleichgewichtsanalyse, dass Fonds in wenig liquiden Marktsegmenten eine restriktivere Offenlegungspolitik verfolgen sollten als andere Fonds.

Die wesentliche Botschaft der Arbeit von Herrn Kreuzberg lässt sich knapp zusammenfassen: Sowohl Anleger als auch Fondsmanager sollten bei ihren Überlegungen die Offenlegungspolitik eines Fonds berücksichtigen. Über das Wie gibt die Arbeit von Herrn Kreuzberg erstmals umfassend Auskunft. Ich kann die Arbeit deshalb Forschern und interessierten Praktikern auf dem Gebiet der Investmentfonds nur zum Studium empfehlen.

Prof. Dr. Alexander Kempf

Vorwort

Eine zentrale Herausforderung bei der Performancemessung von Investmentfonds ist die korrekte Erfassung des Fondsrisikos. Ein Fondsportfolio kann für die Anleger riskanter aussehen (und auch sein!), als es aus Sicht des Fondsmanagers ist. Verantwortlich hierfür ist das Managementrisiko der Fondsanleger. Die Höhe des Managementrisikos hängt von der Offenlegungspolitik des Fonds ab. Die vorliegende Arbeit zeigt erstmalig die Auswirkungen der Offenlegungspolitik auf die Höhe des Fondsrisikos, das optimale Anlageverhalten von Fondsmanagern und die Performance. Sie liefert für Wissenschaft und Praxis gleichermaßen interessante Erkenntnisse über das Spannungsfeld zwischen Fondsrisiko, Performance und dem Ausmaß an Portfoliooffenlegungen. Sie wurde im Januar 2006 von der Wirtschafts- und Sozialwissenschaftlichen Fakultät der Universität zu Köln als Dissertationsschrift angenommen.

Meinem akademischen Lehrer, Herrn Prof. Dr. Alexander Kempf, der mein Dissertationsprojekt von Anfang an mit großem Engagement begleitet hat, bin ich besonders dankbar. Seine intensive fachliche und persönliche Betreuung, seine wertvollen und zielgerichteten Anmerkungen sowie die freundschaftliche Arbeitsatmosphäre haben wesentlich zum erfolgreichen Abschluß der Arbeit beigetragen. Herrn Prof. Dr. Christoph Kuhner danke ich herzlich für die Übernahme des Zweitgutachtens.

Meine Kolleginnen und Kollegen am Seminar für Allgemeine Betriebswirtschaftslehre und Finanzierungslehre der Universität zu Köln haben ebenfalls durch viele wertvolle fachliche Diskussionen und Anregungen zum Gelingen dieser Arbeit beigetragen. Auch ihnen danke ich herzlich. Mein besonderer Dank gilt Herrn Dr. Christoph Memmel und Herrn Dipl.-Math. Hendrik Vollrath für das Überprüfen der Beweise, Frau Dipl.-Oec. Tanja Buchart für die gemeinsame Aufbereitung der amerikanischen Fondsdaten und das Korrektur lesen von Teilen des Manuskripts sowie Frau Dipl.-Kff. Kerstin Drachter für das Korrektur lesen von Teilen des Manuskripts.

Mein ganz besonderer Dank gilt meinen Eltern, die mich während meiner gesamten Ausbildung in jeglicher Hinsicht großzügig unterstützt haben. Mein Vater hat das gesamte Manuskript von der ersten bis zur letzten Seite Korrektur gelesen. Meine Mutter hat das Symbolverzeichnis auf Vollständigkeit überprüft. Vor allem aber möchte ich meiner lieben

Freundin Heidi danken, die besonders zum Ende meiner Promotionszeit oft auf mich verzichten mußte.

Klaus Kreuzberg

Inhaltsverzeichnis

Abbildungsverzeichnis

Tabellenverzeichnis

Symbolverzeichnis

$\underline{1}$	N-Vektor, dessen Einträge allesamt gleich Eins sind
c	Liquiditätsparameter der Aktie
$c(\tilde{T})$	Grenzkosten eines höheren Transaktionsvolumens
c_j	prozentuale Transaktionskosten von Fonds j (in % des Fondsvolumens Vol_j)
$\text{cov}(\ldots)$	Kovarianzoperator
f	fixe Managementgebühr; Laufindex für die verschiedenen Bewertungsfaktoren, $f = 1, \ldots, F$
$f(s\|x)$	Dichtefunktion der Informationssignale $\tilde{s}$ bedingt auf die Realisation der Portfoliosignale x
$f(x)$	Dichtefunktion der Portfoliosignale $\tilde{x}$
g	relative Nachfrage der Kapitalgeber nach Fonds l
h	Laufindex für die verschiedenen Kapitalgeber, $h = k, l$
$h(s)$	Perturbation des optimalen Aktiengewichts
i	Laufindex für die verschiedenen Aktien, $i = 1, \ldots, N$
j	Laufindex für die verschiedenen Fonds, $j = k, l$
k	Anzahl der Renditebeobachtungen je Offenlegungsperiode
$n_{f,t}$	Skalierungsfaktor für die Varianz des Priors für das systematische Fondsrisiko in Faktor f in Offenlegungsperiode t
n_t	Skalierungsfaktor für die Varianz des Priors für das systematische Fondsrisiko in Offenlegungsperiode t
$\tilde{s}$	Vektor der Informationssignale des Fondsmanagers; Informationssignal des Fondsmanagers
$\tilde{s}_i$	Informationssignal des Fondsmanagers über die Rendite $\tilde{R}_i$ von Aktie i
$\tilde{s}_j$	Vektor der Informationssignale von Fondsmanager j
$\text{std}(\ldots)$	Operator für die Standardabweichung
$\text{var}(\ldots)$	Varianzoperator
w	Fondsportfolio; Anlagestrategie
$w^\star$	optimales Fondsportfolio

w_E	Benchmarkportfolio, das nur auf öffentlichen Informationen basiert und für die Kapitalgeber optimal ist, $w_E = \frac{1}{\lambda}\Sigma^{-1}\mu$
$w^{\star}_{\mathrm{Full}}$	optimales Fondsportfolio bei perfektem Portfoliosignal
w_i	Gewicht von Aktie i im Fondsportfolio
$w_{j,\tau}$	Vektor der Portfoliogewichte von Fonds j in Periode τ
$w^{\star}_{\mathrm{No}}$	optimales Fondsportfolio ohne Portfoliosignal
$\overline{w}_j$	aus Sicht von Fondsmanager $-j = l, k$ erwartetes Portfolio von Fondsmanager $j = k, l$
$\tilde{x}$	Portfoliosignal an die Kapitalgeber
$\tilde{x}_j$	Portfoliosignal von Fonds j an die Kapitalgeber
$\tilde{y}$	alternatives Portfoliosignal an die Kapitalgeber
$z_{\mathrm{CRSP},t}$	„Beobachtungsvektor", dessen erste k Einträge die Überschußrenditen $R_{\mathrm{CRSP},t}$ des CRSP-Indizes in Offenlegungsperiode t sind und dessen $(k+1)$-ter Eintrag gleich Eins ist
$z_{Ff,t}$	„Beobachtungsvektor", dessen erste k Einträge die Renditen $R_{Ff,t}$ des f-ten Faktors in Offenlegungsperiode t, dessen $(k+f)$-ter Eintrag gleich Eins und dessen restliche Einträge gleich Null sind
$z_{j,t}$	„Beobachtungsvektor", dessen erste k Einträge die Fondsüberschußrenditen $R_{j,t}$ in Offenlegungsperiode t sind und dessen $(k+f)$-ter Eintrag der erwartete Prior für das bedingte Beta in Faktor f ist
C_j	indirekte Transaktionskosten von Fonds j
$DBJ_j(x)$	gewichtsbasiertes Alpha von Fonds j mit Offenlegungspolitik $\tilde{x}$
DBS_E	gewichtsbasierte Sharpe-Ratio der auf Basis öffentlicher Informationen effizienten Benchmark
$DBS_j(x)$	gewichtsbasierte Sharpe-Ratio von Fonds j mit Offenlegungspolitik $\tilde{x}$
$\mathrm{E}[\dots]$	Erwartungswertoperator
GT_E	Portfolio-Change-Maß nach Grinblatt und Titman (1993) der auf Basis öffentlicher Informationen effizienten Benchmark
GT_j	Portfolio-Change-Maß nach Grinblatt und Titman (1993) von Fonds j
$H(s)$	$N \times N$-Diagonalmatrix, deren Einträge $h_k(s)$ Perturbationen des k-ten Aktiengewichts sind
J_j	Jensen-Maß von Fonds j
J_j^{MF}	Mehr-Faktor-Alpha von Fonds j
N	Anzahl der am Kapitalmarkt gehandelten Aktien
Q_t	Gewichtungsmatrix im Rahmen der bayesianischen Regression in Offenlegungsperiode t
$\tilde{R}$	Vektor der Aktienrenditen; Aktienrendite
R^2	Stärke des Portfoliosignals an die Kapitalgeber, $R^2 = 1 - \mathrm{var}(\tilde{s}\|x)/\sigma_s^2$

$R_{\text{CRSP},\tau}$	Überschußrendite des CRSP-Indizes in Periode τ
$\tilde{R}_E$	Rendite der Benchmark
$\tilde{R}_f$	Rendite von Faktor f
$R_{Ff,\tau}$	Rendite von Faktor f in Periode τ
$R_{\text{HML},\tau}$	Rendite des Buchwert-zu-Marktwert-Faktors in Periode τ
$\tilde{R}_i$	Rendite von Aktie i
$\tilde{R}_j$	Fondsrendite; Rendite von Fonds j
$R_{j,\tau}$	Überschußrendite von Fonds j in Periode τ
R_j^2	Stärke des Portfoliosignals von Fonds j an die Kapitalgeber
$\tilde{R}_j^{CS}$	Teil der Rendite von Fonds j, der auf die Selektion von Wertpapieren mit bestimmten Charakteristiken zurückzuführen ist
$\tilde{R}_j^{CT}$	Teil der Rendite von Fonds j, der auf Timingaktivitäten in den verschiedenen Wertpapier-Charakteristiken zurückzuführen ist
$\tilde{R}_j^S$	Renditebeitrag von Fonds j durch Wertpapierselektion
$\tilde{R}_j^T$	Renditebeitrag von Fonds j durch Timingaktivitäten
$\tilde{R}_j^\star$	Rendite von Fonds j bei optimalem Anlageverhalten vor Kosten und Gebühren
$R_j^{\star 2}$	Optimale Offenlegungspolitik von Fonds j
$R_{\text{MKT},\tau}$	Rendite des Marktfaktors in Periode τ
$R_{\text{PR1YR},\tau}$	Rendite des Momentumfaktors in Periode τ
R_s^2	Stärke des Informationssignals des Fondsmanagers, $R_s^2 = \sigma_s^2/\sigma^2$
$R_{\text{SMB},\tau}$	Rendite des Marktkapitalisierungs-Faktors in Periode τ
R_τ	Vektor der Überschußrenditen der Aktien in Periode τ
$R_\tau^{b,\tau-13}$	Vektor der Überschußrenditen der in Periode $\tau - 13$ für die Aktien charakteristischen Portfolios in Periode τ
Sh_{Full}	Sharpe-Ratio des Fondsportfolios, bedingt auf die privaten Informationen des Fondsmanagers
Sh_E	Sharpe-Ratio der auf Basis öffentlicher Informationen effizienten Benchmark
Sh_j	Sharpe-Ratio von Fonds j
T	Länge des Untersuchungszeitraums
$\tilde{T}$	aggregiertes wertmäßiges Transaktionsvolumen der Aktie (bei Aufbau der Positionen)
$\tilde{T}_j$	wertmäßiges Transaktionsvolumen von Fonds j in der Aktie (bei Aufbau der Position)
$\tilde{T}_J^L$	wertmäßiges Transaktionsvolumen von Fonds j in der Aktie bei Liquidation der Position
Vol_j	Fondsvolumen von Fonds j

α	auf Grundlage von öffentlichen Informationen effizientes Benchmarkportfolio (Tangentialportfolio), $\alpha = \frac{\Sigma^{-1}\mu}{\underline{1}'\Sigma^{-1}\mu}$; Hilfsvektor zur Formulierung des Variationsproblems in w als Extremwertproblem in α
β	Vektor der Betafaktoren der Aktien
$\beta(\tilde{R}_j\|x)$	Betafaktor von Fonds j bedingt auf die Realisation x des Portfoliosignals an die Kapitalgeber
β_f	Vektor der Betafaktoren der Aktien in Faktor f
β_j	Unbedingter Betafaktor von Fonds j
$\beta_j(x)$	Erwarteter bedingter Betafaktor von Fonds j für Kapitalgeber mit Portfoliosignal $\tilde{x}$
$\hat{\beta}_j(x)$	Schätzer für das systematische Risiko von Fonds j
$\beta_{j,f}$	Unbedingter Betafaktor von Fonds j in Faktor f
$\hat{\beta}_{j,t}(x)$	Schätzer für das bedingte systematische Risiko von Fonds j in Offenlegungsperiode t
$\hat{\beta}^{4F}_{j,f}(x)$	Schätzer für das systematische Risiko von Fonds j in Faktor f
$\hat{\beta}^{4F}_{j,f,t}(x)$	Schätzer für das bedingte systematische Risiko von Fonds j in Faktor f in Offenlegungsperiode t
$\hat{\beta}^{4F}_{j,t}(x)$	Schätzer für den Vektor der bedingten Betafaktoren von Fonds j in Offenlegungsperiode t, $\hat{\beta}^{4F}_{j,t}(x) = \left(\hat{\beta}^{4F}_{j,1,t}(x), \ldots, \hat{\beta}^{4F}_{j,4,t}(x)\right)'$
$\beta^{Prior}_{j,t}$	Prior für das systematische Risiko von Fonds j in Offenlegungsperiode t
$\beta^{4F,Prior}_{j,f,t}$	Prior für das systematische Risiko von Fonds j in Faktor f in Periode t
β_{passiv}	Betafaktor eines passiven Portfolios, dessen erwartete Rendite der des Fonds entspricht
$\tilde{\gamma}$	Vektor der Störterme; Störterm
$\tilde{\gamma}_i$	Störterm in Bezug auf die Rendite der Aktie i
$\tilde{\gamma}_j$	Vektor der Störterme aus Sicht von Fondsmanager j
λ	Parameter der Risikoaversion der Kapitalgeber
μ	Vektor der erwarteten Aktienrenditen; erwartete Aktienrendite
$\hat{\mu}_{\text{CRSP}}$	Zeitreihenschätzer für die erwartete Überschußrendite des CRSP-Indizes
μ_E	Unbedingt erwartete Rendite der Benchmark
μ_f	Unbedingt erwartete Rendite von Faktor f
$\hat{\mu}_{Ff}$	Zeitreihenschätzer für die erwartete Rendite von Faktor f
$\hat{\mu}_{\text{HML}}$	Zeitreihenschätzer für die erwartete Rendite des Buchwert-zu-Marktwert-Faktors
μ_j	Unbedingt erwartete Rendite von Fonds j
$\hat{\mu}_j$	Zeitreihenschätzer für die erwartete Überschußrendite von Fonds j
$\hat{\mu}_{\text{MKT}}$	Zeitreihenschätzer für die erwartete Rendite des Marktfaktors
$\hat{\mu}_{\text{PR1YR}}$	Zeitreihenschätzer für die erwartete Rendite des Momentumfaktors

$\hat{\mu}_{\text{SMB}}$	Zeitreihenschätzer für die erwartete Rendite des Marktkapitalisierungs-Faktors
σ^2	Unbedingte Varianz der Aktienrendite
σ_E^2	Unbedingte Varianz der Benchmarkrendite
σ_j^2	Unbedingte Varianz der Rendite von Fonds j
$\sigma_j^2(x)$	Erwartete bedingte Varianz der Rendite von Fonds j für Kapitalgeber mit Portfoliosignal $\tilde{x}$
σ_{passiv}^2	Unbedingte Varianz eines passiven Portfolios, dessen erwartete Rendite der des Fonds entspricht
σ_s^2	Varianz des Informationssignals $\tilde{s}$
$\sigma_{u,t}^2$	Residualvarianz einer linearen Regression der Überschußrendite des Fonds in Offenlegungsperiode t auf die Überschußrendite des CRSP-Indizes/ die Renditen der Faktorportfolios
$\sigma^2_{\beta^{Prior}_{j,t}}$	Varianz des Priors für das systematische Risiko von Fonds j in Periode t
$\sigma^2_{\beta^{4F,Prior}_{j,f,t}}$	Varianz des Priors für das systematische Risiko von Fonds j in Faktor f in Offenlegungsperiode t
$\sigma_{\varepsilon,j}^2$	Unsystematisches Risiko von Fonds j
$\sigma_{\varepsilon,\text{passiv}}^2$	Unsystematisches Risiko eines passiven Portfolios, dessen erwartete Rendite der des Fonds entspricht
σ_γ^2	Varianz des Störterms $\tilde{\gamma}$
$\tilde{\tau}_j$	Informationen, die Fonds j zur Portfolioselektion zur Verfügung stehen
$\tilde{\upsilon}$	zusätzliche private Informationen des Fondsmanagers
ϕ	alternativer Parameter der Risikoaversion der Kapitalgeber
$\phi^\star$	Vermögensanteil, den die Kapitalgeber ohne Portfoliosignal im Optimum in das mit vollständiger Portfoliooffenlegung optimale Fondsportfolio $w_{\text{Full}}^\star$ investieren
ψ	Korrekturfaktor des optimalen Fondsportfolios
ω	Performancesensitivität des Mittelaufkommens von Fonds l
Σ	unbedingte Varianz-Kovarianz-Matrix der Aktienrenditen $\tilde{R}$
$\Sigma(\tilde{s})$	Varianz-Kovarianz-Matrix der Informationssignale $\tilde{s}$ des Fondsmanagers
$\Sigma(\tilde{\gamma})$	Varianz-Kovarianz-Matrix der Störterme $\tilde{\gamma}$
$\Sigma(\ldots)$	Operator für die Varianz-Kovarianz-Matrix eines Zufallsvektors
Φ	Präferenzfunktion des Kapitalgebers
Φ_j	Präferenzfunktion der Kapitalgeber von Fonds j

Kapitel 1

Einleitung

1.1 Motivation und Beitrag

Während noch im Jahr 1980 nur gut 5% der privaten amerikanischen Haushalte Fondsanteile hielten, investiert mittlerweile fast jeder zweite amerikanische Haushalt einen Teil seines Vermögens in Investmentfonds.[1] Mit über 50% halten aktiv verwaltete Aktienfonds den Löwenanteil aller in Investmentfonds investierten Gelder.[2] Der zentrale Unterschied zwischen einer Anlage in Aktienfonds und einer Direktanlage in Aktien liegt in der Zwischenschaltung eines professionellen Managers, dessen Qualität den Fondsanlegern ex-ante nicht bekannt ist. Die Anleger von aktiv verwalteten Fonds tragen daher nicht nur das Aktienrisiko. Sie sind zusätzlich mit Managementrisiken im Hinblick auf die Qualität des für sie tätigen Fondsmanagers konfrontiert.

Fonds veröffentlichen ihren Kapitalgebern jedoch in regelmäßigen Abständen die Allokation des Fondsportfolios. So schreibt das Investmentgesetz in Deutschland zum Vertrieb zugelassenen Fonds die regelmäßige Veröffentlichung der vollständigen Portfoliopositionen in den Jahres- und Halbjahresberichten der Fonds vor. Amerikanische Fonds sind unter dem Investment Company Act seit Juni 2004 sogar vierteljährlich verpflichtet, ihre kompletten Portfoliopositionen offenzulegen. Von der Änderung der veröffentlichten Portfoliopositionen können die Fondsanleger auf die Qualität des Fondsmanagers zurückschließen. Gelingt es beispielsweise einem Manager, sein Gewicht in DaimlerChrysler Aktien immer zu erhöhen, bevor der Aktienkurs von DaimlerChrysler steigt, und es zu reduzieren, bevor der Kurs von DaimlerChrysler fällt, so signalisiert dies den Kapitalgebern die überlegenen Prognosefähigkeiten des Managers. Es ist somit für die Kapitalgeber von Fonds von zentraler Bedeutung, wie oft und mit welcher Präzision sie Informationen über die Transaktionen des Fondsmanagers erhalten. Dies legt der Fonds durch seine Offenlegungspolitik

---

1 Quelle: Investment Company Institute (2005), S. 29.

2 Quelle: Eigene Berechnungen auf Basis von Zahlen des Investment Company Institute (2005) und des Center for Research in Security Prices.

fest. Die Offenlegungspolitik ist somit eine wichtige Entscheidungsvariable im Zusammenhang mit einer Fondsanlage.

Vor diesem Hintergrund überrascht es, daß Fragen der Offenlegungspolitik von Investmentfonds erst in den letzten Jahren in der Literatur thematisiert werden.[3,4] Diese Arbeit beschäftigt sich erstmals umfassend mit der Bedeutung der Offenlegungspolitik von Fonds. Dabei stehen vier Forschungsfragen im Mittelpunkt:

1. Wie sehen die für die Kapitalgeber von Fonds optimalen Portfolios aus und welchen Einfluß hat die Offenlegungspolitik auf die optimale Portfoliozusammensetzung?

2. Wie können die Kapitalgeber von Fonds die veröffentlichten Portfolioinformationen im Rahmen der Performancemessung nutzen?

3. Wieviel Transparenz sollten Kapitalgeber von ihren Fonds verlangen und von welchen Determinanten hängt das optimale Ausmaß an Portfoliooffenlegung ab?

4. Finden sich empirisch Fonds, die ihren Kapitalgebern unter Berücksichtigung von Rendite- und Portfolioinformationen eine überlegene Performance bieten?

Die vorliegende Arbeit leistet in allen vier Punkten einen wesentlichen Beitrag zur bestehenden Literatur.

Mit der ersten Frage beschäftigen sich erstmals Hansen und Richard (1987) sowie Ferson und Siegel (2001). Hansen und Richard (1987) zeigen übertragen auf den Fall von Investmentfonds, daß Portfolios, die aus Sicht eines Fondsmanagers mit privaten Informationen optimal sind, für Kapitalgeber ohne diese Informationen nicht effizient sind. Ferson und Siegel (2001) leiten in der Folge Fondsportfolios her, die aus Sicht uninformierter Investoren optimal sind. Die Kapitalgeber von Fonds sind aber nicht gänzlich uninformiert. Portfoliooffenlegungen signalisieren den Kapitalgebern einen Teil der privaten Informationen des Fondsmanagers. Hier schließt sich der erste Beitrag der vorliegenden Arbeit an. Es wird gezeigt, wie die für Kapitalgeber mit unvollständigem Portfoliosignal optimalen Fondsportfolios aussehen, und wie sich das für die Kapitalgeber optimale Anlageverhalten von Fonds ändert, wenn diese ihre Portfoliozusammensetzung häufiger oder nur seltener bekanntgeben.

---

3 Vor dem Hintergrund der Umstellung der Offenlegungspflichten amerikanischer Aktienfonds von einer halbjährlichen auf die vierteljährliche Offenlegung im Juni 2004 sind in den letzten Jahren erste Arbeiten zur Bedeutung der Offenlegungspolitik von Fonds erschienen. Wermers (2001) und Frank, Poterba, Shackelford und Shoven (2004) untersuchen mögliche Kosten einer regelmäßigen Portfoliooffenlegung. Ge und Zheng (2005) untersuchen die Determinanten der Offenlegungspolitiken von Fonds empirisch. George und Hwang (2005) entwickeln einen ersten theoretischen Ansatz zur Bestimmung der optimalen Offenlegungspolitik aus Sicht einer gewinnmaximierenden Fondsgesellschaft.

4 Es gibt eine umfangreiche, verwandte Literatur zur Rechnungslegung von Unternehmen und daraus resultierenden ökonomischen Implikationen. Einen Überblick über diese Literaturrichtung gibt Verrecchia (2001).

Auch die zweite Frage wird in der bestehenden Literatur nur ansatzweise behandelt. Jensen (1972), Dybvig und Ross (1985) und Grinblatt und Titman (1989b) diskutieren Defizite allein auf Renditeinformationen basierender Performancemaße, wie beispielsweise des Jensen (1968)-Maßes oder der Sharpe (1966)-Ratio. Diese treten auf, falls Fondsmanager Timingfähigkeiten besitzen, also in der Lage sind, die allgemeine Marktentwicklung zu prognostizieren. Grinblatt und Titman (1993) sowie Daniel, Grinblatt, Titman und Wermers (1997) schlagen als Antwort darauf alternative Maße vor, die anstatt auf Renditeinformationen auf den von den Fonds veröffentlichten Portfolioinformationen beruhen. Diese Arbeit zeigt, daß beide Arten von Maßen –allein auf Renditeinformationen und ausschließlich auf Portfolioinformationen basierende Maße– fehlspezifiziert sind, sofern Fonds Informationen über ihre Anlagestrategien bekanntgeben, diese aber nicht perfekt sind. Es werden zwei neue Performancemaße entwickelt, die erstmals beide Informationsquellen –Rendite- und Portfolioinformationen– kombinieren und so die Performance aus Sicht der Kapitalgeber von Fonds unverzerrt messen.

Die dritte Frage analysieren bisher nur George und Hwang (2005) parallel zur Entstehung dieser Arbeit. Während George und Hwang (2005) aber das aus Sicht einer gewinnmaximierenden Fondsgesellschaft optimale Ausmaß an Portfoliooffenlegungen analysieren, nimmt diese Arbeit die Perspektive der Kapitalgeber ein, deren Gelder durch die Fondsgesellschaft verwaltet werden. Der zentrale Beitrag zur Beantwortung der dritten Forschungsfrage ist die Entwicklung eines Modells zur Offenlegungspolitik von Fonds, die aus Sicht der Kapitalgeber optimal ist. Das Modell liefert Determinanten optimaler Offenlegungspolitiken. Diese verdeutlichen, welche Fonds ihre Portfoliozusammensetzung regelmäßig bekanntgeben können und welche Fonds zurückhaltend im Hinblick auf eine Portfoliooffenlegung sein sollten.

Die vierte Forschungsfrage betrifft schließlich die empirische Performance und die Persistenz der Performance von Aktienfonds. Sie wird anhand eines umfangreichen Datensatzes aller im Zeitraum 1983 bis 2003 existierenden offenen amerikanischen Aktienfonds untersucht. Der zentrale Beitrag der empirischen Studie ist, daß die Performance erstmals unter gleichzeitiger Berücksichtigung von Rendite- und Portfolioinformationen untersucht wird. Es ergibt sich somit ein deutlich exakteres Bild von der Performance amerikanischer Aktienfonds als in früheren Studien, die allein auf Renditeinformationen oder ausschließlich auf den von den Fonds veröffentlichten Portfolioinformationen basieren. Hier zeigen sich einige interessante Ergebnisse, insbesondere im Hinblick auf die Persistenz der Performance im Vorjahr erfolgreicher Fonds.

1.2 Aufbau der Arbeit

Die vorliegende Arbeit gliedert sich in sieben Kapitel. Der Aufbau der Arbeit orientiert sich dabei an den vier in Abschnitt 1.1 vorgestellten Leitfragen. Nach der Einleitung werden in Kapitel 2 die zentralen Modellannahmen dargestellt. Die folgenden Kapitel 3 – 6 bilden den Kern der Arbeit und liefern jeweils einen der vier in Abschnitt 1.1 dargelegten Beiträge zur bestehenden Literatur.

In Kapitel 3 wird gezeigt, wie sich die Offenlegungspolitik von Fonds auf das optimale Fondsportfolio auswirkt. Es werden die für ein unterschiedliches Ausmaß an Portfoliooffenlegung jeweils optimalen Fondsportfolios hergeleitet. Es zeigt sich, daß eine Fondsanlage strukturell andere Portfolios erfordert als eine Direktanlage in Aktien. Eine komparativ-statische Analyse der optimalen Fondsportfolios verdeutlicht, daß Fondsmanager umso stärker auf ihre privaten Informationen reagieren können, je häufiger der Fonds die Fondsgewichte bekanntgibt.

Im vierten Kapitel der Arbeit steht die Performancemessung durch die Kapitalgeber im Mittelpunkt. Es werden zunächst Kriterien für die Beurteilung von Performancemaßen entwickelt. Anhand dieser Kriterien zeigt sich, daß sowohl externe Performancemaße, die nur auf Renditeinformationen basieren, als auch interne Performancemaße, die lediglich die von den Fonds veröffentlichten Portfoliopositionen berücksichtigen, für die Performancemessung durch Fondsanleger fehlspezifiziert sind. Dies führt zur Entwicklung von zwei neuen Performancemaßen, die erstmals beide Informationen –die veröffentlichten Fondsgewichte und die Fondsrenditen– zur Performancemessung verwenden. Es wird gezeigt, daß diese neuen Maße korrekt spezifiziert sind.

In Kapitel 5 werden anschließend die Determinanten einer für die Kapitalgeber von Fonds optimalen Offenlegungspolitik untersucht. Unter der zusätzlichen Annahme imperfekter Kapitalmarktliquidität zeigt sich, daß eine häufigere Offenlegung der Fondsgewichte zwar mit höheren Erlösen in Form einer verbesserten Performance vor Kosten verbunden ist, aber aufgrund des höheren Transaktionsvolumens uninformierter Wettbewerber auch zu höheren indirekten Transaktionskosten führt. Es wird das für die Kapitalgeber von Fonds optimale Ausmaß an Portfoliooffenlegungen hergeleitet. Die Ergebnisse des fünften Kapitels verdeutlichen, daß die empirisch beobachtete Zurückhaltung vieler Fonds bei der Offenlegung ihrer Fondsgewichte für deren Kapitalgeber optimal sein kann.

Im sechsten Kapitel wird die modelltheoretische Analyse durch empirische Ergebnisse in Bezug auf die Performance und die Persistenz der Performance aller im Zeitraum 1983 bis 2003 existierenden offenen amerikanischen Aktienfonds abgerundet. Die Berücksichtigung der Offenlegungspolitik bei der Performancemessung führt zum einen zu einem deutlich optimistischeren Bild der Persistenz der Performance einzelner Fonds. Sie verdeutlicht zum anderen das Fehlerpotential bisheriger Performancestudien, die entweder nur die Fondsrenditen oder ausschließlich die von den Fonds veröffentlichten Aktienpositionen zur Performancemessung verwenden.

Die Arbeit schließt mit einer zusammenfassenden Beurteilung der wesentlichen Ergebnisse und einem Ausblick auf interessante weitergehende Forschungsfragen in Kapitel 7.

Kapitel 2

Modellannahmen

Die in diesem Kapitel vorgestellten Modellannahmen bilden die Grundlage für die gesamte Arbeit. Sie basieren auf der Portfoliotheorie von Markowitz (1952), (1959), erweitern diese jedoch um zwei für die Analyse von Fonds wesentliche Bausteine: Erstens gibt es neben dem Kapitalgeber zusätzlich einen Fondsmanager. Der Fondsmanager bestimmt die Zusammensetzung des Fondsportfolios, welches er aktiv für den Kapitalgeber verwaltet. Der Kapitalgeber selbst entscheidet lediglich, ob er sein Vermögen in den Fonds investiert. Zweitens ist das Verhältnis von Fondsmanager und Kapitalgeber durch Informationsasymmetrie gekennzeichnet. Während der Fondsmanager private Informationen über die Aktienrenditen besitzt, hat der Kapitalgeber keine eigenen privaten Informationen. Der Kapitalgeber kennt weder die Anlagestrategie noch die privaten Informationen des Fondsmanagers. Er erhält aber vom Fondsmanager ein Signal über die Zusammensetzung des aktiv verwalteten Fondsportfolios. Das Portfoliosignal ermöglicht es dem Kapitalgeber, auf einen Teil der privaten Informationen des Fondsmanagers zu schließen.

2.1 Wertpapiere

Auf dem Kapitalmarkt werden N riskante Wertpapiere (Aktien) und ein risikoloses Wertpapier (Anleihe) gehandelt. Aktien $i = 1, \ldots, N$ gewähren ihren Inhabern eine in der Höhe ungewisse Rendite $\tilde{R}_i$. Die risikolose Rendite der Anleihe ist auf Null normiert.[1] Der Vektor der Aktienrenditen $\tilde{R} = (\tilde{R}_1, \ldots, \tilde{R}_N)'$ setzt sich aus drei Komponenten zusammen:

$$\tilde{R} = \mu + \tilde{s} + \tilde{\gamma} \tag{2.1}$$

[1] Die Annahme einer risikolosen Verzinsung in Höhe von Null beschränkt die Allgemeinheit der Ergebnisse nicht. Im Falle einer positiven Verzinsung des risikolosen Wertpapiers stellen die einzelnen $\tilde{R}_i$ die Überschußrenditen der Aktien $i = 1, \ldots, N$ im Hinblick auf den risikolosen Zinssatz dar.

$\mu = (\mu_1, \ldots, \mu_N)'$ ist ein Vektor mit Konstanten, $\tilde{s} = (\tilde{s}_1, \ldots, \tilde{s}_N)'$ und $\tilde{\gamma} = (\tilde{\gamma}_1, \ldots, \tilde{\gamma}_N)'$ sind zwei unabhängig normalverteilte Zufallsvektoren mit unbedingtem Erwartungswert Null und Varianz-Kovarianz-Matrix $\Sigma(\tilde{s})$ beziehungsweise $\Sigma(\tilde{\gamma})$. Die Aktienrenditen $\tilde{R}$ sind dann nach Gleichung (2.1) ebenfalls normalverteilt mit unbedingtem Erwartungsvektor μ und unbedingter Varianz-Kovarianz-Matrix $\Sigma = \Sigma(\tilde{s}) + \Sigma(\tilde{\gamma})$.

Die Aktienrenditen sind im Rahmen des Modells exogen.[2] Aktien können ohne Preiseinfluß in beliebigem Umfang zu den gegebenen Aktienkursen gekauft oder leerverkauft werden.[3,4] Das Modell ist aus diesem Grund kein allgemeines Gleichgewichtsmodell bei asymmetrischen Informationen. Es bietet vielmehr einen möglichst einfachen Modellrahmen für die Analyse des Individualkalküls eines Fondsmanagers bei der Portfolioselektion.[5]

2.2 Akteure

Es gibt es zwei Akteure: einen Fondsmanager und einen Kapitalgeber.[6] Der Fondsmanager verwaltet einen Fonds, den er dem Kapitalgeber gegen eine fixe laufende Managementgebühr von f zum Kauf anbietet.[7] Der Kapitalgeber beabsichtigt einen bestimmten Geldbetrag entweder in den Fonds oder direkt in die am Kapitalmarkt gehandelten Aktien zu investieren. Er ist risikoavers und verhält sich entsprechend der Portfoliotheorie von Markowitz (1952), (1959); sein Erwartungsnutzen hängt lediglich von Erwartungswert und Varianz seiner Portfoliorendite ab.

---

2 Die Annahme exogener Aktienrenditen ist für die Analyse der Portfolioselektion von Fonds in dieser Arbeit unproblematisch. Die Arbeit analysiert lediglich das Kalkül von Fondsmanager und Kapitalgeber. Sie macht keine Aussagen darüber, ob und, falls ja, wie sich delegiertes Portfoliomanagement auf die Preisbildung an Aktienmärkten und die Höhe gleichgewichtiger Risikoprämien auswirkt.

3 Eine solche Annahme ist auf Kapitalmärkten mit asymmetrischen Informationen mit einem allgemeinen Gleichgewicht vereinbar, falls die überwiegende Mehrheit der Marktteilnehmer nur öffentliche Informationen besitzt. Die Nachfragen informierter Marktteilnehmer sind dann im Vergleich zur aggregierten Nachfrage nach den einzelnen Wertpapieren verschwindend gering. Sie haben in diesem Fall keine Auswirkungen auf die Preisbildung, vgl. Hirshleifer (1975), Mayers und Rice (1979) und Admati (1983). Besitzt hingegen eine größere Anzahl von Marktteilnehmern private Informationen, so spiegeln die gleichgewichtigen Aktienkurse bzw. Risikoprämien durch die Transaktionen informierter Marktteilnehmer einen Teil der aggregierten privaten Informationen wider, vgl. Hellwig (1980), Admati (1983) und Admati (1985). Dies führt einerseits zu komplizierten Ausdrücken für die gleichgewichtigen Aktienkurse bzw. Risikoprämien. Es hat andererseits zur Folge, daß informierte Marktteilnehmer durch den Preiseinfluß ihrer Transaktionen unweigerlich einen Teil ihrer privaten Informationen preisgeben.

4 Die Annahme perfekter Liquidität wird später in Kapitel 5 aufgehoben.

5 Das Modell wird später in Abschnitt 5.1 zu einem partiellen Gleichgewichtsmodell erweitert.

6 Die Begriffe „Fonds“ und „Fondsmanager“ sowie „Kapitalgeber“ und „Kapitalanleger“ werden in der Arbeit jeweils synonym verwendet.

7 f kann beispielsweise als fixe Kompensation für die Kosten oder als fixe Entlohnung des Fondsmanagers interpretiert werden. Die Annahme einer Managementgebühr ist erforderlich, da es ansonsten aufgrund der einfachen Modellstruktur für den Kapitalgeber stets optimal ist, sein Geld in den Fonds zu investieren. Die Annahme an die Konstanz der Managementkosten wird zur Analyse optimaler Offenlegungspolitiken in Kapitel 5 aufgehoben.

Es gibt mittlerweile eine umfangreiche agency-theoretische Literatur, die erklärt, warum sich Fondsmanager empirisch nicht im Interesse ihrer Kapitalgeber verhalten.[8] Diese Arbeit hat einen anderen Fokus. Das Ziel dieser Arbeit ist die Herleitung und Analyse von Fondsportfolios, die aus Sicht eines Fondsanlegers optimal sind. Die Arbeit zeigt also, wie sich Fondsmanager verhalten sollten. Ein Verständnis von Portfolios zu erlangen, die aus Sicht der Kapitalgeber optimal sind, ist zumindest aus zwei Gründen von zentraler Bedeutung: Zum einen ermöglichen aus Sicht der Kapitalgeber optimale Portfolios die Herleitung von Performancemaßen, die für die Performancemessung durch die Kapitalgeber unverzerrt sind. Zum anderen sind sie aber auch isoliert betrachtet von ökonomischem Interesse. Sie zeigen, welches Anlageverhalten des Fondsmanagers ein optimaler Anreizvertrag induzieren sollte, und sind somit Grundvoraussetzung dafür, die Agency-Konflikte zwischen Fondsmanager und Kapitalgeber vertragstheoretisch zu lösen. Aus diesem Grund werden in dieser Arbeit Agency-Konflikte zwischen Fondsmanager und Kapitalgeber ausgeblendet. Es wird stattdessen unterstellt, daß der Fondsmanager bei der Portfolioselektion den Erwartungsnutzen seines Kapitalgebers maximiert.

2.3 Informationsstruktur

Fondsmanager und Kapitalgeber haben unterschiedliche Informationen über die Aktienrenditen (2.1). Während der Kapitalgeber nur öffentliche Informationen besitzt, erhält der Fondsmanager zusätzlich ein privates Informationssignal über die Renditen verschiedener Aktien. Der Vektor der erwarteten Aktienrenditen μ ist öffentliche Information. Der Vektor der Informationssignale $\tilde{s}$ ist private Information des Fondsmanagers. Der Störtermvektor $\tilde{\gamma}$ ist weder dem Fondsmanager noch dem Kapitalgeber bekannt. Das Informationssignal $\tilde{s}$ beinhaltet in der Modellierung (2.1) die bewertungsrelevanten Informationen des Fondsmanagers über die Aktienrenditen $\tilde{R}$.

Die Qualität der privaten Informationen des Fondsmanagers spiegelt sich in der Varianz-Kovarianz-Matrix der Informationssignale $\Sigma(\tilde{s})$ wieder.[9] In Bezug auf die Fähigkeiten des Fondsmanagers wird unterstellt, daß der Fondsmanager zwar überlegene Informationen besitzt ($\Sigma(\tilde{s}) \neq 0$), daß die privaten Informationen des Fondsmanagers aber nicht perfekt sind ($\Sigma(\tilde{\gamma}) > 0$).[10] Letztere Annahme ist erforderlich, damit das Signal dem besser infor-

---

8 Arbeiten zu diesem Thema analysieren insbesondere das Risikoverhalten von Fondsmanagern, deren Entlohnung an das Fondsvolumen gekoppelt ist, vgl. beispielsweise Brown, Harlow und Starks (1996), Chevalier und Ellison (1997) und Sirri und Tufano (1998).

9 Ein Signal $\tilde{s}_j$ ist stärker als ein Signal $\tilde{s}_h$, falls beliebige Portfolios w bedingt auf s_j mit einer geringeren Renditevarianz verbunden sind als bedingt auf s_h: $w'\Sigma(\tilde{\gamma}_j)w < w'\Sigma(\tilde{\gamma}_h)w$. Dies ist genau dann der Fall, falls $\Sigma(\tilde{s}_j) - \Sigma(\tilde{s}_h)$ positiv definit ist.

10 Die Notation $\Sigma \geq 0$ bedeutet, daß die Matrix Σ positiv semi-definit ist. Ist die Matrix Σ darüber hinaus positiv definit, so wird dies durch $\Sigma > 0$ gekennzeichnet. Im Falle von $\Sigma \neq 0$ ist Σ nicht gleich der Nullmatrix.

mierten Fondsmanager keine Arbitragemöglichkeit bietet. Zusammenfassend gilt für die bedingte Verteilung der Aktienrenditen aus Sicht des Fondsmanagers:

$$\tilde{R} \,|\, s \;\sim\; N\big(\mu + s, \Sigma(\tilde{\gamma})\big) \tag{2.2}$$

Der Kapitalgeber besitzt weder eigene private Informationen über die Aktienrenditen, noch hat er Vorabinformationen darüber, ob der Fondsmanager informiert ist.[11] Ökonomisch bedeutet dies, daß allein die Tatsache, daß ein Marktteilnehmer einen Fonds auflegt, noch kein Signal dafür ist, daß dieser auch private Informationen besitzt.[12] Der Kapitalgeber kennt somit lediglich die unbedingte Verteilung der Aktienrenditen und der Fondsrendite, nicht jedoch die Zerlegung der Aktienrenditen nach Gleichung (2.1). Dies bedeutet insbesondere, daß er weder $\Sigma(\tilde{s})$ noch $\Sigma(\tilde{\gamma})$, sondern lediglich deren Summe Σ kennt.

Der Kapitalgeber erhält jedoch vom Fondsmanager ein Signal $\tilde{x}$ über dessen Anlagestrategie $w(\tilde{s})$.[13] Da die Anlagestrategie $w(\tilde{s})$ des Fondsmanagers auf dessen privaten Informationen $\tilde{s}$ basiert, ist das Portfoliosignal $\tilde{x}$ letztlich ein Signal $\mathrm{E}\big[\tilde{s}|\tilde{x}\big]$ bezüglich $\tilde{s}$. Es gestattet dem Kapitalgeber, auf einen Teil der bewertungsrelevanten Informationen $\tilde{s}$ des Fondsmanagers zu schließen. Die Varianz-Kovarianz-Matrix $\Sigma\big(\mathrm{E}\big[\tilde{s}|\tilde{x}\big]\big) = \Sigma(\tilde{s}) - \Sigma\big(\tilde{s}|x\big)$ gibt die Qualität des Portfoliosignals für den Kapitalgeber an.[14] Unterstellt man, daß $\mathrm{E}\big[\tilde{s}|\tilde{x}\big]$ ebenfalls normalverteilt ist, so gilt für die bedingte Verteilung der Aktienrenditen aus Sicht des Kapitalgebers mit Portfoliosignal $\tilde{x}$:

---

11 In einer Welt mit mehreren Fondsmanagern ist eine solche Modellannahme gerechtfertigt, falls der Marktanteil informierter Fondsmanager verschwindend gering ist.

12 Empirische Studien zu amerikanischen Aktienfonds von Carhart (1997), Malkiel (1995) und Gruber (1996) finden auf Basis der Fondsrendite keine eindeutige Evidenz dafür, daß eine größere Anzahl von Fonds überlegene Fähigkeiten besitzt. Dies stützt die Sichtweise des Fondsmarktes in dieser Arbeit.

13 Weitergehende Informationen über die Anlagestrategie des Fondsmanagers erhält der Kapitalgeber nicht. Dies bedeutet insbesondere, daß der Kapitalgeber die Kenntnis der gemeinsamen Verteilung der Fonds- und der Aktienrendite nicht dazu verwendet, weitergehend auf die privaten Informationen des Fondsmanagers zu schließen. Iskoz und Wang (2003) und Mamaysky, Spiegel und Zhang (2003) forschen derzeit in diese Richtung. Während Iskoz und Wang (2003) aus der Schiefe der Fondsrenditeverteilung in Verbindung mit der Verteilung der Aktienrenditen auf das Vorliegen privater Informationen schließen, verwenden Mamaysky, Spiegel und Zhang (2003) einen Kalman-Filter zur Schätzung des systematischen Fondsrisikos. Weitergehende Informationen über die Anlagestrategie reduzieren zwar die Informationsasymmetrie zwischen Fondsmanager und Kapitalgeber, sie beseitigen sie jedoch im allgemeinen nicht. Damit bleibt das hier behandelte Grundproblem asymmetrischer Informationen zwischen Fondsmanager und Kapitalgeber bestehen, wenn auch in etwas abgemilderter Form.

14 In diesem Zusammenhang wird zur Vereinfachung unterstellt, daß $\Sigma(\tilde{s}|x)$ für alle Ausprägungen von $\tilde{x}$ identisch ist. Diese Annahme ist rein technischer Natur. Sie bedeutet, daß die Stärke des Portfoliosignals nicht zwischen den einzelnen Offenlegungszuständen x variiert. Ökonomisch bedeutet dies, daß der Kapitalgeber keinem Risiko in Bezug auf die Stärke seines Portfoliosignals ausgesetzt ist.

$$\tilde{R}\,|\,x \quad \sim \quad N\big(\mu + \mathrm{E}[\tilde{s}|x], \Sigma(\tilde{\gamma}) + \Sigma(\tilde{s}|x)\big) \tag{2.3}$$

Der Kapitalgeber beurteilt eine Fondsanlage anhand der bedingten Verteilung der Fondsrendite vor dem Hintergrund seines Portfoliosignals $\tilde{x}$. Die Fondsrendite $\tilde{R}_j$ wird durch die Fondsgewichte $w(\tilde{s})$, die Aktienrenditen $\tilde{R}$ und die Managementgebühr f bestimmt:[15]

$$\tilde{R}_j \quad = \quad w(\tilde{s})'\big(\mu + \tilde{s} + \tilde{\gamma}\big) - f \tag{2.4}$$

Der bedingte Erwartungsnutzen Φ des Kapitalgebers aus einer Fondsinvestition ist eine Funktion der bedingt auf x erwarteten Fondsrendite $\mathrm{E}\big[\tilde{R}_j|x\big]$ und der bedingten Fondsrenditevarianz $\mathrm{var}\big(\tilde{R}_j|x\big)$:

$$\begin{aligned} \Phi|x &= \mathrm{E}\big[\tilde{R}_j|x\big] - \frac{\lambda}{2}\mathrm{var}\big(\tilde{R}_j|x\big) \qquad (2.5) \\ &= \mathrm{E}\Big[w(\tilde{s})'\big(\mu + \tilde{s} + \tilde{\gamma}\big)\big|\tilde{x}\Big] - f - \frac{\lambda}{2}\mathrm{var}\Big(w(\tilde{s})'\big(\mu + \tilde{s} + \tilde{\gamma}\big)\big|\tilde{x}\Big) \end{aligned}$$

In Gleichung (2.5) gibt $\lambda > 0$ den Parameter der Risikoaversion des Kapitalgebers an.[16]

Der unbedingt erwartete Nutzen des Kapitalgebers entspricht dem Erwartungswert des bedingten Erwartungsnutzens (2.5). Unter Verwendung iterativer Erwartungen erhält man für den unbedingten Erwartungsnutzen des Kapitalgebers:

$$\begin{aligned} \Phi &= \mathrm{E}\big[\tilde{R}_j\big] - \frac{\lambda}{2}\mathrm{E}\Big[\mathrm{var}\big(\tilde{R}_j|\tilde{x}\big)\Big] \qquad (2.6) \\ &= \mathrm{E}\Big[w(\tilde{s})'\big(\mu + \tilde{s} + \tilde{\gamma}\big)\Big] - f - \frac{\lambda}{2}\mathrm{E}\Big[\mathrm{var}\Big(w(\tilde{s})'\big(\mu + \tilde{s} + \tilde{\gamma}\big)\big|\tilde{x}\Big)\Big] \end{aligned}$$

Der unbedingte Erwartungsnutzen des Kapitalgebers (2.6) hängt über die Höhe des Fondsrisikos $\mathrm{E}\big[\mathrm{var}\big(\tilde{R}_j|\tilde{x}\big)\big]$ von der Offenlegungspolitik $\tilde{x}$ des Fonds ab.

Da in dieser Arbeit keine Agency-Konflikte zwischen Fondsmanager und Kapitalgeber analysiert werden, maximiert der Fondsmanager bei der Wahl der Anlagestrategie und später in Kapitel 5 auch bei der Wahl der Offenlegungspolitik den unbedingt erwarteten Nutzen seines Kapitalgebers (2.6).

---

15 Dybvig und Ross (1985) weisen darauf hin, daß die Fondsrendite trotz der Normalverteilung aller Informationssignale und Aktienrenditen ihrerseits nicht normalverteilt ist. Ursache hierfür ist, daß die Informationssignale $\tilde{s}$ multiplikativ in die Bestimmungsgleichung (2.4) für die Fondsrendite eingehen: einerseits über die Fondsgewichte $w(\tilde{s})$ und andererseits über die Aktienrenditen $\tilde{R} = \mu + \tilde{s} + \tilde{\gamma}$. Aus diesem Grund kann das Portfoliomodell von Markowitz im Falle von Fonds nicht durch die Bernoulli-Axiome für rationales Handeln fundiert werden.

16 Gleichung (2.5) unterstellt einen konstanten Parameter der Risikoaversion λ. Diese Modellierung dient lediglich dem Zweck der Darstellung. Alle Ergebnisse behalten auch bei nicht konstanter Risikoaversion ihre Gültigkeit. In einem solchen Fall ist der Risikoaversionsparameter eine Zufallsvariable $\lambda(\tilde{x})$, die bedingt auf die Realisation des Portfoliosignals $\tilde{x}$ meßbar ist.

2.4 Zeitstruktur

Obwohl das Modell einperiodig ist und keine Wiederanlagemöglichkeit vorsieht, läßt es sich gedanklich in vier Zeitstufen unterteilen. Auf der ersten Stufe wählt der Fondsmanager das vor dem Hintergrund der Offenlegungspolitik $\tilde{x}$ optimale Fondsportfolio. Auf Stufe 2 entscheidet der Kapitalgeber dann über eine Fondsanlage. Auf der dritten Stufe fixiert der Fondsmanager das Fondsportfolio entsprechend der auf der ersten Stufe festgelegten Anlagestrategie, der Realisation s seines privaten Informationssignals sowie der Realisation x des Portfoliosignals an den Kapitalgeber. Er gibt das vereinbarte Portfoliosignal bekannt. Auf der vierten Stufe wird die Aktienrendite R öffentlich und der Kapitalgeber wird ausbezahlt.

Kapitel 3

Portfolioselektion des Fondsmanagers

Investmentfonds unterscheiden sich von anderen Anlageformen dadurch, daß neben dem Kapitalgeber ein professioneller Fondsmanager an der Anlageentscheidung beteiligt ist. Der Kapitalgeber delegiert die Portfolioselektion an den Fondsmanager. Er entscheidet selbst lediglich noch, ob er sein Vermögen in den Fonds investiert und, falls ja, wie er sein Vermögen auf den Fonds und die risikolose Anleihe aufteilt.

Die Delegation der Portfolioselektion an einen aktiv tätigen Fondsmanager birgt jedoch Risiken: Kapitalanleger, die ihr Vermögen selbst in Aktien investieren, wissen exakt, auf welchen Informationen ihre Anlagestrategie basiert. Demgegenüber ist es gerade der Grundgedanke bei Fonds, daß deren Kapitalgeber ihr Vermögen durch einen hoffentlich besser informierten Fondsmanager verwalten lassen. Die Kapitalgeber kennen die privaten Informationen des Fondsmanagers nicht. Sie wissen in der Regel nicht einmal, ob ihr Fondsmanager überhaupt private Informationen besitzt, die seine Managementgebühren rechtfertigen. Dieses Kapitel zeigt, daß die Informationsasymmetrie zwischen Manager und Kapitalgebern für das im Falle einer Fondsanlage höhere Risiko der Kapitalgeber verantwortlich ist. Delegiertes Portfoliomanagement ist für die Kapitalgeber mit zwei Arten von Risiken verbunden: Die Kapitalgeber von Fonds kennen weder die Renditen der Aktien, die der Fondsmanager für sie hält, noch die bewertungsrelevanten Informationen, auf denen das für sie verwaltete Fondsportfolio basiert. Sie tragen wie auch Individualanleger das Aktienrisiko. Neben dem Aktienrisiko sind Fondsanleger aber zusätzlich mit Managementrisiken konfrontiert.

Das Ausmaß an Informationsasymmetrie zwischen Fondsmanager und Kapitalgebern ist jedoch nicht für alle Fonds identisch. Fondsmanager wählen ihr Fondsportfolio auf Grundlage ihrer privaten Informationen. Daher signalisieren die Fondsgewichte –soweit der Fonds sie bekanntgibt– den Kapitalgebern die bewertungsrelevanten Informationen des Fondsmanagers. Je besser die Kapitalgeber die Anlagestrategie des Fondsmanagers kennen, desto präziser können sie dessen private Informationen einschätzen. Sie tragen in diesem Fall ein geringeres Managementrisiko. Wie hoch die Risiken aus einer Delegation der Portfolioselektion an einen professionellen Fondsmanager sind, hängt von der Offenlegungspolitik des Fonds ab –also davon, welche Informationen der Fondsmanager über seine Anlagestrategie bekanntgibt und wie regelmäßig die Portfoliooffenlegungen stattfinden.

In diesem Kapitel wird modelltheoretisch die Portfolioselektion eines informierten Fondsmanagers analysiert, der seinem Kapitalgeber ein Portfoliosignal $\tilde{x}$ über seine Anlagestrategie bekanntgibt. Im Vordergrund steht dabei die Frage, ob und inwiefern sich die Informationsasymmetrie zwischen Fondsmanager und Kapitalgeber auf das aus Sicht des Kapitalgebers optimale Fondsportfolio auswirkt. Kann der Fondsmanager seine Anlageentscheidung allein auf der Grundlage seiner privaten Informationen treffen, auch wenn er diese seinem Kapitalgeber nur unvollständig oder gar nicht signalisiert? Oder unterscheiden sich optimale Fondsportfolios von im Falle einer Direktanlage optimalen Portfolios? Falls ja, wie wirkt sich die Stärke des Portfoliosignals, welches der Kapitalgeber vom Fondsmanager erhält, auf die Zusammensetzung des optimalen Fondsportfolios aus?

Die Herleitung des optimalen Fondsportfolios erfolgt in zwei Schritten: In einem ersten Schritt wird zunächst das optimale Fondsportfolio für den Spezialfall mit nur einer Aktie und einer risikolosen Anleihe bestimmt. Die Analyse des Ein-Aktien-Falls zeigt bereits alle wesentlichen Eigenschaften optimaler Fondsportfolios. Sie erlaubt die Analyse des Einflusses der Offenlegungspolitik auf die optimale Zusammensetzung des Fondsportfolios in einem einfachen Modellrahmen. In einem zweiten Schritt werden dann sämtliche Ergebnisse des Ein-Aktien-Falls auf den Fall mehrerer Aktien ($N > 1$) verallgemeinert.

3.1 Modell mit einer Aktie

In diesem Abschnitt wird das optimale Fondsportfolio zunächst anhand des Spezialfalls mit nur einer Aktie ($N = 1$) hergeleitet. Gibt es nur eine Aktie, so bezeichnet $\tilde{R}$ die risikobehaftete Rendite der Aktie, $\tilde{s} \sim N(0, \sigma_s^2)$ das private Informationssignal des Fondsmanagers über die Aktienrendite und $\tilde{x}$ das Portfoliosignal, welches der Fondsmanager seinem Kapitalgeber über sein Aktiengewicht $w(\tilde{s})$ bekanntgibt.

Die Bestimmung des optimalen Fondsportfolios erfolgt in drei Schritten: In Abschnitt 3.1.1 wird zunächst das optimale Fondsportfolio für den Spezialfall hergeleitet, daß der Fondsmanager seinem Kapitalgeber die vollständige Anlagestrategie bekanntgibt (perfektes Portfoliosignal). In Abschnitt 3.1.2 wird anschließend das optimale Fondsportfolio für den Spezialfall bestimmt, daß der Fondsmanager seinem Kapitalgeber keine Informationen über seine Anlagestrategie zur Verfügung stellt (kein Portfoliosignal). Die in den beiden Spezialfällen jeweils optimalen Fondsportfolios unterscheiden sich deutlich. Ein Vergleich der beiden jeweils optimalen Portfolios verdeutlicht, welchen Einfluß der

Verzicht auf ein Portfoliosignal auf die Zusammensetzung optimaler Fondsportfolios hat. In Abschnitt 3.1.3 und 3.1.4 wird schließlich das für ein beliebiges Portfoliosignal optimale Fondsportfolio analysiert. Hier zeigt sich, wie sich das aus Sicht des Kapitalgebers optimale Anlageverhalten des Fondsmanagers ändert, wenn dieser dem Kapitalgeber ein stärkeres (schwächeres) Portfoliosignal gibt.

3.1.1 Portfolioselektion mit perfektem Portfoliosignal

In diesem Abschnitt wird zunächst die Portfolioselektion des Fondsmanagers für den Spezialfall eines perfekten Portfoliosignals untersucht. Im Falle eines perfekten Portfoliosignals teilt der Fondsmanager dem Kapitalgeber verbindlich mit, welchen Vermögensanteil $w(s)$ er im Falle der verschiedenen Ausprägungen seines Informationssignals s in die Aktie investiert. Ein Kapitalgeber mit perfektem Portfoliosignal kennt daher exakt die Anlagestrategie des Fondsmanagers. Dieser Fall eines „gläsernen Fonds“ ist zwar empirisch kaum von Bedeutung, aber dennoch ein guter Ausgangspunkt für die Analyse der Portfolioselektion von Fonds. Er ermöglicht es später Effekte, die aus der Delegation der Portfolioselektion an den Fondsmanager resultieren, von Effekten zu unterscheiden, die auf der Unvollständigkeit des Portfoliosignals beruhen.

Fondsmanager investieren nicht ihr eigenes Vermögen am Kapitalmarkt, sondern das Vermögen ihrer Kapitalgeber. Aus diesem Grund muß ein optimales Fondsportfolio den Erwartungsnutzen des Kapitalgebers maximieren. Ein perfektes Portfoliosignal signalisiert dem Kapitalgeber vollständig die Anlagestrategie des Fondsmanagers: $\tilde{x} = w(\tilde{s})$. Unter Berücksichtigung des perfekten Portfoliosignals in Gleichung (2.6) resultiert für den unbedingten Erwartungsnutzen des Kapitalgebers:

$$\Phi = \mathrm{E}\Big[\mathrm{E}\big[w(\tilde{s})(\mu + \tilde{s} + \tilde{\gamma})|w(\tilde{s})\big]\Big] - f - \frac{\lambda}{2}\mathrm{E}\Big[\mathrm{var}\big(w(\tilde{s})(\mu + \tilde{s} + \tilde{\gamma})|\tilde{w}(\tilde{s})\big)\Big] \quad (3.1)$$

Ein Fondsportfolio $w^{\star}_{\mathrm{Full}}(\tilde{s})$ maximiert den Erwartungsnutzen des Kapitalgebers (3.1),[1] falls $w^{\star}_{\mathrm{Full}}$ für alle Ausprägungen des Portfoliosignals $x = w(s)$ den bedingten Erwartungsnutzen des Kapitalgebers

$$\Phi|w(s) = w(s)\big(\mu + \mathrm{E}[\tilde{s}|w(s)]\big) - f - \frac{\lambda}{2}w(s)^2\big(\sigma_{\gamma}^2 + \mathrm{var}(\tilde{s}|w(s))\big) \quad (3.2)$$

maximiert.[2] Dabei bezeichnet σ_{γ}^2 die Varianz des Störterms $\tilde{\gamma}$. Maximiert man den bedingten Erwartungsnutzen des Kapitalgebers (3.2) im Hinblick auf w, so ergibt sich als

[1] In diesem Zusammenhang kennzeichnet der Subindex „Full“ das im Falle eines perfekten Portfoliosignals optimale Fondsportfolio.

[2] Da $\tilde{s}$ und somit auch $w(\tilde{s})$ unabhängig von $\tilde{\gamma}$ sind, gilt: $\mathrm{E}[\tilde{\gamma}|w(\tilde{s})] = 0$ und $\mathrm{var}(\tilde{R}|w(\tilde{s})) = \sigma_{\gamma}^2 + \mathrm{var}(\tilde{s}|w(\tilde{s}))$.

Lösung für die optimale Anlagestrategie des Fondsmanagers:[3,4]

$$w^{\star}_{\text{Full}}(\tilde{s}) \;=\; \frac{\mu + \tilde{s}}{\lambda \sigma^2_{\gamma}} \tag{3.3}$$

Das optimale Fondsportfolio (3.3) ist eine lineare Funktion der privaten Informationen $\tilde{s}$ des Fondsmanagers. Ein günstigeres Informationssignal (größeres s) führt nach Gleichung (3.3) ceteris paribus zu einem höheren optimalen Aktiengewicht, während ein ungünstigeres Signal (kleineres s) ceteris paribus ein geringeres Aktiengewicht zur Folge hat.

Das im Falle eines perfekten Portfoliosignals optimale Fondsportfolio (3.3) entspricht exakt dem aktiv verwalteten Portfolio, welches im Falle einer Direktanlage durch einen Kapitalanleger mit Signal $\tilde{s}$ effizient ist. Die Ursache hierfür ist, daß der Kapitalgeber von seinem perfekten Portfoliosignal auf die privaten Informationen des Fondsmanagers schließen kann:

$$\mathrm{E}\big[\tilde{s}|w^{\star}_{\text{Full}}(s)\big] \;=\; \lambda\sigma^2_{\gamma}\frac{\mu + s}{\lambda \sigma^2_{\gamma}} - \mu \;=\; s \tag{3.4}$$

$$\mathrm{var}\big(\tilde{s}|w^{\star}_{\text{Full}}(s)\big) \;=\; 0 \tag{3.5}$$

Die Bekanntgabe eines perfekten Portfoliosignals ist daher äquivalent zur direkten Veröffentlichung der bewertungsrelevanten Informationen s. Sie beseitigt die Informationsasymmetrie zwischen dem Fondsmanager und seinem Kapitalgeber und führt zu homogenen Erwartungen beider Akteure. Der Kapitalgeber trägt folglich in diesem Fall auch kein Managementrisiko. Daß es sich bei einer Fondsanlage um delegiertes Portfoliomanagement handelt, spielt im Falle eines perfekten Portfoliosignals für die Portfolioselektion keine Rolle. Das perfekte Portfoliosignal stellt somit den Referenzfall dar, in dem sich optimale Fondsportfolios nicht von im Falle einer Direktanlage optimalen Portfolios unterscheiden. Allein die Tatsache, daß Fonds delegiertes Portfoliomanagement anbieten, begründet also noch nicht, daß sie auch andere Portfolios als Individualanleger wählen müssen.

Empirisch geben Fonds ihre Fondsgewichte jedoch üblicherweise nur in größeren zeitlichen Abständen bekannt.[5] Ein solches unvollständiges Portfoliosignal ermöglicht es dem Kapitalgeber aber nur, auf einen Teil der privaten Informationen des Fondsmanagers zu schließen. Die beiden folgenden Abschnitte zeigen, inwiefern der Fondsmanager die

---

3 Das optimale Fondsportfolio (3.3) ist ein Spezialfall des in Anhang A.1 für N Aktien und ein beliebiges Portfoliosignal hergeleiteten optimalen Fondsportfolios.

4 Der restliche Vermögensanteil $1 - w^{\star}_{\text{Full}}(\tilde{s})$ wird in die risikolose Anleihe investiert.

5 In Deutschland zum Vertrieb zugelassene Fonds sind nach dem Investmentgesetz verpflichtet, ihre vollständigen Portfoliopositionen regelmäßig in ihren Jahres- und Halbjahresberichten offenzulegen. Für amerikanische Fonds schreibt der Investment Company Act seit Juni 2004 sogar eine vierteljährliche Offenlegung der kompletten Portfoliopositionen vor.

Anlagestrategie (3.3) modifizieren muß, falls er seinem Kapitalgeber nur ein unvollständiges oder überhaupt kein Portfoliosignal gewährt.

3.1.2 Portfolioselektion ohne Portfoliosignal

Dieser Abschnitt widmet sich dem anderen Extremfall, daß der Fondsmanager seinem Kapitalgeber gar kein Signal über die Zusammensetzung des Fondsportfolios gibt. Zwar müssen Investmentfonds sowohl in Deutschland als auch in den USA gesetzliche Mindestvorschriften an die Portfoliooffenlegung einhalten. Die Analyse des Spezialfalls ohne Portfoliosignal ist jedoch besonders aus theoretischer Sicht von Bedeutung. Sie zeigt, wie sich das optimale Fondsportfolio qualitativ ändert, wenn zwischen Fondsmanager und Kapitalgeber Informationsasymmetrie besteht.

Ohne ein Portfoliosignal besitzt der Kapitalgeber lediglich öffentlich verfügbare Informationen: die unbedingte Verteilung der Fonds- und der Aktienrendite. Er kennt jedoch nicht die Fondsgewichte und kann daher auch nicht von den Fondsgewichten auf die privaten Informationen des Fondsmanagers schließen. Sein Erwartungsnutzen (2.6) hängt ohne Portfoliosignal allein von den unbedingten Verteilungsmomenten der Fonds- und der Aktienrendite ab:[6]

$$\Phi \;=\; \mathrm{E}\Big[w(\tilde{s})\big(\mu+\tilde{s}\big)\Big] - f - \frac{\lambda}{2}\Big\{\mathrm{E}\big[w(\tilde{s})^2\big]\sigma_\gamma^2 + \mathrm{var}\Big(w(\tilde{s})\big(\mu+\tilde{s}\big)\Big)\Big\} \qquad (3.6)$$

Erhält der Kapitalgeber kein Portfoliosignal, so besteht sein Fondsrisiko nach Gleichung (3.6) aus zwei Komponenten: Die erste Komponente $\mathrm{E}\big[w(\tilde{s})^2\big]\sigma_\gamma^2$ erfaßt das Aktienrisiko des Kapitalgebers. Sie entspricht ceteris paribus dem Fondsrisiko im Falle eines perfekten Portfoliosignals.[7] Die zweite Risikokomponente entsteht dadurch, daß der Kapitalgeber ohne Portfoliosignal die Fondsgewichte nicht kennt. Er kann aus diesem Grund nicht auf die privaten Informationen des Fondsmanagers schließen. Der Kapitalgeber weiß ohne Portfoliosignal nicht, auf welchen Informationen das für ihn verwaltete Fondsportfolio beruht. Er trägt neben dem Aktienrisiko das Managementrisiko. Das Managementrisiko erfaßt ökonomisch die Unsicherheit des Kapitalgebers über die privaten Informationen und damit die Fähigkeiten des Fondsmanagers. Analytisch entsteht es dadurch, daß die

[6] Unter Berücksichtigung der Momente der unbedingten Fondsrenditeverteilung erhält man für den Erwartungsnutzen (2.6) des Kapitalgebers ohne Portfoliosignal: $\Phi = \mathrm{E}[\tilde{R}_j] - f - \frac{\lambda}{2}\mathrm{var}(\tilde{R}_j)$. Ferner gilt für die unbedingt erwartete Fondsrendite $\mu_j = \mathrm{E}[\tilde{R}_j] = \mathrm{E}\big[\mathrm{E}[\tilde{R}_j|\tilde{s}]\big] = \mathrm{E}\big[w(\tilde{s})(\mu+\tilde{s})\big]$ und für die Varianz der Fondsrendite $\sigma_j^2 = \mathrm{var}(\tilde{R}_j) = \mathrm{E}\big[\mathrm{var}(\tilde{R}_j|\tilde{s})\big] + \mathrm{var}\big(\mathrm{E}[\tilde{R}_j|\tilde{s}]\big) = \mathrm{E}[w(\tilde{s})^2]\sigma_\gamma^2 + \mathrm{var}\big(w(\tilde{s})(\mu+\tilde{s})\big)$. Für den Erwartungsnutzen des Kapitalgebers folgt daher Gleichung (3.6).

[7] „Ceteris paribus" bedeutet in diesem Kontext insbesondere auch bei identischer Anlagestrategie. Im Falle eines perfekten Portfoliosignals gilt bei Optimalverhalten des Fondsmanagers $\mathrm{var}\big(\tilde{s}|w^\star_{\mathrm{Full}}(s)\big) = 0$. Daher folgt nach Gleichung (3.1): $\mathrm{E}\big[\mathrm{var}\big(\tilde{w}(\tilde{s})(\mu+\tilde{s}+\tilde{\gamma})|w^\star_{\mathrm{Full}}(\tilde{s})\big)\big] = \mathrm{E}\big[w^\star_{\mathrm{Full}}(\tilde{s})^2\mathrm{var}\big(\tilde{s}+\tilde{\gamma}|w^\star_{\mathrm{Full}}(\tilde{s})\big)\big] = \mathrm{E}\big[w^\star_{\mathrm{Full}}(\tilde{s})^2\big]\sigma_\gamma^2$.

Anlagestrategie des Fondsmanagers $w(\tilde{s})$ für den Kapitalgeber ohne Portfoliosignal eine Zufallsvariable ist. In der Arbeit wird das Managementrisiko daher auch synonym als das Risiko im Hinblick auf die Fondsgewichte bezeichnet.[8] Die Höhe des Managementrisikos entspricht nach Gleichung (3.6) der Varianz der von Seiten des Fondsmanagers bedingt erwarteten Portfoliorendite, $\text{var}\big(w(\tilde{s})(\mu + \tilde{s})\big)$.

Das Optimierungsproblem des Fondsmanagers besteht darin, diejenige Anlagestrategie $w(\tilde{s})$ zu entwerfen, die den Erwartungsnutzen seines Kapitalgebers (3.6) maximiert. Anders als im Falle eines perfekten Portfoliosignals kann der Kapitalgeber nun aber das Aktiengewicht des Fondsmanagers nicht beobachten. Es ist vor dem Hintergrund seiner ausschließlich öffentlichen Informationen eine Zufallsvariable. Das Maximierungsproblem des Fondsmanagers (3.6) ist daher ein optimales Kontrollproblem. Der Fondsmanager muß die optimale funktionale Form für seine Anlagestrategie w bestimmen, mit der er auf die verschiedenen Ausprägungen s seines Informationssignals reagiert.[9]

Das Optimierungsproblem des Fondsmanagers (3.6) wird in Anhang A.1 für den allgemeinen Fall mehrerer Aktien mit Hilfe der Variationsrechnung gelöst. Die Bedingung erster Ordnung für das ohne Portfoliosignal optimale Fondsportfolio $w^{\star}_{\text{No}}(\tilde{s})$ lautet:[10,11]

$$\mu + \tilde{s} \;=\; \lambda\left\{\sigma_{\gamma}^{2} w^{\star}_{\text{No}}(\tilde{s}) + (\mu + \tilde{s})\Big((\mu + \tilde{s})w^{\star}_{\text{No}}(\tilde{s}) - \text{E}\big[\tilde{R}^{\star}_{j}\big]\Big)\right\} \tag{3.7}$$

Die linke Seite von Gleichung (3.7) gibt die Grenzerlöse, die rechte Seite die Grenzkosten eines höheren Aktiengewichts an.[12] Der Fondsmanager gewichtet die Aktie im Rahmen seiner Anlagestrategie so, daß die Grenzerlöse seiner Aktienposition für jede Ausprägung des Informationssignals s den Grenzkosten entsprechen. Erhöht der Fondsmanager sein

---

8 Genaugenommen kann der Kapitalgeber Variationen der Fondsrendite, die aus Portfolioanpassungen an die privaten Informationen des Fondsmanagers resultieren, nicht von solchen unterscheiden, die lediglich auf einem höheren unbedingten Aktienexposure basieren. Da er keine Vorabinformationen darüber besitzt, ob der Fondsmanager informiert ist, ist es für ihn auf der Grundlage seiner unbedingten Informationen auch nicht rational, davon auszugehen, daß ein Teil der Fondsrenditevarianz auf Portfolioanpassungen an private Informationen beruht. Dieser Informationsstruktur liegt –wie bereits in Kapitel 2 erwähnt– die Annahme zugrunde, daß der Marktanteil informierter Fondsmanager vernachlässigbar klein ist. Es gibt keine Anhaltspunkte dafür, daß diese Annahme die Ergebnisse der Arbeit qualitativ beeinflußt.

9 Das Optimierungsproblem des Fondsmanagers (3.6) erinnert in seiner Struktur an das in der Makroökonomik beschriebene Problem der Bestimmung eines optimalen Konsumpfades. Der einzige Unterschied zwischen den beiden Problemen liegt darin, daß dort der Konsum über die Zeit aggregiert wird, während hier der mit der Dichte gewichtete Nutzen über die verschiedenen Zustände des Informationssignals s integriert wird.

10 Der Subindex „No“ kennzeichnet das im Falle ohne Portfoliosignal optimale Fondsportfolio.

11 Zur Herleitung der Bedingung erster Ordnung (3.7) wird die Menge zulässiger Fondsportfolios aus technischen Gründen auf die Menge stetig differenzierbarer Reaktionsfunktionen beschränkt. Die Bedingung erster Ordnung ist ein Spezialfall der für ein beliebiges Portfoliosignal $\tilde{x}$ und eine beliebige Aktienanzahl N in Anhang A.1 hergeleiteten Optimalitätsbedingung.

12 Exakt gesprochen handelt es sich hierbei um die bedingt auf das private Informationssignal s erwarteten Grenzerlöse und Grenzkosten.

Aktiengewicht für den Zustand s um einen Prozentpunkt, so erlöst er in diesem Zustand im Erwartungswert -gemessen in Basispunkten- eine zusätzliche Fondsrendite in Höhe von $(\mu + s) \cdot 100$. Auf der anderen Seite führt die Erhöhung seines Aktiengewichts aber auch zu einem Anstieg des Fondsrisikos. Die Grenzkosten entsprechen dem mit λ, dem Parameter der Risikoaversion des Kapitalgebers, gewichteten zusätzlichen Fondsrisiko. Sie setzen sich für Kapitalgeber ohne Portfoliosignal aus zwei Komponenten zusammen: Einerseits führt ein höheres Aktiengewicht für Zustand s in diesem Zustand auch zu einem höheren bedingten Aktienrisiko -dies wird durch den ersten Term auf der rechten Seite von Gleichung (3.7) erfaßt. Auf der anderen Seite beeinflußt die Erhöhung des Aktiengewichts für Zustand s das Managementrisiko. Die Veränderung des Managementrisikos wird durch den zweiten Summanden auf der rechten Seite von Gleichung (3.7) erfaßt.

Die Bedingung erster Ordnung (3.7) impliziert für die ohne Portfoliosignal optimale Anlagestrategie des Fondsmanagers:

$$\begin{aligned} w^\star_{\mathrm{No}}(\tilde{s}) &= \frac{\mu + \tilde{s}}{\lambda \sigma_\gamma^2} \frac{1 + \lambda \mathrm{E}\big[\tilde{R}^\star_j\big]}{1 + \frac{(\mu+\tilde{s})^2}{\sigma_\gamma^2}} \\ &= w^\star_{\mathrm{Full}}(\tilde{s}) \frac{1 + \lambda \mathrm{E}\big[\tilde{R}^\star_j\big]}{1 + \frac{(\mu+\tilde{s})^2}{\sigma_\gamma^2}} \end{aligned} \tag{3.8}$$

Das ohne Portfoliosignal optimale Fondsportfolio (3.8) setzt sich multiplikativ aus dem mit perfektem Portfoliosignal optimalen Fondsportfolio (3.3) und einem Korrekturfaktor zusammen.

Gleichung (3.8) ist jedoch noch keine endgültige Lösung für das ohne Portfoliosignal optimale Fondsportfolio, da die vor Managementgebühren erwartete Fondsrendite $\mathrm{E}\big[\tilde{R}^\star_j\big] = \mathrm{E}\big[w^\star_{\mathrm{No}}(\tilde{s})(\mu + \tilde{s})\big]$ ihrerseits wiederum vom Anlageverhalten des Fondsmanagers abhängt. Wird die erwartete Fondsrendite unter Berücksichtigung der impliziten Lösung (3.8) für das optimale Fondsportfolio gebildet, so erhält man für die erwartete Fondsrendite bei Optimalverhalten des Fondsmanagers:

$$\mathrm{E}\big[R^\star_j\big] = \frac{1}{\lambda} \left\{ \mathrm{E}\left[\frac{\sigma_\gamma^2}{(\mu + \tilde{s})^2 + \sigma_\gamma^2} \right]^{-1} - 1 \right\} \tag{3.9}$$

Eingesetzt in die Bestimmungsgleichung für das optimale Fondsportfolio (3.8) erhält man als endgültige Lösung für die optimale Anlagestrategie des Fondsmanagers:[13]

---

13 Das ohne Portfoliosignal optimale Fondsportfolio (3.10)–(3.11) ist ein Spezialfall des für ein beliebiges Portfoliosignal $\tilde{x}$ und eine beliebige Aktienanzahl N in Anhang A.1 hergeleiteten optimalen Fondsportfolios.

$$\begin{aligned} w^\star_{\text{No}}(\tilde{s}) &= \frac{\mu+\tilde{s}}{\lambda\sigma^2_\gamma}\frac{\psi(\tilde{s})}{\mathrm{E}[\psi(\tilde{s})]} \\ &= w^\star_{\text{Full}}(\tilde{s})\frac{\psi(\tilde{s})}{\mathrm{E}[\psi(\tilde{s})]} \end{aligned} \tag{3.10}$$

$$\psi(\tilde{s}) = \frac{\sigma^2_\gamma}{(\mu+\tilde{s})^2+\sigma^2_\gamma} \tag{3.11}$$

Die Gleichungen (3.10) und (3.11) geben das optimale Fondsportfolio an, falls der Kapitalgeber vom Fondsmanager kein Portfoliosignal erhält. Es unterscheidet sich durch einen Korrekturfaktor $\psi(\tilde{s})/\mathrm{E}[\psi(\tilde{s})]$ von dem im Falle eines perfekten Portfoliosignals optimalen Fondsportfolio (3.3).

Das Ausmaß der erforderlichen Portfoliokorrektur hängt nach Gleichung (3.10) von der Ausprägung des privaten Informationssignals des Fondsmanagers, $\tilde{s}$, ab. Der Korrekturfaktor kann entweder kleiner oder größer als Eins sein; der Fondsmanager reagiert also im Vergleich zu einem perfekten Portfoliosignal teilweise schwächer und teilweise stärker auf seine privaten Informationen. Ein Vergleich des ohne Portfoliosignal optimalen Fondsportfolios (3.10) mit dem im Falle eines perfekten Portfoliosignals optimalen Fondsportfolio (3.3) liefert die folgende Bedingung dafür, daß der Fondsmanager ohne Portfoliosignal ein geringeres (größeres) Aktiengewicht wählt, als dies mit perfektem Portfoliosignal optimal ist:

$$w^\star_{\text{Full}}(\tilde{s}) \gtrless w^\star_{\text{No}}(\tilde{s}) \quad \Leftrightarrow \quad \frac{(\mu+\tilde{s})^2}{\sigma^2_\gamma} \gtrless \frac{1}{\mathrm{E}[\psi(\tilde{s})]} - 1 \tag{3.12}$$

Verglichen mit vollständiger Portfoliooffenlegung handelt der Fondsmanager ohne Offenlegung schwächer im Hinblick auf Signalausprägungen, die zu einer betragsmäßig großen bedingt erwarteten Aktienrendite $\mu+\tilde{s}$ führen (im folgenden auch kurz als betragsmäßig große Signale bezeichnet).

Abbildung 3.1 veranschaulicht diesen Zusammenhang anhand eines numerischen Beispiels mit einer erwarteten Aktienrendite $\mu = 10\%$, einer Standardabweichung der Aktienrendite $\sigma = 20\%$, einem Informationssignal der Stärke $R^2_s = 20\%$ und einem Risikoaversionsparameter $\lambda = 2$.[14] Die Stärke $R^2_s = \sigma^2_s/\sigma^2$ des Informationssignals bemißt sich dabei durch den Anteil der Aktienrenditevarianz σ^2, den der Fondsmanager durch sein Informationssignal prognostizieren kann. Sie ist per Konstruktion auf Werte zwischen Null (keine privaten Informationen) und Eins (perfekte private Informationen) normiert. In der Abbildung ist der Verlauf des (a) für den Kapitalgeber im Falle eines perfekten Port-

[14] Die Risikoprämie der Aktie ist mit 10% höher gewählt als historisch beobachtet, da sich so alle Effekte besser illustrieren lassen. Dies erklärt auch die teilweise extremen Gewichte in den Abbildungen. Da das optimale Fondsportfolio nach Gleichung (3.3) bzw. (3.10)–(3.11) nicht von der fixen Managementgebühr f abhängt, muß f für Abbildung 3.1 nicht spezifiziert werden.

foliosignals optimalen Fondsportfolios dem Verlauf des (b) ohne Portfoliosignal optimalen Portfolios gegenübergestellt.

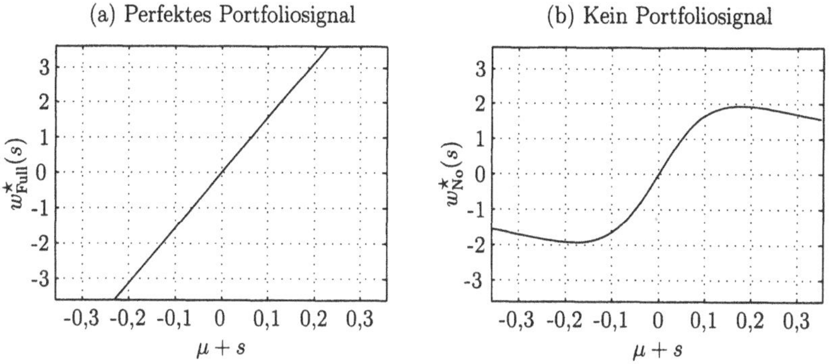

Abbildung 3.1: Optimales Fondsportfolio mit perfektem und fehlendem Portfoliosignal

Ein Vergleich des Verlaufs beider Funktionen zeigt, daß unterschiedliche Offenlegungspolitiken auch unterschiedliche Anlagestrategien erfordern. Fondsmanager müssen im Rahmen ihrer Portfolioselektion berücksichtigen, ob sie ihren Kapitalgebern ein Portfoliosignal geben oder nicht. Der Verlauf der mit perfektem beziehungsweise fehlendem Portfoliosignal optimalen Fondsportfolios ist zwar für betragsmäßig kleine Signalausprägungen ähnlich, unterscheidet sich aber für betragsmäßig große Signale deutlich. Während das optimale Aktiengewicht im Falle eines perfekten Portfoliosignals linear in der Höhe der Signalausprägung ansteigt, ist das optimale Aktiengewicht ohne Portfoliosignal nicht einmal eine monotone Funktion der Signalhöhe. Der Korrekturfaktor des optimalen Fondsportfolios (3.10) führt dazu, daß der Fondsmanager verglichen mit dem Fall eines perfekten Portfoliosignals schwächer auf sehr große oder sehr kleiner Ausprägungen seines Informationssignals reagiert. Je größer betragsmäßig die bedingt auf das Informationssignal des Managers erwartete Aktienrendite $\mu + \tilde{s}$ ist, desto mehr weichen die beiden optimalen Fondsportfolios voneinander ab.

Die Ursache für das unterschiedliche Anlageverhalten ist das in beiden Fällen unterschiedliche Fondsrisiko. Während der Kapitalgeber mit Hilfe eines perfekten Portfoliosignals von den veröffentlichten Fondsgewichten auf die privaten Informationen des Fondsmanagers schließen kann, bietet sich ihm diese Möglichkeit ohne Portfoliosignal nicht. Der Kapitalgeber ist dann neben dem Aktienrisiko zusätzlich noch mit Managementrisiken im Hinblick auf die dem Fondsportfolio zugrundeliegenden Informationen konfrontiert. Das Managementrisiko ist umso größer, je stärker der Fondsmanager durch aktives Management von diesen Informationen Gebrauch macht. Damit das Fondsportfolio aus Sicht des Kapitalgebers optimal ist, darf der Fondsmanager ohne ein Portfoliosignal im Vergleich zum Falle eines perfekten Portfoliosignals nur schwächer auf seine privaten Informationen reagieren. Ansonsten führen seine Portfolioanpassungen zu einem aus Sicht des Kapitalgebers suboptimal hohen Fondsrisiko.

Abbildung 3.2 illustriert die Größenordnung des Managementrisikos anhand des bereits zuvor gewählten numerischen Beispiels. Die zwei oberen Darstellungen in Abbildung 3.2 zeigen abhängig von der Stärke R_s^2 des Informationssignals des Managers die beiden Komponenten des Fondsrisikos, das Aktienrisiko und das Managementrisiko. In Abbildung 3.2(a) sind die jeweiligen Risiken für den Fall dargestellt, daß der Fondsmanager ohne Portfoliosignal dennoch das mit perfektem Portfoliosignal optimale Fondsportfolio $w^\star_{\text{Full}}(\tilde{s})$ wählt. Abbildung 3.2(b) zeigt die beiden Risikokomponenten unter Verwendung des ohne Portfoliosignal optimalen Fondsportfolios $w^\star_{\text{No}}(\tilde{s})$. Die beiden unteren Darstellungen zeigen jeweils die Summe der beiden Risikokomponenten, das gesamte Fondsrisiko.

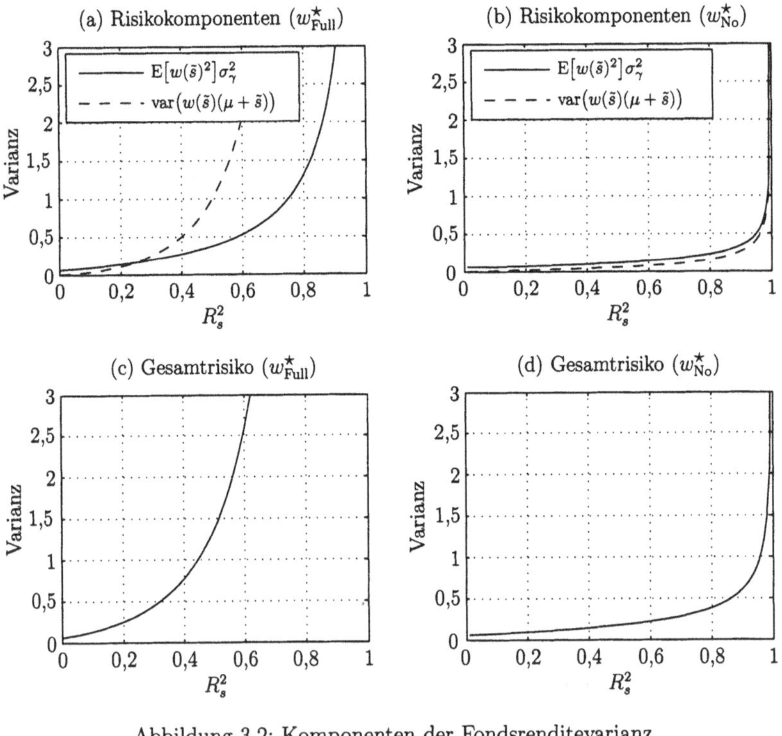

Abbildung 3.2: Komponenten der Fondsrenditevarianz

Im Falle eines perfekten Portfoliosignals besteht das Fondsrisiko nur aus dem Aktienrisiko und wird unter Berücksichtigung des in diesem Fall optimalen Fondsportfolios $w^\star_{\text{Full}}$ durch die durchgezogene Kurve in Abbildung 3.2(a) dargestellt. Veröffentlicht der

Fonds hingegen kein Portfoliosignal, so ist der Kapitalgeber zusätzlich mit dem Managementrisiko konfrontiert. Es ist für den Fall, daß der Fondsmanager dennoch das Portfolio $w^{\star}_{\text{Full}}$ wählt, durch die gestrichelte Kurve in Abbildung 3.2(a) dargestellt. Ein Vergleich der beiden Kurven zeigt, daß das Managementrisiko beträchtlich sein kann. Bei Wahl der Anlagestrategie $w^{\star}_{\text{Full}}$ dominiert es sogar ab einer bestimmten Stärke des Informationssignals des Fondsmanagers ($R_s^2 \gtrsim 25\%$) das Aktienrisiko. Abbildung 3.2(c) faßt die beiden Risikokomponenten zum gesamten Fondsrisiko zusammen, falls der Fondsmanager ohne Portfoliosignal die Anlagestrategie $w^{\star}_{\text{Full}}$ wählt.

Die Abbildungen 3.2(b) und (d) verdeutlichen, wie sich der Korrekturfaktor des ohne Portfoliosignal optimalen Fondsportfolios $w^{\star}_{\text{No}}$ auf die Höhe des Fondsrisikos auswirkt. Das optimale Fondsportfolio $w^{\star}_{\text{No}}$ ist unabhängig von der Stärke des Informationssignals R_s^2 sowohl mit einem geringeren Aktienrisiko, dargestellt durch die durchgezogene Kurve in Abbildung 3.2(b), als auch mit einem geringeren Managementrisiko, dargestellt durch die gestrichelte Kurve in Abbildung 3.2(b), verbunden. Die Risikoreduktion im Vergleich zum Fondsportfolio $w^{\star}_{\text{Full}}$ ist dabei umso stärker, je besser die privaten Informationen des Fondsmanagers sind (größeres R_s^2).

Als Zwischenfazit läßt sich festhalten, daß das optimale Fondsportfolio (3.10) zwischen der erwarteten Fondsrendite und dem Fondsrisiko abwägt, das hierzu ohne ein Portfoliosignal in Kauf genommen werden muß. Im Falle extremer Signalausprägungen führt das mit perfektem Portfoliosignal optimale Fondsportfolio $w^{\star}_{\text{Full}}$ für Kapitalgeber, die kein Portfoliosignal erhalten, zu hohen Managementrisiken. Daher ist es für den Kapitalgeber optimal, wenn der Fondsmanager schwächer als im Falle eines perfekten Portfoliosignals auf seine privaten Informationen reagiert. Der Fondsmanager verzichtet damit zwar auf einen Teil der erwarteten Rendite, verursacht aber auch deutlich geringere Managementrisiken. Dieses Kalkül führt zu dem nicht-monotonen Verlauf des ohne Portfoliosignal optimalen Fondsportfolios in Abbildung 3.1(b).

Im folgenden wird noch untersucht, wie es sich auf den Erwartungsnutzen des Kapitalgebers auswirkt, wenn der Fondsmanager das mit perfektem Portfoliosignal optimale Portfolio $w^{\star}_{\text{Full}}$ wählt, obwohl er seinem Kapitalgeber kein Portfoliosignal gibt.

Wählt der Fondsmanager das mit perfektem Portfoliosignal optimale Portfolio $w^{\star}_{\text{Full}}(\tilde{s})$, obwohl der Kapitalgeber kein Portfoliosignal erhält, so kann eine Fondsinvestition für den Kapitalgeber selbst ohne eine Managementgebühr ($f = 0$) mit einem geringeren Erwartungsnutzen verbunden sein als eine Direktanlage in die Aktie ohne private Informationen. In Anhang A.2 wird gezeigt, daß der Kapitalgeber in diesem Fall aus einer Fondsinvestition einen Nutzen in Höhe von

$$\Phi(w^{\star}_{\text{Full}}) = \frac{\left(\mu^2 + \sigma_s^2\right)^2}{2\lambda\left[\sigma_\gamma^2\left(\mu^2 + \sigma_s^2\right) + 2\sigma_s^2\left(2\mu^2 + \sigma_s^2\right)\right]} \tag{3.13}$$

erwartet. Im Vergleich hierzu beträgt sein Erwartungsnutzen aus einer passiven Direktanlage ohne Informationen: $\Phi(w^{\star}_{\text{Passiv}}) = \mu^2/2\lambda\sigma^2$. Eine Fondsinvestition erhöht bei einem solchen Anlageverhalten des Fondsmanagers nur dann den Erwartungsnutzen des Kapitalgebers, verglichen mit einer Direktanlage in die Aktie, falls die Bedingung

$$\left(\sigma^2 - \mu^2\right)\left(\mu^2 + \sigma_s^2\right) - 2\mu^4 \;>\; 0 \tag{3.14}$$

erfüllt ist. Die Bedingung (3.14) ist nur dann unabhängig von den Fähigkeiten $R_s^2 = \sigma_s^2/\sigma^2$ des Fondsmanagers erfüllt, falls die unbedingte Varianz im Vergleich zur unbedingt erwarteten Aktienrendite hinreichend groß ist: $\sigma^2 \geq 3\mu^2$. Andernfalls kann eine Fondsinvestition, abhängig von den betrachteten Parameterwerten, auch zu einer Erwartungsnutzeneinbuße führen, obwohl der Manager über private Informationen verfügt. Gilt $\sigma^2 < \mu^2$, so ist in obigem Beispiel eine Fondsinvestition für den Kapitalgeber stets mit einer Erwartungsnutzeneinbuße verbunden. Die Ursache hierfür liegt aber nicht in den Informationen des Managers, sondern allein darin, daß das Portfolio $w^{\star}_{\text{Full}}(\tilde{s})$ für einen Kapitalgeber ohne Portfoliosignal suboptimal ist. Dies unterstreicht die Bedeutung der Offenlegungspolitik für die Portfolioselektion von Fonds.

3.1.3 Portfolioselektion mit allgemeinem Portfoliosignal

Investmentfonds veröffentlichen ihren Kapitalgebern im Rahmen ihres regelmäßigen Berichtswesens eine Reihe von Informationen über ihre Anlagestrategien. Diese reichen von der gesetzlich vorgeschriebenen Veröffentlichung der Portfoliopositionen in den Halbjahres- und Jahresberichten der Fonds über die freiwillige Bekanntgabe der Top-Holdings oder der Sektorgewichtungen auf den Internet-Seiten der Fondsgesellschaften bis hin zur Bekanntgabe des Anlageschwerpunktes oder etwaiger Anlagerestriktionen in den Emissionsprospekten der Fonds.

Die veröffentlichten Portfolioinformationen bilden aggregiert ein Portfoliosignal $\tilde{x}$ über die Anlagestrategie des Fondsmanagers $w(\tilde{s}, \tilde{x})$. Sie geben den Kapitalgebern zwar Anhaltspunkte über die privaten Informationen des Fondsmanagers, gestatten es ihnen aber nicht, die Informationen des Managers vollständig zu erschließen. In diesem Abschnitt wird die Portfolioselektion des Fondsmanagers für den allgemeinen Fall analysiert, daß der Kapitalgeber ein beliebiges Portfoliosignal $\tilde{x}$ über die Anlagestrategie $w(\tilde{s}, \tilde{x})$ erhält $(0 \leq \text{var}(\tilde{s}|x) \leq \sigma_s^2)$.

Bedingt auf die Realisation x des Portfoliosignals erwartet der Kapitalgeber nach Gleichung (2.5) in Verbindung mit (2.4) einen Nutzen aus einer Fondsinvestition in Höhe von:[15]

---

15 Zur Darstellung des Optimierungsproblems in Gleichung (3.15) wird die Eigenschaft ausgenutzt, daß das Portfoliosignal $\tilde{x}$ an den Kapitalgeber im Vergleich zum Informationssignal $\tilde{s}$ des Fonds-

$$\begin{aligned}\Phi|x &= \mathrm{E}\Big[w(\tilde{s},\tilde{x})(\mu+\tilde{s})\big|x\Big] - f \\ &\quad -\frac{\lambda}{2}\Big\{\mathrm{E}\big[w(\tilde{s},\tilde{x})^2|x\big]\sigma_\gamma^2 + \mathrm{var}\Big(w(\tilde{s},\tilde{x})(\mu+\tilde{s})\big|x\Big)\Big\}\end{aligned} \tag{3.15}$$

Das Fondsrisiko besteht, genau wie im Spezialfall ohne Portfoliosignal, aus zwei Komponenten: aus dem Aktienrisiko und dem Managementrisiko. Die Höhe des Managementrisikos hängt über die der Erwartungsbildung in (3.15) zugrundeliegenden Informationen vom Portfoliosignal $\tilde{x}$ ab, welches der Kapitalgeber vom Fondsmanager erhält.[16]

Das Optimierungsproblem des Fondsmanagers besteht nun darin, eine Anlagestrategie w zu entwerfen, die einerseits seine privaten Informationen $\tilde{s}$ nutzt, andererseits aber den Erwartungsnutzen seines Kapitalgebers (3.15) maximiert, dessen Höhe vom Portfoliosignal $\tilde{x}$ abhängt. Eine solche Strategie ist aus Sicht des Kapitalgebers, der die privaten Informationen $\tilde{s}$ nicht kennt, eine Zufallsvariable. Das Optimierungsproblem des Managers (3.15) ist daher, wie bereits bei der Herleitung des ohne Portfoliosignal optimalen Fondsportfolios in Abschnitt 3.1.2, ein optimales Kontrollproblem. Es erfordert die Herleitung der optimalen Reaktionsfunktion w, mit der der Fondsmanager auf die verschiedenen Ausprägungen seines Informationssignals $\tilde{s}$ reagiert.

Der zentrale Unterschied im Vergleich zum Spezialfall ohne Portfoliosignal liegt darin, daß in Gleichung (3.15) an die Stelle der unbedingten Erwartungen in Gleichung (3.6) die bedingten Erwartungen des Kapitalgebers vor dem Hintergrund des Portfoliosignals $\tilde{x}$ treten. Die Bedingung erster Ordnung für das optimale Fondsportfolio $w^\star(\tilde{s},\tilde{x})$ ist daher sowohl eine Funktion des Informationssignals $\tilde{s}$ als auch des Portfoliosignals $\tilde{x}$:[17]

$$\mu+\tilde{s} = \lambda\Big\{\sigma_\gamma^2 w^\star(\tilde{s},\tilde{x}) + (\mu+\tilde{s})\Big((\mu+\tilde{s})w^\star(\tilde{s},\tilde{x}) - \mathrm{E}\big[\tilde{R}_j^\star|\tilde{x}\big]\Big)\Big\} \tag{3.16}$$

Sie besitzt für das mit Portfoliosignal $\tilde{x}$ optimale Fondsportfolio $w^\star(\tilde{s},\tilde{x})$ nach Gleichung (3.16) die gleiche Struktur wie die Optimalitätsbedingung (3.7) für das ohne Portfoliosignal optimale Fondsportfolio.

Die Grenzkosten bestehen wiederum aus zwei Komponenten: aus den Grenzkosten des Aktienrisikos und den Grenzkosten des Managementrisikos. Sie stimmen im Optimum für jede Ausprägung des Informationssignals s und des Portfoliosignals x mit den

---

managers keine zusätzlichen Informationen über die Aktienrendite $\tilde{R}$ beinhalten kann. Für die bedingt auf $\tilde{x}$ erwartete Fondsrendite gilt daher $\mathrm{E}[\tilde{R}_j|\tilde{x}] = \mathrm{E}\big[\mathrm{E}[\tilde{R}_j|\tilde{s}]|\tilde{x}\big] = \mathrm{E}\big[w(\tilde{s},\tilde{x})(\mu+\tilde{s})|\tilde{x}\big]$, und für die bedingte Varianz der Fondsrendite gilt $\mathrm{var}(\tilde{R}_j|\tilde{x}) = \mathrm{E}\big[\mathrm{var}(\tilde{R}_j|\tilde{s})|\tilde{x}\big] + \mathrm{var}(\mathrm{E}[\tilde{R}_j|\tilde{s}]|\tilde{x}) = \mathrm{E}[w(\tilde{s},\tilde{x})^2]\sigma_\gamma^2 + \mathrm{var}\big(w(\tilde{s},\tilde{x})(\mu+\tilde{s})|\tilde{x}\big)$.

16 Durch Erwartungsbildung von Gleichung (3.15) erhält man den unbedingten Erwartungsnutzen eines Kapitalgebers mit Portfoliosignal $\tilde{x}$. Für das Aktienrisiko gilt $\mathrm{E}\big[\mathrm{E}[w(\tilde{s},\tilde{x})^2|\tilde{x}]\sigma_\gamma^2\big] = \mathrm{E}[w(\tilde{s},\tilde{x})^2]\sigma_\gamma^2$. Das Managementrisiko beträgt $\mathrm{E}\big[\mathrm{var}\big(w(\tilde{s},\tilde{x})(\mu+\tilde{s})|\tilde{x}\big)\big]$.

17 Eine Herleitung der Bedingung erster Ordnung (3.16) für das optimale Fondsportfolio befindet sich für den allgemeinen Fall mit N Aktien in Anhang A.1.

Grenzerlösen $\mu + s$ überein. Die Grenzkosten des Aktienrisikos werden durch den ersten Term auf der rechten Seite von Gleichung (3.16) erfaßt, sie entsprechen für eine gegebene Anlagestrategie der entsprechenden Grenzkostenkomponente im Falle ohne ein Portfoliosignal. Der zentrale Unterschied im Vergleich zur Bedingung erster Ordnung (3.7) liegt in der Höhe der Grenzkosten für das Managementrisiko. Diese werden durch den zweiten Summanden auf der rechten Seite von Gleichung (3.16) erfaßt. Sie hängen anstatt von der unbedingt erwarteten Fondsrendite hier von der bedingt auf das Portfoliosignal $\tilde{x}$ erwarteten Fondsrendite $\mathrm{E}\left[\tilde{R}_j^\star|\tilde{x}\right] = \mathrm{E}\left[w^\star(\tilde{s})\left(\mu+\tilde{s}\right)|\tilde{x}\right]$ ab.

Die Bekanntgabe eines Portfoliosignals $\tilde{x}$ reduziert das Informationsdefizit des Kapitalgebers. Sie führt dazu, daß der Kapitalgeber zu einem gewissen Grad auf Portfolioanpassungen des Fondsmanagers und die zugrundeliegenden bewertungsrelevanten Informationen schließen kann. Dies reduziert für den Kapitalgeber nach Gleichung (3.15) das Managementrisiko. Das geringere Managementrisiko beeinflußt nach Gleichung (3.16) auch die mit dieser Risikokomponente verbundenen Grenzkosten.[18]

Löst man die Bedingung erster Ordnung (3.16) nach $w^\star(\tilde{s},\tilde{x})$ auf, so ergibt sich als Lösung für das mit Portfoliosignal $\tilde{x}$ optimale Fondsportfolio:[19]

$$\begin{aligned} w^\star(\tilde{s},\tilde{x}) &= \frac{\mu+\tilde{s}}{\lambda\sigma_\gamma^2}\,\frac{\psi(\tilde{s})}{\mathrm{E}\left[\psi(\tilde{s})|\tilde{x}\right]} \\ &= w^\star_{\mathrm{Full}}(\tilde{s})\,\frac{\psi(\tilde{s})}{\mathrm{E}\left[\psi(\tilde{s})|\tilde{x}\right]} \qquad (3.17) \\ \psi(\tilde{s}) &= \frac{\sigma_\gamma^2}{\left(\mu+\tilde{s}\right)^2+\sigma_\gamma^2} \qquad (3.18) \end{aligned}$$

Das für einen Kapitalgeber mit Portfoliosignal $\tilde{x}$ optimale Fondsportfolio (3.17)–(3.18) besitzt die gleiche Struktur wie das in Abschnitt 3.1.2 hergeleitete, ohne Portfoliosignal optimale Fondsportfolio. Es besteht ebenfalls aus zwei Komponenten: aus dem für

---

18 Eine Analyse der Spezialfälle mit perfektem und ohne Portfoliosignal verdeutlicht die Wirkungsweise der Bekanntgabe eines Portfoliosignals auf die Höhe der Grenzkosten. Im Falle eines perfekten Portfoliosignals $\tilde{x} = w^\star_{\mathrm{Full}}(\tilde{s})$ erhält man unter Berücksichtigung von Gleichung (3.4): $\mathrm{E}\left[w^\star_{\mathrm{Full}}(\tilde{s})(\mu+\tilde{s})|w^\star_{\mathrm{Full}}(\tilde{s})\right] = w^\star_{\mathrm{Full}}(\tilde{s})(\mu + \mathrm{E}[\tilde{s}|w^\star_{\mathrm{Full}}(\tilde{s})]) = w^\star_{\mathrm{Full}}(\tilde{s})(\mu+\tilde{s})$. Nach Gleichung (3.16) sind in diesem Fall sowohl das Managementrisiko als auch die damit verbundenen Grenzkosten gleich Null. Ohne Portfoliosignal hat der Kapitalgeber keine Informationen über die Anlagestrategie des Fondsmanagers. Die Erwartungen des Kapitalgebers entsprechen in diesem Fall den unbedingten Erwartungen: $\mathrm{E}\left[w^\star(\tilde{s},\tilde{x})(\mu+\tilde{s})|\tilde{x}\right] = \mathrm{E}\left[w^\star(\tilde{s})(\mu+\tilde{s})\right]$. Die Optimalitätsbedingung (3.16) entspricht daher der in Abschnitt 3.1.2 für diesen Spezialfall hergeleiteten Optimalitätsbedingung (3.7).

19 Die Vorgehensweise zur Lösung von Gleichung (3.16) ist identisch zum Vorgehen bei der Lösung von Gleichung (3.7) in Abschnitt 3.1.2. Zunächst wird unter Verwendung von Gleichung (3.16) die bedingt auf $\tilde{x}$ erwartete Fondsrendite unter der Voraussetzung von Optimalverhalten des Fondsmanagers bestimmt. Diese entspricht mit einer Ausnahme Gleichung (3.9): An die Stelle des unbedingten Erwartungswertes in Gleichung (3.9) tritt der bedingt auf $\tilde{x}$ erwartete Wert. Anschließendes Einsetzen der Lösung für die erwartete Fondsrendite in Gleichung (3.16) und Auflösen nach $w^\star(\tilde{s},\tilde{x})$ liefert nach wenigen Umformungen die Lösung (3.17)–(3.18) für das optimale Fondsportfolio. Die Herleitung ist ein Spezialfall der Herleitung des für N Aktien optimalen Fondsportfolios in Anhang A.1.

ein perfektes Portfoliosignal optimalen Fondsportfolio (3.3) und einem Korrekturfaktor $\psi(\tilde{s})/\mathrm{E}[\psi(\tilde{s})|\tilde{x}]$, der dieses Portfolio an das Portfoliosignal $\tilde{x}$ anpaßt. Der Korrekturfaktor unterscheidet sich jedoch in einem wesentlichen Punkt vom Korrekturfaktor im Falle ohne Portfoliosignal: An die Stelle des unbedingten Erwartungswertes $\mathrm{E}[\psi(\tilde{s})]$ in Gleichung (3.10) tritt in Gleichung (3.17) der bedingt auf das Portfoliosignal $\tilde{x}$ erwartete Wert $\mathrm{E}[\psi(\tilde{s})|\tilde{x}]$.

Der Korrekturfaktor eines mit allgemeinem Portfoliosignal optimalen Fondsportfolios hängt neben den privaten Informationen $\tilde{s}$ des Fondsmanagers auch von den Portfolioinformationen $\tilde{x}$ ab, die der Kapitalgeber erhält. Verschiedene Offenlegungspolitiken $\tilde{x}$ führen zu einem anderen Ausmaß an Informationsasymmetrie und haben daher unterschiedlich hohe Managementrisiken zur Folge. Das für den Kapitalgeber optimale Fondsportfolio (3.17) hängt deshalb von zwei Faktoren ab: von der Qualität der privaten Informationen des Fondsmanagers (über $\sigma_\gamma^2 = \sigma^2 - \sigma_s^2$) und von der Stärke des Portfoliosignals für den Kapitalgeber (über die der Erwartungsbildung in Gleichung (3.17) zugrundeliegenden bedingten Informationen $\tilde{x}$).[20] Fondsmanager müssen im Rahmen ihrer Portfolioselektion also auch ihre Offenlegungspolitik berücksichtigen. Die Offenlegungspolitik ist eine wesentliche Determinante optimaler Fondsportfolios. Sie bestimmt die Höhe des Managementrisikos und beeinflußt somit auch das Fondsrisiko entscheidend. Vernachlässigt der Fondsmanager das Managementrisiko des Kapitalgebers, so ist das Fondsportfolio für den Kapitalgeber nicht optimal.

Abbildung 3.3 zeigt das optimale Fondsportfolio in Abhängigkeit des Informationssignals s für drei verschiedene Realisationen des Portfoliosignals an den Kapitalgeber. Die Darstellung basiert weiterhin auf dem numerischen Beispiel aus Abschnitt 3.1.2.[21] Die Stärke des Portfoliosignals bemißt sich durch den Anteil R^2 der Varianz des Informationssignals des Fondsmanagers, den der Kapitalgeber durch sein Portfoliosignal erklären kann: $R^2 = 1 - \mathrm{var}(\tilde{s}|x)/\sigma_s^2$. Sie ist per Konstruktion auf Werte zwischen Null (kein Portfoliosignal) und Eins (perfektes Portfoliosignal) normiert. Für die Darstellung wird ein Portfoliosignal der Stärke $R^2 = 50\%$ unterstellt.

Der Verlauf des mit Portfoliosignal $\tilde{x}$ optimalen Fondsportfolios in Abhängigkeit von s gleicht nach Abbildung 3.3 dem Verlauf des ohne Portfoliosignal optimalen Fondsportfolios (Abbildung 3.1(b)). Der Korrekturfaktor bewirkt wiederum, daß der Fondsmanager verglichen mit dem Fall eines perfekten Portfoliosignals schwächer auf sehr große oder

---

20 Nur im Falle eines perfekten Portfoliosignals kann der Fondsmanager die Anlageentscheidung allein auf Grundlage seiner privaten Informationen treffen. In diesem Fall kann der Kapitalgeber von seinem Portfoliosignal auf das Informationssignal des Fondsmanagers schließen. Fondsmanager und Kapitalgeber besitzen dann symmetrische Informationen und bilden homogene Erwartungen (vgl. Abschnitt 3.1.1).

21 Die erwartete Aktienrendite beträgt $\mu = 10\%$, die Standardabweichung der Aktienrendite $\sigma = 20\%$, die Stärke des Informationssignals $R_s^2 = 20\%$ und der Risikoaversionsparameter $\lambda = 2$.

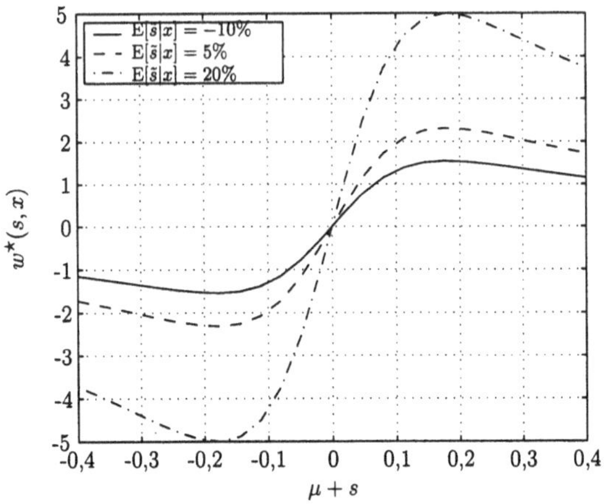

Abbildung 3.3: Optimales Fondsportfolio für ein Portfoliosignal der Stärke $R^2 = 50\%$

kleine Signalausprägungen reagiert. Der Fondsmanager trägt auf diese Weise dem Managementrisiko des Kapitalgebers Rechnung, das durch sein aktives Portfoliomanagement in Verbindung mit der unvollständigen Portfoliooffenlegung entsteht.

Der Korrekturfaktor besitzt hier aber noch eine zweite Funktion: Das optimale Fondsportfolio unterscheidet sich im Hinblick auf die verschiedenen Realisationen des Portfoliosignals $\mathrm{E}[\tilde{s}|x]$ an den Kapitalgeber. Der Fondsmanager reagiert im Optimum stärker auf betragsmäßig große Ausprägungen seines Informationssignals, gemessen durch $\mu + s$, wenn der Kapitalgeber aufgrund seines Portfoliosignals eine hohe Aktienrendite $\mathrm{E}[\tilde{R}|x] = \mu + \mathrm{E}[\tilde{s}|x]$ erwartet. Diese zweite Funktion des Korrekturfaktors wird durch Abbildung 3.4 weiter verdeutlicht. Hier ist das optimale Fondsportfolio in Abhängigkeit des Informationssignals s und des Portfoliosignals $\mathrm{E}[\tilde{s}|x]$ an den Kapitalgeber dargestellt.

Im Optimum reagiert der Fondsmanager nach Abbildung 3.4 umso stärker auf betragsmäßig große Ausprägungen seines Informationssignals, gemessen durch $\mu + s$, je größer betragsmäßig das Portfoliosignal an den Kapitalgeber, gemessen durch $\mu + \mathrm{E}[\tilde{s}|x]$, ist. Im Falle eines extremen Portfoliosignals erwartet der Kapitalgeber große Portfolioanpassungen. Der Fondsmanager kann in einem solchen Fall aggressiver als im Falle eines moderaten Portfoliosignals auf seine privaten Informationen reagieren, bei dem der Kapitalgeber nur geringfügige Portfolioanpassungen erwartet. Im Falle eines extremen Portfoliosignals antizipiert der Kapitalgeber die Portfolioanpassungen des Fondsmanagers. Sie sind daher mit geringeren Managementrisiken verbunden.

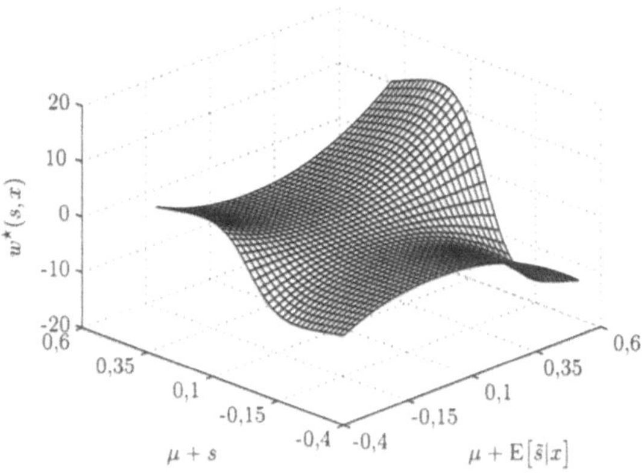

Abbildung 3.4: Wirkungsweise des Korrekturfaktors auf das optimale Fondsportfolio

3.1.4 Einfluß der Offenlegungspolitik auf das Anlageverhalten

In diesem Abschnitt wird zum Abschluß des Ein-Aktien-Falls komparativ-statisch untersucht, wie sich ein stärkeres (schwächeres) Portfoliosignal auf das optimale Anlageverhalten des Fondsmanagers auswirkt. Das optimale Anlageverhalten des Fondsmanagers hängt nach Gleichung (3.17)–(3.18) sowohl von dessen privaten Informationen $\tilde{s}$ als auch von der Ausprägung des Portfoliosignals $\tilde{x}$ an den Kapitalgeber ab. Um die Zufallseinflüsse der einzelnen Ausprägungen des Portfoliosignals auf die Ergebnisse zu eliminieren und den isolierten Einfluß von dessen Stärke R^2 zu messen, wird nicht das optimale Aktiengewicht $w^\star(\tilde{s},\tilde{x})$ selbst, sondern dessen Erwartungswert $\mathrm{E}\big[w^\star(\tilde{s},\tilde{x})\big]$ und Standardabweichung $\mathrm{std}\big(w^\star(\tilde{s},\tilde{x})\big)$ analysiert.

Das erwartete Aktiengewicht

$$\mathrm{E}\big[w^\star(\tilde{s},\tilde{x})\big] \quad = \quad \frac{1}{\lambda\sigma_\gamma^2}\,\mathrm{E}\left[\frac{(\mu+\tilde{s})\psi(\tilde{s})}{\mathrm{E}[\psi(\tilde{s})|\tilde{x}]}\right] \tag{3.19}$$

gibt an, wie riskant das optimale Fondsportfolio im Erwartungswert ist. Die Analyse des erwarteten Aktiengewichts beantwortet somit die Frage, welchen Portfolioanteil der Fondsmanager durchschnittlich in Aktien investieren kann.

Die Standardabweichung des Aktiengewichts

$$\mathrm{std}\big(\tilde{w}^\star(\tilde{s},\tilde{x})\big) \quad = \quad \frac{1}{\lambda\sigma_\gamma^2}\left\{\mathrm{E}\left[\frac{(\mu+\tilde{s})^2\psi(\tilde{s})^2}{\mathrm{E}[\psi(\tilde{s})|\tilde{x}]^2}\right] - \mathrm{E}\left[\frac{(\mu+\tilde{s})\psi(\tilde{s})}{\mathrm{E}[\psi(\tilde{s})|\tilde{x}]}\right]^2\right\}^{\frac{1}{2}} \tag{3.20}$$

mißt, wie stark der Fondsmanager auf seine privaten Informationen reagiert. Je größer die Standardabweichung des Aktiengewichts ist, desto aggressiver handelt der Fondsmanager im Hinblick auf seine privaten Informationen. Die Standardabweichung des Aktiengewichts ist daher ein Indikator für die Umschlagshäufigkeit des Fondsportfolios.

Der Einfluß der Stärke des Portfoliosignals auf Erwartungswert (3.19) und Standardabweichung (3.20) des optimalen Aktiengewichts des Fondsmanagers läßt sich nur numerisch bestimmen. Abbildung 3.5(a) zeigt den Zusammenhang zwischen der Stärke R^2 des Portfoliosignals und der Höhe des erwarteten Aktiengewichts. Abbildung 3.5(b) verdeutlicht, wie die Standardabweichung der Aktiengewichtung im optimalen Fondsportfolio von der Stärke des Portfoliosignals abhängt.[22]

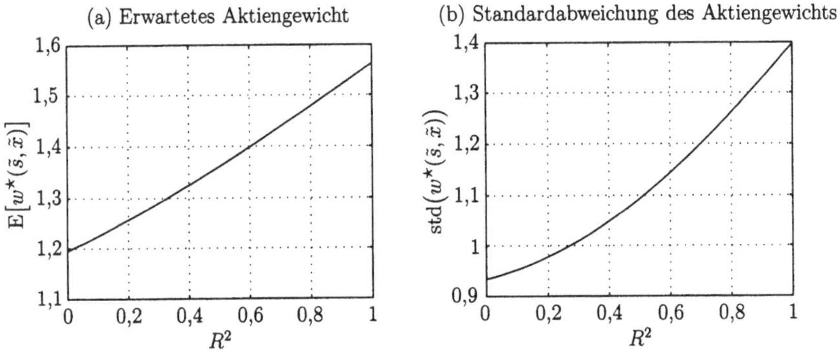

Abbildung 3.5: Einfluß der Stärke des Portfoliosignals auf das optimale Fondsportfolio

Sowohl der Erwartungswert als auch die Standardabweichung des aus Sicht des Kapitalgebers optimalen Aktiengewichts steigen strikt monoton mit zunehmender Stärke R^2 des Portfoliosignals. Während der Fondsmanager im dargestellten Beispiel ohne Portfoliosignal ($R^2 = 0$) im Mittel knapp 120% des Fondsvolumens in die Aktie investiert, legt er das Fondsvermögen im Falle eines perfekten Portfoliosignals ($R^2 = 1$) im Erwartungswert zu 155% in der Aktie an. Für ein Portfoliosignal der Stärke $R^2 = 50\%$ liegt das durchschnittliche Aktiengewicht des optimalen Fondsportfolios immerhin noch bei gut 135% (Abbildung 3.5(a)). Zum Vergleich hierzu beträgt das optimale Aktiengewicht eines uninformierten Fondsmanagers $w = 125\%$.[23] Dies zeigt, daß der Fondsmanager im Erwartungswert einen umso größeren Anteil des Fonds in die Aktie investieren kann, je stärker das Portfoliosignal an den Kapitalgeber ist.

22 Abbildung 3.5 basiert weiterhin auf dem numerischen Beispiel mit einer erwarteten Aktienrendite $\mu = 10\%$, einer Standardabweichung der Aktienrendite $\sigma = 20\%$, einem Informationssignal der Stärke $R_s^2 = 20\%$ und einem Risikoaversionsparameter $\lambda = 2$.

23 Für das ohne Informationssignal optimale Aktiengewicht gilt $w = \mu/\lambda\sigma^2 = 0,1/(2 \cdot 0,04) = 125\%$.

Ein ähnliches Bild zeigt Abbildung 3.5(b) für die Standardabweichung des optimalen Aktiengewichts. Während sie ohne Portfoliosignal ($R^2 = 0$) nur gut 90% beträgt, beläuft sie sich im Falle eines perfekten Portfoliosignals ($R^2 = 1$) auf nahezu 140%. Ein stärkeres Portfoliosignal erlaubt es dem Fondsmanager daher auch, aggressiver auf seine privaten Informationen zu reagieren.

Die Ergebnisse dieses Abschnitts verdeutlichen: Je transparenter ein Fonds ist, desto mehr kann der Fondsmanager von seinen privaten Informationen Gebrauch machen. Ein stärkeres Portfoliosignal erlaubt es dem Fondsmanager, das Fondsportfolio aktiver zu verwalten und einen größeren Teil der ihm anvertrauten Gelder in die Aktie zu investieren, über deren Rendite er annahmegemäß private Informationen besitzt.

3.2 Modell mit mehreren Aktien

In Abschnitt 3.1 wurden bereits alle zentralen Ergebnisse im Hinblick auf die optimale Zusammensetzung von Fondsportfolios und die Rolle der Offenlegungspolitik bei der Portfolioselektion für den Spezialfall mit nur einer Aktie hergeleitet. In diesem Abschnitt werden die Ergebnisse aus Abschnitt 3.1 auf den Fall mit $N > 1$ Aktien verallgemeinert. Die Analyse mit N Aktien liefert für das delegierte Portfoliomanagement durch Fonds zusätzlich ein wichtiges Separationsergebnis.

3.2.1 Portfolioselektion mit allgemeinem Portfoliosignal

Dieser Abschnitt analysiert die Portfolioselektion des Fondsmanagers für den allgemeinen Fall mit $N > 1$ Aktien. Der Fondsmanager besitzt nun private Informationen $\tilde{s} = (\tilde{s}_1, \ldots, \tilde{s}_N)' \sim N(0, \Sigma(\tilde{s}))$ über die Renditen $\tilde{R}_i$ mehrerer Aktien $i = 1, \ldots, N$. Er gibt seinem Kapitalgeber ein mehrdimensionales Signal $\tilde{x} = (\tilde{x}_1, \ldots, \tilde{x}_N)'$ in Bezug auf seine Anlagestrategie $w(\tilde{s}, \tilde{x}) = (w_1(\tilde{s}, \tilde{x}), \ldots, w_N(\tilde{s}, \tilde{x}))'$ bekannt. Im Falle von N Aktien gilt für die Fondsrendite nach Gleichung (2.4) $\tilde{R}_j = w(\tilde{s}, \tilde{x})'(\mu + \tilde{s} + \tilde{\gamma})$, und der Kapitalgeber erwartet nach Gleichung (2.5) bedingt auf sein Portfoliosignal x einen Nutzen in Höhe von:[24]

$$\begin{aligned} \Phi|x &= \mathrm{E}\Big[w(\tilde{s}, \tilde{x})'(\mu + \tilde{s})\,\Big|x\Big] - f \\ &\quad -\frac{\lambda}{2}\Big\{\mathrm{E}\Big[w(\tilde{s}, \tilde{x})'\Sigma(\tilde{\gamma})w(\tilde{s}, \tilde{x})\Big|x\Big] + \mathrm{var}\Big(w(\tilde{s}, \tilde{x})'(\mu + \tilde{s})\,\Big|x\Big)\Big\} \end{aligned} \tag{3.21}$$

[24] Für die bedingt auf $\tilde{x}$ erwartete Fondsrendite gilt $\mathrm{E}[\tilde{R}_j|\tilde{x}] = \mathrm{E}\big[\mathrm{E}[\tilde{R}_j|\tilde{s}]|\tilde{x}\big] = \mathrm{E}\big[w(\tilde{s}, \tilde{x})'(\mu + \tilde{s})|\tilde{x}\big]$. Für die bedingte Varianz der Fondsrendite gilt $\mathrm{var}(\tilde{R}_j|\tilde{x}) = \mathrm{E}\big[\mathrm{var}(\tilde{R}_j|\tilde{s})|\tilde{x}\big] + \mathrm{var}\big(\mathrm{E}[\tilde{R}_j|\tilde{s}]|\tilde{x}\big) = \mathrm{E}\big[w(\tilde{s}, \tilde{x})'\Sigma(\tilde{\gamma})w(\tilde{s}, \tilde{x})\big] + \mathrm{var}\big(w(\tilde{s}, \tilde{x})'(\mu + \tilde{s})|\tilde{x}\big)$.

Das Optimierungsproblem des Fondsmanagers besteht nun darin, den N–Vektor der Reaktionsfunktionen $w^\star(\tilde{s},\tilde{x})$ zu bestimmen, mit denen er die Gewichte $w_i^\star(\tilde{s},\tilde{x})$ der verschiedenen Aktien $i = 1,\ldots,N$ im Fondsportfolio an die Ausprägungen seines Informationssignals $\tilde{s}$ anpaßt.

Das Optimierungsproblem des Fondsmanagers (3.21) ist ein N–dimensionales Kontrollproblem mit N zu optimierenden Reaktionsfunktionen $w_1(\tilde{s},\tilde{x}),\ldots,w_N(\tilde{s},\tilde{x})$. In Anhang A.1 wird das N–dimensionale Kontrollproblem (3.21) zunächst auf N eindimensionale Kontrollprobleme für die einzelnen Aktiengewichte $w_1(\tilde{s},\tilde{x}),\ldots,w_N(\tilde{s},\tilde{x})$ zurückgeführt. Anschließend werden die eindimensionalen Kontrollprobleme dann mit Hilfe der Variationsrechnung gelöst.[25] Dieses Vorgehen liefert als Bedingungen erster Ordnung für die optimale Anlagestrategie $w^\star(\tilde{s},\tilde{x})$ des Fondsmanagers:

$$\mu + \tilde{s} \;=\; \lambda\Big\{\Sigma(\tilde{\gamma})w^\star(\tilde{s},\tilde{x}) + \big(\mu+\tilde{s}\big)\Big(\big(\mu+\tilde{s}\big)'w^\star(\tilde{s},\tilde{x}) - \mathrm{E}\big[\tilde{R}_j^\star|\tilde{x}\big]\Big)\Big\} \tag{3.22}$$

Im allgemeinen Modell mit N Aktien gibt es N Bedingungen erster Ordnung für N Aktiengewichte $w_1(\tilde{s},\tilde{x}),\ldots,w_N(\tilde{s},\tilde{x})$. Die Optimalitätsbedingungen für die verschiedenen Aktiengewichte (3.22) lassen sich dabei exakt wie im Ein-Aktien-Fall interpretieren: Der Vektor auf der linken Seite des Gleichungssystems (3.22) gibt den Vektor der Grenzerlöse an, die beiden Summanden auf der rechten Seite sind die Vektoren für die Grenzkosten der Aktienrisiken und der Managementrisiken.

Die Bedingungen erster Ordnung (3.22) implizieren für die optimale Anlagestrategie des Fondsmanagers:

$$w^\star(\tilde{s},\tilde{x}) \;=\; \frac{1}{\lambda}\Sigma(\tilde{\gamma})^{-1}\big(\mu+\tilde{s}\big)\frac{1+\lambda\mathrm{E}\big[\tilde{R}_j^\star|\tilde{x}\big]}{1+\big(\mu+\tilde{s}\big)'\Sigma(\tilde{\gamma})^{-1}\big(\mu+\tilde{s}\big)} \tag{3.23}$$

Berücksichtigt man die Lösung für die erwartete Fondsrendite bei Optimalverhalten des Fondsmanagers

$$\mathrm{E}\big[\tilde{R}_j^\star|\tilde{x}\big] \;=\; \frac{1}{\lambda}\left\{\frac{1}{\mathrm{E}\Big[\Big(1+\big(\mu+\tilde{s}\big)'\Sigma(\tilde{\gamma})^{-1}\big(\mu+\tilde{s}\big)\Big)^{-1}|\tilde{x}\Big]} - 1\right\} \tag{3.24}$$

bei der Bestimmung des optimalen Fondsportfolios (3.23), so erhält man als Lösung für das mit Portfoliosignal $\tilde{x}$ im Modell mit N Aktien optimale Fondsportfolio:[26]

---

[25] Zum allgemeinen Vorgehen bei der Lösung N-dimensionaler Variationsprobleme siehe Gelfand und Fomin (1963) sowie Seierstad und Sydsaeter (1987).

[26] Durch Einsetzen von Gleichung (3.23) in die Bestimmungsgleichung $\mathrm{E}[\tilde{R}_j^\star|\tilde{x}] = \mathrm{E}\big[w(\tilde{s},\tilde{x})'(\mu+\tilde{s})|\tilde{x}\big]$ für die erwartete Fondsrendite erhält man die Lösung für die vor Managementgebühren erwartete Fondsrendite (3.24). Einsetzen von Gleichung (3.24) für $\mathrm{E}[\tilde{R}_j^\star|\tilde{x}]$ in Gleichung (3.23) liefert dann nach wenigen Umformungen die Lösung für das optimale Fondsportfolio (3.25)–(3.26). Eine ausführliche Herleitung der Lösung für das optimale Fondsportfolio erfolgt in Anhang A.1.

$$\begin{aligned} w^\star(\tilde{s},\tilde{x}) &= \frac{1}{\lambda}\Sigma(\tilde{\gamma})^{-1}\big(\mu+\tilde{s}\big)\frac{\psi(\tilde{s})}{\mathrm{E}\big[\psi(\tilde{s})|\tilde{x}\big]} \\ &= w^\star_{\mathrm{Full}}(\tilde{s})\,\frac{\psi(\tilde{s})}{\mathrm{E}\big[\psi(\tilde{s})|\tilde{x}\big]} \qquad (3.25) \\ \psi(\tilde{s}) &= \frac{1}{1+\big(\mu+\tilde{s}\big)'\Sigma(\tilde{\gamma})^{-1}\big(\mu+\tilde{s}\big)} \qquad (3.26) \end{aligned}$$

Auch im allgemeinen Modell mit N Aktien setzt sich das optimale Fondsportfolio (3.25)–(3.26) aus dem mit perfektem Portfoliosignal optimalen Portfolio $w^\star_{\mathrm{Full}}(\tilde{s}) = \frac{1}{\lambda}\Sigma(\tilde{\gamma})^{-1}$ $\big(\mu+\tilde{s}\big)$ und einem Korrekturfaktor $\psi(\tilde{s})/\mathrm{E}\big[\psi(\tilde{s})|\tilde{x}\big]$ zusammen.[27] Der Korrekturfaktor ist, genau wie im Ein-Aktien-Fall, eine Funktion des privaten Informationssignals $\tilde{s}$ des Fondsmanagers und des Portfoliosignals $\tilde{x}$ des Kapitalgebers. Er kann kleiner oder größer als Eins sein und bewirkt, daß der Fondsmanager auf einige Signalausprägungen schwächer und auf andere stärker als im Falle eines perfekten Portfoliosignals reagiert:

$$w^\star_{\mathrm{Full}}(\tilde{s}) \gtrless w^\star(\tilde{s},\tilde{x}) \quad \Leftrightarrow \quad \big(\mu+\tilde{s}\big)'\Sigma(\tilde{\gamma})^{-1}\big(\mu+\tilde{s}\big) \gtrless \frac{1}{\mathrm{E}\big[\psi(\tilde{s})|\tilde{x}\big]} - 1 \qquad (3.27)$$

Auch im allgemeinen Modell mit N Aktien paßt der Korrekturfaktor das im Falle eines perfekten Portfoliosignals optimale Fondsportfolio $w^\star_{\mathrm{Full}}(\tilde{s})$ an die Offenlegungspolitik $\tilde{x}$ des Fonds an. Der Fondsmanager reagiert nach Gleichung (3.27) verglichen mit dem Fall eines perfekten Portfoliosignals schwächer auf Signalausprägungen, die zu betragsmäßig hohen bedingt erwarteten Aktienrenditen $\mu+\tilde{s}$ führen. Im N-Aktien-Fall ist es dabei für das Gewicht einer Aktie i im Fondsportfolio jedoch nicht entscheidend, ob die Ausprägung s_i des Signals über die Rendite der i-ten Aktie groß ist. Vielmehr kommt es auf die Gesamtheit aller Signale, gewichtet mit den Einträgen der Inversen der bedingten Varianz-Kovarianz-Matrix der Aktienrenditen, $\Sigma(\tilde{\gamma})^{-1}$, an.[28]

Aktives Fondsmanagement führt bei unvollständiger Portfoliooffenlegung zu Managementrisiken und daher auch zu zusätzlichen Fondsrisiken. Das Managementrisiko ist ceteris paribus umso größer, je weniger der Kapitalgeber über die Anlagestrategie des Fondsmanagers weiß oder, anders ausgedrückt, je schwächer das Portfoliosignal an den Kapitalgeber ist. Ein Fondsmanager, der das Fondsportfolio nicht an die Offenlegungspolitik anpaßt, sondern allein im Hinblick auf seine besseren privaten Informationen wählt, hält für seinen Kapitalgeber zu extreme Positionen. Diese sind dann aus Sicht des Kapitalgebers mit unverhältnismäßig hohen Managementrisiken behaftet. Aus diesem Grund ist es für den Kapitalgeber optimal, daß der Manager im Falle eines schwachen Portfoliosi-

[27] Im Falle eines perfekten Portfoliosignals $\tilde{x} = w^\star_{\mathrm{Full}}(\tilde{s})$ ist $\psi(\tilde{s})$ bedingt auf das Portfoliosignal $w^\star_{\mathrm{Full}}(\tilde{s})$ deterministisch, und es gilt: $\mathrm{E}[\psi(\tilde{s})|w^\star_{\mathrm{Full}}(\tilde{s})] = \psi(\tilde{s})$. Für einen ausführlichen Beweis dieser Aussage siehe Anhang A.1.

[28] Verantwortlich hierfür sind Diversifikationseffekte. Diese bewirken, daß das optimale Fondsgewicht $w^\star_{\mathrm{No},i}$ in Aktie i nicht nur vom Signal $\tilde{s}_i$, sondern von allen Signalen $\tilde{s}$ abhängt.

gnals weniger auf seine privaten Informationen reagiert. Der Manager verzichtet so zwar auf einen Teil der erwarteten Rendite, reduziert dafür aber auch das Fondsrisiko für den Kapitalgeber deutlich.

3.2.2 Kapitalgeber mit unterschiedlichen Portfoliosignalen

Optimale Fondsportfolios hängen neben den privaten Informationen des Fondsmanagers auch von den Portfolioinformationen der Kapitalgeber ab. In der Realität ist es jedoch nicht auszuschließen, daß verschiedene Anlegerkreise unterschiedlich genaue Portfolioinformationen besitzen.[29] Dies wirft die Frage auf, ob und unter welchen Voraussetzungen das gleiche Fondsportfolio auch für Kapitalgeber mit verschiedenen Portfoliosignalen effizient ist. Dieser Abschnitt beschäftigt sich mit zwei eng verwandten Fragestellungen: Gilt die Tobin (1958)-Separation auch für das aktive Portfoliomanagement von Fonds, deren Kapitalgeber ein unvollständiges Portfoliosignal erhalten? Welche Konsequenzen hat ein unterschiedliches Portfoliosignal verschiedener Anlegerkreise für die Portfolioselektion?

Hierzu wird in einem ersten Schritt unterstellt, daß alle Kapitalgeber des Fonds das gleiche Portfoliosignal $\tilde{x}$ erhalten, aber unterschiedlich risikoavers sind. Die Struktur des mit Portfoliosignal $\tilde{x}$ optimalen Fondsportfolios (3.25)–(3.26) zeigt, daß der Korrekturfaktor $\psi(\tilde{s})/\mathrm{E}[\psi(\tilde{s})|\tilde{x}]$ zwar von den Portfolioinformationen $\tilde{x}$, nicht jedoch von der Risikoaversion der Kapitalgeber abhängt. Für das Verhältnis der optimalen Fondsportfolios zweier Kapitalgeber mit unterschiedlicher Risikoaversion $\phi \neq \lambda$, aber gleichem Portfoliosignal $\tilde{x}$, gilt nach Gleichung (3.25) in Verbindung mit (3.26):

$$w^{\star}(\tilde{s}, \tilde{x}, \phi) \;=\; w^{\star}(\tilde{s}, \tilde{x}, \lambda)\, \frac{\lambda}{\phi} \tag{3.28}$$

Das für einen Kapitalgeber mit Risikoaversion ϕ optimale Fondsportfolio $w^{\star}(\tilde{s}, \tilde{x}, \phi)$ ist für beliebige Ausprägungen des Portfoliosignals $\tilde{x}$ ein Vielfaches des für einen Kapitalgeber mit Risikoaversion λ optimalen Fondsportfolios $w^{\star}(\tilde{s}, \tilde{x}, \lambda)$. Es ist somit eine Linearkombination von $w^{\star}(\tilde{s}, \tilde{x}, \lambda)$ mit der risikolosen Anlage. Die Menge der effizienten Fondsportfolios ist daher, unabhängig von der Risikoaversion, für alle Kapitalgeber mit gleichem Portfoliosignal $\tilde{x}$ identisch: Die Tobin (1958)-Separation gilt auch, wenn delegiertes Fondsmanagement zu Informationsasymmetrie zwischen dem Fondsmanager und seinen Kapitalgebern führt, zumindest wenn alle Kapitalgeber ein identisches Portfoliosignal $\tilde{x}$ erhalten und infolgedessen homogene Erwartungen bilden.

---

29 So ist es nicht unplausibel anzunehmen, daß empirisch nur ein Teil der Kapitalgeber die in den Portfolioberichten veröffentlichten Gewichtsinformationen auswertet. Die Auswertung der Portfolioberichte ist zeitaufwendig und daher in der Praxis mit Opportunitätskosten verbunden. Daher kann es für Kleinanleger rational sein, auf eine Auswertung zu verzichten, während es für Anleger mit großen Fondsanteilen selbst vor dem Hintergrund der Auswertungskosten optimal sein kann, die Portfolioberichte auszuwerten.

Gilt die Tobin-Separation aber auch, wenn die Kapitalgeber über unterschiedlich starke Portfoliosignale verfügen und deshalb heterogene Erwartungen bilden? Zur Beantwortung dieser Frage wird in einem zweiten Schritt unterstellt, daß die beiden Kapitalgeber des Fonds unterschiedliche Portfoliosignale $\tilde{y} \neq \tilde{x}$ erhalten. Das für einen Kapitalgeber mit Portfoliosignal $\tilde{y}$ und Risikoaversion ϕ optimale Fondsportfolio $w^\star(\tilde{s}, \tilde{y}, \phi)$ läßt sich mit Hilfe von Gleichung (3.25) wiederum als Funktion des für einen anderen Kapitalgeber mit Portfoliosignal $\tilde{x}$ und Risikoaversion λ optimalen Portfolios $w^\star(\tilde{s}, \tilde{x}, \lambda)$ darstellen:

$$w^\star(\tilde{s}, \tilde{y}, \phi) \quad = \quad w^\star(\tilde{s}, \tilde{x}, \lambda)\, \frac{\lambda\, \mathrm{E}\big[\psi(\tilde{s})|\tilde{x}\big]}{\phi\, \mathrm{E}\big[\psi(\tilde{s})|\tilde{y}\big]} \tag{3.29}$$

Im folgenden werden zwei Fälle unterschieden: Erstens, das Portfoliosignal $\tilde{x}$ beinhaltet das Portfoliosignal $\tilde{y}$, das heißt, der Kapitalgeber mit Signal $\tilde{x}$ kann auch auf das Signal $\tilde{y}$ schließen. Zweitens, weder das Signal $\tilde{x}$ beinhaltet das Signal $\tilde{y}$, noch beinhaltet $\tilde{y}$ das Signal $\tilde{x}$. In diesem Fall kann weder der Kapitalgeber mit Signal $\tilde{x}$ auf $\tilde{y}$ schließen, noch umgekehrt.

Im ersten Fall kann der Kapitalgeber mit Portfoliosignal $\tilde{x}$ von seinem Signal auch auf das Signal $\tilde{y}$ des anderen Kapitalgebers schließen. Bei dieser strikten Informationshierarchie kann der Kapitalgeber mit Signal $\tilde{x}$ auch $\mathrm{E}\big[\psi(\tilde{s})|\tilde{y}\big]$ berechnen. Das Portfolio $w(\tilde{s}, \tilde{y}, \phi)$ ist daher nach Gleichung (3.29) für beliebige Ausprägungen von $\tilde{x}$ eine Vielfaches des mit Portfoliosignal $\tilde{x}$ und Risikoaversion λ optimalen Fondsportfolios $w^\star(\tilde{s}, \tilde{x}, \lambda)$. Es ist daher bedingt auf $\tilde{x}$ eine Linearkombination von $w^\star(\tilde{s}, \tilde{x}, \lambda)$ mit der risikolosen Anleihe und folglich auch für den Kapitalgeber mit Portfoliosignal $\tilde{x}$ effizient.

Kann jedoch der Kapitalgeber mit Portfoliosignal $\tilde{x}$ nicht auf das Signal $\tilde{y}$ schließen, so kann er auch $\mathrm{E}\big[\psi(\tilde{s})|\tilde{y}\big]$ nicht berechnen. $\mathrm{E}\big[\psi(\tilde{s})|\tilde{y}\big]$ ist bedingt auf sein Portfoliosignal $\tilde{x}$ eine Zufallsvariable, und das Fondsportfolio $w^\star(\tilde{s}, \tilde{y}, \phi)$ ist nach Gleichung (3.29) keine Linearkombination des für ihn optimalen Fondsportfolios $w^\star(\tilde{s}, \tilde{x}, \lambda)$ mit der risikolosen Anleihe. Es ist aus diesem Grund für den Kapitalgeber mit Signal $\tilde{x}$ auch nicht effizient.

Diese beiden Argumente zusammen zeigen, daß ein Portfolio, welches für einen Kapitalgeber mit Portfoliosignal $\tilde{y}$ optimal ist, für einen Kapitalgeber, der ein anderes Portfoliosignal $\tilde{x} \neq \tilde{y}$ erhält, im allgemeinen nicht effizient ist. Die einzige Ausnahme von dieser Regel ist der Spezialfall, daß der Kapitalgeber von seinem Signal $\tilde{x}$ auf das Signal $\tilde{y}$ schließen kann. Nur im Falle einer solchen strikten Informationshierarchie können sich zwei Kapitalgeber mit unterschiedlichen Portfoliosignalen auf ein gemeinsames Fondsportfolio einigen.

Dieses Resultat erweitert frühere theoretische Erkenntnisse von Hansen und Richard (1987) auf ein beliebiges Ausmaß an Portfoliooffenlegung durch Fonds. Hansen und Richard vergleichen aktiv verwaltete Portfolios, die im Hinblick auf unbedingte Informationen effizient sind, mit solchen Portfolios, die in Kenntnis der bedingten Informationen effizient sind, auf denen sie basieren. Sie zeigen, daß die unbedingte Effizienz aktiv verwalteter Portfolios ein hinreichendes, aber kein notwendiges Kriterium für bedingte Effizienz ist. Ein unbedingt effizientes Portfolio ist zwar stets auch für Kapitalgeber mit Kenntnis der bedingten Informationen effizient, auf denen das aktiv verwaltete Portfolio basiert. Der Umkehrschluß gilt jedoch nicht.

Welche Konsequenzen haben diese Ergebnisse für die Portfolioselektion von Investmentfonds? Erstens verdeutlichen sie die zentrale Rolle der Offenlegungspolitik im Rahmen der Portfolioselektion von Fonds. Ein Fondsportfolio, das allein im Hinblick auf die privaten Informationen des Fondsmanagers optimiert wird, ist für Kapitalgeber ohne perfektes Portfoliosignal nicht effizient. Zweitens zeigen sie aber auch, daß selbst für Investmentfonds, die verschiedenen Kapitalgeberkreisen unterschiedlich detaillierte Portfoliosignale geben, ein mit der Tobin (1958)-Separation vergleichbares Separationsergebnis gilt. Während die erste Konsequenz unmittelbar ersichtlich ist, wird die zweite im folgenden gezeigt.

Die Portfolioselektion kann zwischen dem Fondsmanager und den Kapitalgebern personell aufgeteilt werden: Der Fondsmanager kann in einem ersten Schritt, unabhängig von der Offenlegungspolitik des Fonds, dasjenige Fondsportfolio $w^{\star}_{\mathrm{No}}(\tilde{s}, \phi)$ wählen, welches für Kapitalgeber ohne Portfoliosignal optimal ist. Dieses Portfolio ist nach Gleichung (3.29) für alle Kapitalgeber effizient, unabhängig von deren individuellen Portfoliosignalen. Diese Entscheidung erfordert weder die Kenntnis des Portfoliosignals noch die Kenntnis der Risikoaversion der Kapitalgeber. In einem zweiten Schritt können die Kapitalgeber dann selbst den Vermögensanteil $(\phi \mathrm{E}[\psi(\tilde{s})])/(\lambda \mathrm{E}[\psi(\tilde{s})|\tilde{x}])$ bestimmen, den sie vor dem Hintergrund ihres Portfoliosignals $\tilde{x}$ und ihrer Risikoaversion λ in den Fonds investieren:

$$w^{\star}(\tilde{s}, \tilde{x}, \lambda) \quad = \quad w^{\star}_{\mathrm{No}}(\tilde{s}, \phi) \, \frac{\phi}{\lambda} \frac{\mathrm{E}[\psi(\tilde{s})]}{\mathrm{E}[\psi(\tilde{s})|\tilde{x}]} \tag{3.30}$$

Diese Entscheidung ist unabhängig von den privaten Informationen $\tilde{s}$ des Fondsmanagers. Sie setzt lediglich die Kenntnis des Portfoliosignals $\tilde{x}$ voraus, erfordert aber im Unterschied zur Tobin-Separation, daß die Kapitalgeber aktiv in Fondsanteilen handeln.[30]

3.3 Zwischenfazit

Investmentfonds müssen ihre Portfolios auf eine andere Weise zusammenstellen als Individualanleger. Aufgrund der Informationsasymmetrie zwischen Fondsmanagern und ihren

30 Der für einen Kapitalgeber mit Portfoliosignal $\tilde{x}$ in den Fonds zu investierende Vermögensanteil $(\phi \mathrm{E}[\psi(\tilde{s})])/(\lambda \mathrm{E}[\psi(\tilde{s})|\tilde{x}])$ hängt von der Realisation des Portfoliosignals des Kapitalgebers $\tilde{x}$ ab. Der Kapitalgeber muß sein Fondsinvestment daher laufend an das veröffentlichte Portfoliosignal anpassen.

Kapitalgebern ist eine Fondsinvestition für die Kapitalgeber zusätzlich mit Managementrisiken verbunden. Das Managementrisiko bewirkt, daß Fondsmanager nur schwächer auf ihre privaten Informationen reagieren und auch nur einen geringeren Portfolioanteil in Aktien investieren dürfen, als dies für Individualanleger optimal ist.

Da die Portfoliopositionen von Fondsmanagern deren private Informationen widerspiegeln, reduziert eine Offenlegung der Portfoliopositionen das Managementrisiko der Kapitalgeber. Die Offenlegungspolitik hat entscheidende Auswirkungen auf die Zusammensetzung optimaler Fondsportfolios. Häufigere Portfoliooffenlegungen reduzieren das Managementrisiko der Kapitalgeber. Sie gestatten Fondsmanagern, stärker auf ihre privaten Informationen zu reagieren und einen größeren Anteil des Fondsportfolios in Aktien zu investieren. Eine höhere Transparenz ermöglicht es informierten Fondsmanagern somit, stärker von ihren besseren Informationen Gebrauch zu machen.

Die Bedeutung der Offenlegungspolitik im Rahmen der Portfolioselektion wird noch dadurch verstärkt, daß ein Fondsportfolio, welches für Kapitalgeber mit einem starken Portfoliosignal optimal ist, für Kapitalgeber mit schwächeren Signalen nicht effizient ist. Dies kann dazu führen, daß es für Kapitalgeber mit schwächeren Portfoliosignalen vorteilhaft ist, ihr Geld passiv in die Aktien zu investieren, anstatt es einem Fondsmanager anzuvertrauen, der die Offenlegungspolitik außer Acht läßt und das Fondsportfolio aus ihrer Sicht zu riskant verwaltet.

Ein Vergleich der für Kapitalgeber mit unterschiedlichen Portfoliosignalen optimalen Fondsportfolios zeigt, daß auch bei Informationsasymmetrie ein mit der Tobin (1958)-Separation vergleichbares Separationsergebnis gilt: Ein ohne Portfoliosignal optimales Fondsportfolio ist für alle Kapitalgeber –unabhängig von deren Portfoliosignal und Risikoaversion– effizient. Anders als bei der Tobin-Separation müssen die Kapitalgeber hierbei aber auf Grundlage ihres Portfoliosignals aktiv in Fondsanteilen handeln, um das für sie individuell optimale Fondsportfolio zu erreichen.

Kapitel 4

Performancemessung des Kapitalgebers

Investmentfonds unterscheiden sich von anderen Anlageformen dadurch, daß zwei Personen am Investmentprozeß beteiligt sind: Der Fondsmanager und der Kapitalgeber. Daher setzt eine Fondsinvestition auch zwei Entscheidungen voraus. Die erste Entscheidung, die Portfolioselektion des Fondsmanagers, wurde in Abschnitt 3 ausführlich analysiert. In diesem Abschnitt steht nun die zweite Entscheidung im Vordergrund, die Entscheidung des Kapitalgebers über eine Anlage in den Fonds.

Kapitalanleger müssen sich entscheiden, ob und –falls ja– in welche Fonds sie ihr Vermögen investieren, ohne die privaten Informationen des Fondsmanagers zu kennen. Sie benötigen Kenngrößen, mit deren Hilfe sie auf Grundlage der ihnen zur Verfügung stehenden Informationen den Anlageerfolg von Investmentfonds beurteilen und so verschiedene Fonds miteinander vergleichen können. In diesem Kapitel wird der Einfluß der Offenlegungspolitik auf die Performance von Investmentfonds untersucht und die Bedeutung der Offenlegungspolitik für die Performancemessung aufgezeigt. Es werden Performancemaße entwickelt, die die Offenlegungspolitik von Fonds dadurch erfassen, daß sie neben der Fondsrendite auch veröffentlichte Portfolioinformationen bei der Performancemessung berücksichtigen.

Die finanzökonomische Literatur hat in den vergangenen 40 Jahren eine Vielzahl verschiedener Performancemaße zur Beurteilung des Anlageerfolgs von Investmentfonds hervorgebracht. Tabelle 4.1 gibt einen Überblick über die in empirischen Studien zur Performance von Fonds bis heute am häufigsten verwendeten Maße. Diese lassen sich hinsichtlich der berücksichtigten Informationen in externe und interne Performancemaße sowie hinsichtlich des implizierten Kapitalmarktmodells in auf dem Capital Asset Pricing Model (CAPM) und auf Mehr-Faktor-Modellen basierende Maße unterscheiden.

Während externe Performancemaße die Performance von Fonds allein auf Grundlage von Renditeinformationen beurteilen, basieren interne Performancemaße auf den Fonds-

A. Performancemaße basierend auf dem CAPM

Extern	Intern
Jensen (1968)	Cornell (1979)
Sharpe (1966)	Grinblatt und Titman (1989b)
Treynor (1965)	Grinblatt und Titman (1993)
Treynor und Black (1973)	

B. Performancemaße basierend auf Mehr-Faktor-Modellen

Extern	Intern
Connor und Korajczyk (1986)	Daniel et al. (1997)
Lehmann und Modest (1987)	Chen, Jegadeesh und Wermers (2000)
Carhart (1997)	

Tabelle 4.1: Überblick über in der Literatur vorgeschlagene Performancemaße

gewichten in Verbindung mit den zugehörigen Aktienrenditen. Seit der bahnbrechenden Arbeit von Fama und French (1993) haben auf Mehr-Faktor-Modellen basierende Performancemaße im Vergleich zu ihren auf dem CAPM basierenden Gegenstücken stark an Bedeutung gewonnen. Fama und French (1993) zeigen, daß allein die Marktrendite empirisch die Querschnittsvariation erwarteter Aktienrenditen nicht erklären kann. Die Berücksichtigung weiterer Faktoren, insbesondere für das Verhältnis von Buchwert-zu-Marktwert, die Marktkapitalisierung und die Vorjahresrendite der Aktien, erhöht den Erklärungsgehalt des Modells für die Risikoprämien von Aktien erheblich.[1] Sie erlaubt es der Performancemessung, zwischen privaten Informationen und dem Ausnutzen in der Finanzwelt bekannter Aktienrenditeanomalien zu differenzieren, und stellt daher eine exaktere Benchmark für die Performancemessung dar.

Bei der Diskussion bislang in der Literatur verwendeter Performancemaße fällt auf, daß alle Maße entweder ausschließlich auf Renditeinformationen oder aber allein auf Portfolioinformationen basieren. Die meisten Fonds geben ihren Kapitalgebern zwar ihre Portfoliozusammensetzung bekannt, jedoch nur in größeren zeitlichen Abständen. Die Änderung der veröffentlichten Portfoliopositionen signalisiert den Kapitalgebern dann, wie der Fondsmanager das Fondsportfolio zwischen den Offenlegungsperioden umschichtet,

[1] Fama und French (1993) selbst schlagen vor, neben der Marktrendite das Verhältnis von Buchwert-zu-Marktwert und die Marktkapitalisierung der Aktien als weitere Faktoren zu berücksichtigen. Carhart (1997) zeigt, daß die Aufnahme eines zusätzlichen Faktors für das von Jegadeesh und Titman (1993) dokumentierte Momentum von Aktienrenditen den Erklärungsgehalt des Fama-French-Modells im Hinblick auf erwartete Aktienrenditen weiter erhöht.

während die Fondsrendite zusätzlich Auskunft über Portfolioanpassungen gibt, die der Fondsmanager bereits innerhalb der Offenlegungsperiode wieder revidiert. Bisherige Studien zur Performance von Fonds berücksichtigen folglich nur einen Teil der Informationen, die die Kapitalgeber von Fonds besitzen.

Dieses Kapitel zeigt, daß bislang in der Literatur verwendete, allein auf Rendite- oder Gewichtsinformationen basierende Performancemaße vor dem Hintergrund der empirisch beobachteten Offenlegungspolitiken von Fonds fehlspezifiziert sind. Sie vernachlässigen bewertungsrelevante Informationen der Kapitalgeber. Hier knüpfen die in diesem Kapitel neu entwickelten gewichtsbasierten Performancemaße an. Grundlegend neu an diesen Maßen ist, daß sie sowohl die Fondsrendite als auch die von den Fonds veröffentlichten Portfoliopositionen bei der Performancemessung berücksichtigen. Die gewichtsbasierten Maße dieser Arbeit messen die Performance von Fonds unabhängig von deren Offenlegungspolitik aus Anlegersicht unverzerrt. Sie unterscheiden sich von bislang in der Literatur verwendeten Performancemaßen durch den Umfang der Risikokorrektur. Sie beinhalten sowohl die internen Maße von Grinblatt und Titman (1993) und Daniel, Grinblatt, Titman und Wermers (1997) als auch die externen Maße von Sharpe (1966), Jensen (1968) und Carhart (1997) als Spezialfälle für die Performancemessung von Fonds mit perfektem beziehungsweise ohne ein Portfoliosignal. Die Darstellung in diesem Kapitel orientiert sich –wie auch frühere Arbeiten von Dybvig und Ross (1985) und Grinblatt und Titman (1989b) zu diesem Thema– am CAPM.

Das Kapitel ist wie folgt aufgebaut: Abschnitt 4.1 entwickelt zunächst, aufbauend auf den Erkenntnissen von Dybvig und Ross (1985), drei Kriterien für die Beurteilung von Performancemaßen. Danach sind Performancemaße unverzerrt, wenn sie erstens uninformierten Fonds stets eine neutrale (oder negative) Performance zuweisen, wenn zweitens die Performance informierter Fonds –zumindest bei optimalem Anlageverhalten des Fondsmanagers– positiv ist und wenn die Performance drittens bei optimalem Anlageverhalten des Fondsmanagers ceteris paribus umso größer ist, je mehr private Informationen der Fondsmanager erhält. Diese drei Kriterien bewirken, daß Fonds, die ihren Kapitalgebern einen höheren Erwartungsnutzen als eine Benchmarkanlage stiften, auch eine bessere Performance als eine Benchmarkanlage aufweisen.

Die Abschnitte 4.2 und 4.3 diskutieren dann exemplarisch die in der Literatur prominentesten externen und internen Performancemaße. Die externen Performancemaße von Jensen (1968) und Sharpe (1966) verwenden als Datenbasis lediglich Renditeinformationen. Sie vernachlässigen von den Fonds veröffentlichte Portfolioinformationen und sind wie alle Performancemaße, die das Fondsrisiko allein auf Basis von Renditeinformationen berechnen, fehlspezifiziert, sofern Fonds ihren Kapitalgebern ein Portfoliosignal geben. Das interne Performancemaß von Grinblatt und Titman (1993) mißt die Performance dagegen ausschließlich anhand von Portfolioinformationen, die die Fonds veröffentlichen. Es vernachlässigt die Fondsrendite zwischen den Offenlegungszeitpunkten und ist im Falle einer unvollständigen Portfoliobekanntgabe ebenfalls fehlspezifiziert.

Ausgehend von diesem Manko werden in Abschnitt 4.4 Performancemaße entwickelt, die zwar auf dem Jensen-Maß beziehungsweise der Sharpe-Ratio basieren, aber bei der Bestimmung des Fondsrisikos zusätzlich die von den Fonds veröffentlichten Portfoliopositionen berücksichtigen. Die im Rahmen dieser Arbeit neu entwickelten Performancemaße liefern einerseits, unabhängig von den Offenlegungspolitiken der Fonds, unverzerrte Ergebnisse für die Performance. Sie gestatten andererseits einen Vergleich der Performance von Fonds, die ihren Kapitalgebern unterschiedlich detaillierte Portfolioinformationen veröffentlichen. Dies führt zu einer kritischen Würdigung des Arguments von Grinblatt und Titman (1989b), wonach Timingfähigkeiten für die Verzerrung des Jensen-Maßes verantwortlich sind.[2]

Abschnitt 4.5 zeigt abschließend, daß die Offenlegungspolitik ein wichtiges Politikinstrument darstellt, mit dem Fonds Einfluß auf ihre Performance nehmen können. Informierte Fonds können allein durch häufigere Portfoliooffenlegungen ihre Performance verbessern. Dies liefert die Grundlage für die Analyse optimaler Offenlegungspolitiken in Kapitel 5.

4.1 Unverzerrtheit von Performancemaßen

Vor dem Hintergrund der Vielzahl in der empirischen Literatur verwendeter Performancemaße stellt sich die Frage, welches Performancemaß sich für die Messung des Anlageerfolgs von Investmentfonds am besten eignet. Anders ausgedrückt, welche Anforderungen müssen Performancemaße erfüllen, damit sie Kapitalgebern sinnvolle Ergebnisse bei der Performancemessung liefern?

Hierzu wird ein Kriterienkatalog für die Unverzerrtheit von Performancemaßen entwickelt. Dieser baut auf das theoretische Argument von Dybvig und Ross (1985) auf, wonach Performancemaße zu verzerrten Ergebnissen führen, wenn sie einzelnen Fonds trotz privater Informationen und Optimalverhalten des Fondsmanagers eine negative Performance zuweisen. Die Kriterien basieren auf der Grundidee, daß der Anlageerfolg eines Fonds von zwei Determinanten abhängt: von den privaten Informationen und vom Anlageverhalten des Fondsmanagers. Suboptimales Anlageverhalten kann, wie in Abschnitt 3.1.2 gezeigt, trotz besserer Informationen zu einem geringeren Erwartungsnutzen der Kapitalgeber als eine passive Anlage in die Aktien führen. Sinnvolle Anforderungen an Performancemaße lassen sich daher nur unter der Annahme von Optimalverhalten des

[2] Als Timingfähigkeit wird in Abgrenzung von der Selektionsfähigkeit die Fähigkeit bezeichnet, die Benchmarkrendite prognostizieren zu können. Zur Abgrenzung von Selektions- und Timingfähigkeiten und zu damit verbundenen Problemen siehe Admati, Bhattacharya, Pfleiderer und Ross (1986).

Fondsmanagers ableiten. Dieser Abschnitt widmet sich zunächst der Frage, wie sich ein stärkeres Informationssignal bei optimalem Anlageverhalten des Fondsmanagers (3.25)-(3.26) auf den Erwartungsnutzen (2.6) der Kapitalgeber auswirkt. Hieraus lassen sich anschließend Kriterien für die Unverzerrtheit von Performancemaßen ableiten.

Für die erwartete Fondsrendite bei optimalem Anlageverhalten des Fondsmanagers, $\mathrm{E}[\tilde{R}_j^\star]$, gilt durch Anwendung iterativer Erwartungen in Gleichung (3.24) und unter Berücksichtigung der Definition (3.26) für $\psi(\tilde{s})$:[3]

$$\mathrm{E}[\tilde{R}_j^\star] \quad = \quad \frac{1}{\lambda}\mathrm{E}\left[\frac{1-\mathrm{E}[\psi(\tilde{s})|\tilde{x}]}{\mathrm{E}[\psi(\tilde{s})|\tilde{x}]}\right] \tag{4.1}$$

Analog erhält man durch Einsetzen der Lösung für das optimale Fondsportfolio (3.25)-(3.26) in die Bestimmungsgleichung für die erwartete Varianz $\mathrm{E}[\mathrm{var}(\tilde{R}_j|\tilde{x})] = \mathrm{E}[\tilde{R}_j^2] - \mathrm{E}\{\mathrm{E}[\tilde{R}_j|\tilde{x}]^2\}$ das Fondsrisiko für den Kapitalgeber bei optimalem Anlageverhalten des Fondsmanagers:[4]

$$\mathrm{E}\Big[\mathrm{var}(\tilde{R}_j^\star|\tilde{x})\Big] \quad = \quad \frac{1}{\lambda^2}\mathrm{E}\left[\frac{1-\mathrm{E}[\psi(\tilde{s})|\tilde{x}]}{\mathrm{E}[\psi(\tilde{s})|\tilde{x}]}\right] \tag{4.2}$$

Der Erwartungsnutzen des Kapitalgebers aus einer Fondsinvestition entspricht nach Gleichung (2.6) der Differenz zwischen der erwarteten Fondsrendite (4.1) und dem mit der Risikoaversion λ des Kapitalgebers gewichteten Fondsrisiko (4.2):

$$\begin{aligned}\Phi(w^\star(\tilde{s},\tilde{x})) \quad &= \quad \mathrm{E}[\tilde{R}_j^\star] - \frac{\lambda}{2}\mathrm{E}\Big[\mathrm{var}(\tilde{R}_j^\star|\tilde{x})\Big] \\ &= \quad \frac{1}{2\lambda}\mathrm{E}\left[\frac{1-\mathrm{E}[\psi(\tilde{s})|\tilde{x}]}{\mathrm{E}[\psi(\tilde{s})|\tilde{x}]}\right] \qquad (4.3)\end{aligned}$$

Investiert der Kapitalgeber hingegen sein Vermögen direkt in die am Kapitalmarkt gehandelten Aktien, so erreicht er bei Wahl des auf Grundlage seiner öffentlichen Informationen optimalen Portfolios $w_E = \frac{1}{\lambda}\Sigma^{-1}\mu$ einen Erwartungsnutzen in Höhe von:[5]

---

3 Zur Analyse der Performance wird in diesem Kapitel die fixe Managementgebühr auf $f = 0$ normiert. Die theoretischen Eigenschaften von Performancemaßen lassen sich sinnvollerweise nur vor Kosten und Gebühren analysieren. Ansonsten kann beispielsweise die negative Performance eines Fondsmanagers mit privaten Informationen allein auf die Höhe der Managementgebühr zurückzuführen sein.

4 Die erwartete Fondsrenditevarianz (4.2) wird in Anhang A.3 hergeleitet.

5 Der passiven Anlagestrategie liegt die Annahme zugrunde, daß der Kapitalgeber das Portfoliosignal nur im Falle einer Fondsanlage erhält. Die erwartete Nutzendifferenz spiegelt daher den Wert des privaten Informationssignals des Fondsmanagers für den Kapitalgeber wider.

$$\begin{aligned} \Phi(w_E) &= w_E'\mu - \frac{\lambda}{2} w_E' \Sigma w_E \\ &= \frac{1}{2\lambda}\mu'\Sigma^{-1}\mu \end{aligned} \tag{4.4}$$

In Anhang A.3 wird bewiesen, daß zwischen dem Erwartungsnutzen des Kapitalgebers aus einer Fondsinvestition (4.3) und dem Erwartungsnutzen aus einer Direktanlage (4.4) bei optimalem Anlageverhalten des Fondsmanagers die Relation

$$\frac{1}{2\lambda}\mathrm{E}\left[\frac{1-\mathrm{E}[\psi(\tilde{s})|\tilde{x}]}{\mathrm{E}[\psi(\tilde{s})|\tilde{x}]}\right] > \frac{1}{2\lambda}\mu'\Sigma^{-1}\mu \tag{4.5}$$

gilt. Eine Fondsinvestition führt nach Gleichung (4.5) stets zu einem höheren Erwartungsnutzen des Kapitalgebers als eine Direktanlage in die Aktien, sofern der Fondsmanager private Informationen besitzt und ein vor dem Hintergrund der Offenlegungspolitik optimales Fondsportfolio wählt. Dies gilt unabhängig von der Risikoaversion des Kapitalgebers und der Offenlegungspolitik des Fonds.

Erhält der Fondsmanager nun zusätzliche private Informationen $\tilde{v}$, das heißt, er erhält anstatt des Informationssignals $\tilde{s}$ ein Signal $\tilde{s}+\tilde{v}$, $\Sigma(\tilde{v}) \geq 0$, $\Sigma(\tilde{v}) \neq 0$, so erwartet der Kapitalgeber mit identischem Portfoliosignal $\tilde{x}$ einen Nutzen in Höhe von:[6]

$$\frac{1}{2\lambda}\mathrm{E}\left[\frac{1-\mathrm{E}[\psi(\tilde{s}+\tilde{v})|\tilde{x}]}{\mathrm{E}[\psi(\tilde{s}+\tilde{v})|\tilde{x}]}\right] > \frac{1}{2\lambda}\mathrm{E}\left[\frac{1-\mathrm{E}[\psi(\tilde{s})|\tilde{x}]}{\mathrm{E}[\psi(\tilde{s})|\tilde{x}]}\right] \tag{4.6}$$

Private Informationen führen nicht nur verglichen mit einer Direktanlage zu einem höheren Erwartungsnutzen von Fonds. Je mehr private Informationen der Fondsmanager erhält, desto höher ist auch der erwartete Nutzen für den Kapitalgeber aus der Fondsanlage. Der Erwartungsnutzen für die Kapitalgeber von Fonds steigt somit mit zusätzlichen privaten Informationen des Fondsmanagers.

Performancemaße sollten folglich bei optimalem Anlageverhalten Fondsmanagern mit privaten Informationen eine höhere Performance als einer passiven Aktienanlage zuweisen. Die Fondsperformance sollte darüber hinaus umso höher sein, je mehr private Informationen ein Fondsmanager besitzt. Ausgehend von diesen Überlegungen ergeben sich drei Kriterien für die Unverzerrtheit von Performancemaßen.[7]

---

[6] Ein Beweis dieser Aussage befindet sich in Anhang A.3.

[7] Chen und Knez (1996) untersuchen Voraussetzungen, unter denen Fonds das Anlagespektrum der Kapitalgeber erweitern. Sie fordern vier Eigenschaften für zulässige Performancemaße: Passive Portfolios erhalten (1) eine Performance von Null, das Performancemaß ist (2) linear, das heißt Dachfonds, die zu konstanten Anteilen in zwei Fonds investieren, erhalten die mit den Anteilen gewichtete Performance der beiden Fonds, es ist (3) stetig und (4) nicht trivial. Das Jensen (1968)-Maß ist nach Chen und Knez (1996) ein zulässiges Performancemaß, während die Sharpe (1966)-Ratio nicht alle vier Kriterien erfüllt und daher nach Chen und Knez (1996) auch kein zulässiges Performancemaß ist. Es gibt jedoch eine Vielzahl Performancemaße, die diese vier Anforderungen erfüllen. Darüber hin-

Definition 1

Ein Performancemaß ist unverzerrt, wenn es die folgenden drei Kriterien erfüllt:

(1) Es weist uninformierten Fonds, unabhängig von deren Anlageverhalten, keine höhere Performance als einem effizienten Benchmarkportfolio zu, das nur auf öffentlichen Informationen basiert.

(2) Es weist informierten Fonds bei optimalem Anlageverhalten des Fondsmanagers eine höhere Performance als einem effizienten Benchmarkportfolio zu, das nur auf öffentlichen Informationen basiert.

(3) Die Performance von Fonds ist bei optimalem Anlageverhalten ceteris paribus umso besser, je mehr private Informationen Fondsmanager erhalten.

Die erste Bedingung ist erforderlich, damit eine positive Performance hinreichend für erfolgreiches Fondsmanagement ist. Sie stellt sicher, daß Fonds ohne private Informationen keine bessere Performance erzielen als die auf Basis öffentlicher Informationen effiziente Benchmark. Die zweite Bedingung gewährleistet, daß Fonds, die ihren Kapitalgebern einen höheren Erwartungsnutzen als eine Benchmarkanlage stiften, auch eine überlegene Performance erzielen. Die dritte Bedingung stellt sicher, daß ein größerer erwarteter Nutzengewinn auch zu einer besseren Performance führt. Erfüllt ein Performancemaß alle drei Anforderungen von Definition 1, so reiht es Fonds nach dem durch eine Fondsinvestition erreichbaren Erwartungsnutzen.

4.2 Defizite rein renditebasierter Performancemaße

Im Rahmen des CAPM besteht ein linearer Zusammenhang zwischen der erwarteten Rendite und dem systematischen Risiko (Beta) von Wertpapieren und Portfolios.[8] Alle Wertpapiere und Portfolios liegen auf der Wertpapiermarktlinie, und für die gleichgewichtigen erwarteten Renditen μ der Aktien gilt:

$$\mu = \beta\mu_E \tag{4.7}$$

$$\beta = \frac{\operatorname{cov}(\tilde{R}, \tilde{R}_E)}{\sigma_E^2} \tag{4.8}$$

$\tilde{R}_E$ bezeichnet die Rendite des auf Basis öffentlicher Informationen effizienten Marktportfolios mit Gewichten $\alpha = \frac{\Sigma^{-1}\mu}{1'\Sigma^{-1}\mu}$; μ_E und σ_E^2 sind entsprechend Erwartungswert und Varianz der Marktrendite vor dem Hintergrund öffentlicher Informationen.

aus zeigen Chen und Knez (1996), daß zu jedem zulässigen Performancemaß ein weiteres zulässiges Performancemaß existiert, welches die Reihung zweier Fonds umkehrt.

[8] Das CAPM geht auf die Arbeiten von Sharpe (1964), Lintner (1965) und Mossin (1966) zurück.

Da das CAPM in seiner Grundform von symmetrischen Informationen und homogenen Erwartungen aller Marktteilnehmer ausgeht, ist im CAPM eine überlegene Performance aufgrund von privaten Informationen per Definition ausgeschlossen. Eine Performancemessung besitzt in einem solchen Modellrahmen nur einen geringen Nutzen: Eine überlegene Performance kann aus theoretischer Sicht lediglich auf eine Ineffizienz des Proxys für das Marktportfolio hinweisen, nicht aber auf eine attraktive Anlagemöglichkeit (Roll (1978)). Um überlegene Performance sinnvoll untersuchen zu können, ist daher ein Mindestmaß an Informationsasymmetrie erforderlich. Mayers und Rice (1979) erweitern das CAPM dahingehend, daß einzelne Fondsmanager im Unterschied zu anderen Anlegern zusätzlich private Informationen besitzen können. Sie unterstellen dabei in Anlehnung an Hirshleifer (1975), daß die von Fonds mit privaten Informationen verwalteten Vermögen verschwindend gering sind. Dies hat zur Konsequenz, daß für die öffentlich informierten Kapitalgeber von Fonds das CAPM weiterhin gilt, während aktiv tätige Fondsmanager eine überlegene Performance erzielen können.

Jensen (1968) schlägt vor, die Performance aktiv verwalteter Fonds durch den Abstand der erwarteten Fondsrendite μ_j von der Wertpapiermarktlinie $\beta_j \mu_E$ zu messen:[9]

$$J_j = \mu_j - \beta_j \mu_E, \tag{4.9}$$

$$\beta_j = \frac{\operatorname{cov}(\tilde{R}_j, \tilde{R}_E)}{\sigma_E^2} \tag{4.10}$$

Das Jensen-Maß (4.9) mißt die Performance von Fonds durch die Differenz zwischen der erwarteten Fondsrendite μ_j und der erwarteten Rendite $\beta_j \mu_E$ eines passiven Portfolios, das zu einem Anteil β_j aus dem Marktportfolio und zu einem Anteil $1 - \beta_j$ aus der risikolosen Anleihe besteht. Fonds, die oberhalb der Wertpapiermarktlinie liegen, erzielen bei vergleichbarem systematischen Risiko β_j eine höhere erwartete Rendite als auf Basis öffentlicher Informationen zusammengestellte Portfolios. Oberhalb der Wertpapiermarktlinie liegen daher nach Jensen (1968) nur Fonds, deren Manager überlegene private Informationen besitzen, während Manager ohne private Informationen stets auf der Wertpapiermarktlinie verweilen.

Für effiziente Portfolios gilt im CAPM darüber hinaus ein als Kapitalmarktlinie bezeichneter linearer Zusammenhang zwischen erwarteter Rendite μ_j und Risiko, gemessen durch die Standardabweichung der Portfoliorendite σ_j. Die Sharpe (1966)-Ratio basiert auf der Intuition, daß Fonds mit privaten Informationen oberhalb der Kapitalmarktlinie liegen, während Fonds ohne private Informationen unterhalb oder auf der Kapitalmarktlinie zu finden sind. Die Sharpe-Ratio mißt die Performance von Fonds durch deren er-

[9] Die Mehr-Faktor-Version von Jensens Alpha lautet $J_j^{\mathrm{MF}} = \mu_j - \sum_{f=1}^{F} \beta_{j,f} \mu_f$, wobei $\beta_{j,f}$ die Sensitivität der Fondsrendite $\tilde{R}_j$ auf die Rendite $\tilde{R}_f$ des f-ten Faktors angibt ($f = 1, \ldots, F$).

wartete Rendite μ_j pro Einheit des Fondsrisikos, gemessen durch die Standardabweichung der Fondsrendite σ_j:

$$Sh_j = \frac{\mu_j}{\sigma_j} \tag{4.11}$$

Ein Vergleich der Sharpe-Ratio (4.11) mit der Steigung μ_E/σ_E der Kapitalmarktlinie zeigt, ob ein Fondsmanager private Informationen besitzt oder nicht.

So weit verbreitet Jensen-Maß (einschließlich der Mehr-Faktor-Varianten) und Sharpe-Ratio in empirischen Arbeiten zur Performance von Fonds auch heute noch sind, bereits in den 80er Jahren haben zahlreiche Autoren in unterschiedlichen Modellrahmen auf theoretische Probleme bei der Verwendung beider Maße zur Performancemessung von Fonds hingewiesen. Zu nennen sind in diesem Zusammenhang insbesondere die Arbeiten von Jensen (1972), Admati und Ross (1985), Dybvig und Ross (1985), Lehmann und Modest (1987) und Grinblatt und Titman (1989b), (1995).[10] Alle diese Arbeiten lassen sich auf dasselbe Grundargument zurückführen: Auf dem CAPM oder Mehr-Faktor-Modellen basierende Performancemaße sind nicht in der Lage, Timingfähigkeiten als Managementleistung zu interpretieren. Sie weisen aus diesem Grund ein Fondsrisiko aus, welches das durchschnittliche Risiko der Anlagestrategie des Fondsmanagers übersteigt.[11] Die folgenden beiden Abschnitte stellen zunächst mit den klassischen Performancemaßen von Jensen (1968) und Sharpe (1966) verbundene Probleme bei der Performancemessung von Fonds dar. Anschließend werden in einem dritten Abschnitt die Argumente auf beliebige Performancemaße erweitert, welche die Performance von Fonds allein auf Basis von Renditeinformationen ermitteln und dabei die erwartete Fondsrendite um das Fondsrisiko bereinigen.

4.2.1 Verzerrung des Jensen-Maßes

Das Fehlerpotential bei Verwendung des Jensen-Maßes zur Performancemessung von Fonds wird anhand des Spezialfalls mit nur einer Aktie ($N = 1$) verdeutlicht.[12] Hierzu wird ein Fondsmanager betrachtet, der private Informationen $\tilde{s}$ besitzt und seinen Kapitalgebern

---

[10] Die Arbeiten von Jensen (1972), Dybvig und Ross (1985) und Grinblatt und Titman (1989b), (1995) verwenden Ein-Faktor-Modelle, beispielsweise das CAPM, die Arbeit von Lehmann und Modest (1987) basiert auf einem Mehr-Faktor-Modell und Admati und Ross (1985) legen ihrer Analyse ein Noisy Rational Expectations Equilibrium Model zugrunde.

[11] Treynor und Mazuy (1966) und Henriksson und Merton (1981) entwickeln spezielle Performancemaße zum Test auf Timingfähigkeiten von Fondsmanagern. Treynor und Mazuy (1966) überprüfen durch eine quadratische Regression der Fondsüberschußrendite auf die Überschußrendite des Marktportfolios, ob Fonds Timingfähigkeiten besitzen. Henriksson und Merton (1981) schlagen eine abschnittsweise lineare Regressionsschätzung zum Test auf Timingfähigkeiten vor.

[12] Im Ein-Aktien-Fall ist die Aktie die Benchmark. Die Begriffe „Aktie“ und „Benchmark“ sind im Ein-Aktien-Fall daher synonym.

ein Portfoliosignal $\tilde{x}$ gibt. Interpretiert man die Aktie als ein auf Grundlage öffentlicher Informationen effizientes Benchmarkportfolio, so entspricht der Ein-Aktien-Fall dem Spezialfall eines Fonds mit reinen Timingfähigkeiten.

Unter Berücksichtigung der Lösung (3.17)–(3.18) für das mit Portfoliosignal $\tilde{x}$ optimale Fondsportfolio ergibt sich für das Jensen-Maß (4.9) des informierten Fonds:[13]

$$\begin{aligned} J_j\big(w^\star(\tilde{s},\tilde{x})\big) &= \mathrm{E}\Big[w^\star(\tilde{s},\tilde{x})\big(\mu+\tilde{s}\big)\Big] - \frac{\mathrm{cov}\big(w^\star(\tilde{s},\tilde{x})\tilde{R},\tilde{R}\big)}{\sigma^2}\mu \\ &= \frac{1}{\lambda}\left\{\mathrm{E}\left[\frac{1-\mathrm{E}\big[\psi(\tilde{s})|\tilde{x}\big]}{\mathrm{E}\big[\psi(\tilde{s})|\tilde{x}\big]}\right] - \left(\mu + \mathrm{E}\left[\frac{\tilde{s}}{\mathrm{E}\big[\psi(\tilde{s})|\tilde{x}\big]}\right]\right)\frac{\mu}{\sigma^2}\right\} \end{aligned} \tag{4.12}$$

Dybvig und Ross (1985) zeigen anhand des Beispiels eines Fonds, der seinen Kapitalgebern ein perfektes Portfoliosignal $\tilde{x} = w^\star_{\mathrm{Full}}(\tilde{s})$ gibt, daß das Jensen-Maß (4.12) selbst für Fondsmanager mit privaten Informationen und optimalem Anlageverhalten negativ oder gleich Null sein kann. Im Falle eines perfekten Portfoliosignals vereinfacht sich das Jensen-Maß (4.12) des Fonds zu:[14]

$$\begin{aligned} J_j\big(w^\star_{\mathrm{Full}}(\tilde{s})\big) &= \frac{1}{\lambda}\left\{\mathrm{E}\left[\frac{1-\psi(\tilde{s})}{\psi(\tilde{s})}\right] - \left(\mu + \mathrm{E}\left[\frac{\tilde{s}}{\psi(\tilde{s})}\right]\right)\frac{\mu}{\sigma^2}\right\} \\ &= \frac{\mu^2+\sigma_s^2}{\lambda\sigma_\gamma^2} - \frac{\mu^2\sigma_\gamma^2 + 2\mu^2\sigma_s^2}{\lambda\sigma_\gamma^2\sigma^2} \\ &= \frac{\mu^2\sigma^2 + \sigma_s^2\sigma^2 - \mu^2\sigma^2 - \mu^2\sigma_s^2}{\lambda\sigma_\gamma^2\sigma^2} \\ &= \frac{\sigma^2-\mu^2}{\sigma^2}\,\frac{\sigma_s^2}{\lambda\sigma_\gamma^2} \end{aligned} \tag{4.13}$$

Ein positives Jensen-Maß ist zwar hinreichend, aber nicht notwendig für erfolgreiches Fondsmanagement.[15] Besitzen Fonds Timingfähigkeiten, so kann auch ein negatives Jensen-Maß oder ein Jensen-Maß in Höhe von Null auf erfolgreiches Fondsmanagement hindeuten.[16] Im Spezialfall mit vollständiger Portfoliooffenlegung ist dies nach Gleichung (4.13) dann der Fall, wenn die erwartete Aktienrendite μ größer als die Standardabweichung σ der Aktienrendite ist.[17] Obwohl der Fondsmanager private Informationen besitzt und

---

[13] Ein Beweis der zweiten Zeile von Gleichung (4.12) erfolgt in Anhang A.4.

[14] Für Fonds mit perfektem Portfoliosignal gilt $\mathrm{E}[\psi(\tilde{s})|\tilde{x}] = \mathrm{E}[\psi(\tilde{s})|w^\star_{\mathrm{Full}}(\tilde{s})] = \mathrm{E}[\psi(\tilde{s})|\frac{\mu+\tilde{s}}{\lambda\sigma_\gamma^2}] = \mathrm{E}[\psi(\tilde{s})|\tilde{s}] = \psi(\tilde{s})$, wobei $\psi(\tilde{s})$ nach Gleichung (3.18) definiert ist. Da $\tilde{s} \sim N(0,\sigma_s^2)$ symmetrisch zu Null ist, gilt außerdem $\mathrm{E}[\tilde{s}^3] = 0$.

[15] Besitzt ein Fondsmanager keine privaten Informationen, so ist $\tilde{w}$ unabhängig von $\tilde{R}$, und das Jensen-Maß ist gleich Null: $J_j = \mathrm{E}[\tilde{w}\tilde{R}] - \frac{\mathrm{cov}(\tilde{w}\tilde{R},\tilde{R})}{\sigma^2}\mu = \mathrm{E}[\tilde{w}]\mu - \frac{\mathrm{E}[\tilde{w}]\sigma^2}{\sigma^2}\mu = 0$. Ein positives Jensen-Maß ist daher nur durch private Informationen erzielbar.

[16] Im Falle nur einer Aktie ($N = 1$) sind sämtliche Fähigkeiten des Fondsmanagers Timingfähigkeiten.

[17] Genaugenommen muß die erwartete Aktienrendite μ dazu nur betragsmäßig größer als σ sein. Im Ein-Aktien-Fall ist aber aufgrund der Risikoaversion der Kapitalanleger nur eine positive erwartete

das vor dem Hintergrund des perfekten Portfoliosignals für den Kapitalgeber optimale Fondsportfolio wählt, „bestraft" das Jensen-Maß den Fondsmanager mit einer negativen Performance.

Abbildung 4.1 zeigt numerisch, daß das Jensen-Maß (4.12) auch im Falle eines unvollständigen Portfoliosignals zu Fehlurteilen führen kann. Hierzu ist das Jensen-Maß eines informierten Fondsmanagers in Abhängigkeit von der Stärke R^2 des Portfoliosignals an den Kapitalgeber dargestellt. Der Abbildung liegt eine erwartete Aktienrendite $\mu = 10\%$, eine Standardabweichung der Aktienrendite $\sigma = 7,07\%$, ein Informationssignal des Fondsmanagers der Stärke $R_s^2 = \sigma_s^2/\sigma^2 = 20\%$ und ein Parameter der Risikoaversion $\lambda = 2$ zugrunde.

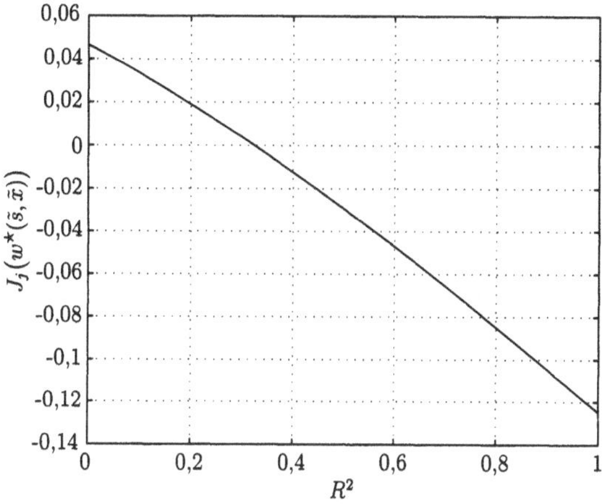

Abbildung 4.1: Negatives Jensen-Maß für Fondsmanager mit Timingfähigkeiten

Obwohl der Fondsmanager private Informationen besitzt und das vor dem Hintergrund seiner Offenlegungspolitik für den Kapitalgeber optimale Fondsportfolio wählt, nimmt das Jensen-Maß mit zunehmender Transparenz R^2 des Fonds ab. Im Falle eines Portfoliosignals der Stärke $R^2 \gtrsim 30\%$ wird es sogar negativ. Das numerische Beispiel zeigt: Das Jensen-Maß kann informierten Fondsmanagern trotz optimalen Anlageverhaltens eine negative Performance zuordnen. Es kann für einen besser informierten Fondsmanager kleiner als für einen schlechter informierten Manager sein.[18] Es kann sogar informierten Fonds

Aktienrendite $\mu > 0$ mit einem Kapitalmarktgleichgewicht vereinbar. Daher wird im Ein-Aktien-Fall durchweg $\mu > 0$ unterstellt.

[18] Ein Fondsmanager ohne private Informationen besitzt nach Fußnote 15 ein Jensen-Maß von Null. Abbildung 4.1 zeigt jedoch, daß das Jensen-Maß des (besser) informierten Fondsmanagers negativ sein kann. Dies beweist, daß mehr Informationen zu einem kleineren Jensen-Maß führen können.

eine schlechtere Performance als der uninformierten Benchmark zuweisen.[19] Das Jensen-Maß verletzt nach Definition 1 sowohl die zweite als auch die dritte Bedingung eines unverzerrten Performancemaßes. Es mißt die Performance informierter Fonds verzerrt. Ein positives Jensen-Maß ist zwar hinreichend, aber nicht notwendig für erfolgreiches Fondsmanagement.

4.2.2 Verzerrung der Sharpe-Ratio

Die Sharpe-Ratio besitzt ein mit dem Jensen-Maß vergleichbares Fehlerpotential bei der Performancemessung von Fonds. Um dies zu verdeutlichen, wird auch die Sharpe-Ratio für den Ein-Aktien-Fall ($N = 1$) unter der Voraussetzung optimalen Anlageverhaltens des Fondsmanagers bestimmt. Für die Sharpe-Ratio (4.11) gilt nach Gleichung (3.17)–(3.18) bei optimalem Anlageverhalten des Fondsmanagers:[20]

$$
\begin{aligned}
Sh_j\big(w^\star(\tilde{s},\tilde{x})\big) &= \frac{\mathrm{E}\big[w^\star(\tilde{s},\tilde{x})(\mu+\tilde{s})\big]}{\mathrm{std}\big(w^\star(\tilde{s},\tilde{x})\tilde{R}\big)} \\
&= \frac{\mathrm{E}\left[\frac{1-\mathrm{E}[\psi(\tilde{s})|\tilde{x}]}{\mathrm{E}[\psi(\tilde{s})|\tilde{x}]}\right]}{\sqrt{\mathrm{E}\left[\frac{1-\mathrm{E}[\psi(\tilde{s})|\tilde{x}]}{\mathrm{E}[\psi(\tilde{s})|\tilde{x}]^2}\right] - \mathrm{E}\left[\frac{1-\mathrm{E}[\psi(\tilde{s})|\tilde{x}]}{\mathrm{E}[\psi(\tilde{s})|\tilde{x}]}\right]^2}}
\end{aligned} \tag{4.14}
$$

Betrachtet man wiederum zunächst den von Dybvig und Ross (1985) untersuchten Spezialfall eines perfekten Portfoliosignals $\tilde{x} = w^\star_{\text{Full}}(\tilde{s})$, so vereinfacht sich die Sharpe-Ratio (4.14) zu:

$$
\begin{aligned}
Sh_j\big(w^\star_{\text{Full}}(\tilde{s})\big) &= \frac{\mathrm{E}\big[\psi(\tilde{s})^{-1}\big]-1}{\sqrt{\mathrm{E}\big[\psi(\tilde{s})^{-2}\big]-\mathrm{E}\big[\psi(\tilde{s})^{-1}\big]-\big(\mathrm{E}\big[\psi(\tilde{s})^{-1}\big]-1\big)^2}} \\
&= \frac{\mu^2+\sigma_s^2}{\sqrt{4\mu^2\sigma_s^2+2\sigma_s^4+\sigma_\gamma^2\big(\mu^2+\sigma_s^2\big)}}
\end{aligned} \tag{4.15}
$$

Auch die Sharpe-Ratio (4.15) des informierten Fonds kann trotz optimalen Anlageverhaltens des Fondsmanagers kleiner als die Sharpe-Ratio der Aktie sein:[21]

$$
Sh_j\big(w^\star_{\text{Full}}(\tilde{s})\big) < \frac{\mu}{\sigma} \quad\Leftrightarrow\quad \big(\sigma^2-\mu^2\big)\big(\mu^2+\sigma_s^2\big) < 2\mu^4 \tag{4.16}
$$

19 Das Jensen-Maß der Benchmark ist nach Gleichung (4.9)–(4.10) gleich Null: $J = \mu - \mathrm{E}\big[\frac{\mathrm{cov}(\tilde{R},\tilde{R})}{\sigma^2}\big]\mu = 0$. Abbildung 4.1 zeigt jedoch, daß das Jensen-Maß des informierten Fonds abhängig von der Offenlegungspolitik negativ und damit kleiner als im Falle der Benchmark sein kann.

20 Ein Beweis der zweiten Zeile von Gleichung (4.14) erfolgt in Anhang A.4.

21 Da im Ein-Aktien-Fall $\mu > 0$ gilt, kann man stattdessen auch überprüfen, ob $Sh_j^2 < \mu^2/\sigma^2$ ist. Dies liefert die Bedingung $(\mu^2+\sigma_s^2)^2\sigma^2 < \{4\mu^2\sigma_s^2+2\sigma_s^4+\sigma_\gamma^2(\mu^2+\sigma_s^2)\}\mu^2$, und durch Vereinfachung erhält man nach wenigen Rechenschritten das Ergebnis in Gleichung (4.16).

Ebenso wie ein positives Jensen-Maß ist auch eine im Vergleich zur Aktie größere Sharpe-Ratio nicht notwendig, sondern lediglich hinreichend für erfolgreiches Fondsmanagement.[22] Fonds können nach Gleichung (4.16) eine kleinere Sharpe-Ratio als die Benchmark aufweisen, obwohl der Fondsmanager private Informationen besitzt, ein optimales Fondsportfolio wählt und der Kapitalgeber nach Gleichung (4.5) einen höheren Erwartungsnutzen als im Falle einer Aktienanlage erzielt. Im Spezialfall vollständiger Portfoliooffenlegung ist dies beispielsweise der Fall, falls die erwartete Aktienrendite μ größer als die Standardabweichung σ der Aktienrendite ist. Auch die Sharpe-Ratio „bestraft“ Fondsmanager, die private Informationen besitzen und ein auf Grundlage des perfekten Portfoliosignals für die Kapitalgeber optimales Fondsportfolio wählen, durch eine schlechte Performance.

Abbildung 4.2 verdeutlicht anhand des numerischen Beispiel aus Abschnitt 4.2.1, daß die Sharpe-Ratio auch im Falle eines unvollständigen Portfoliosignals zu verzerrten Ergebnissen für die Performance führt.[23] Sie zeigt die Sharpe-Ratio des informierten Fonds bei optimalem Anlageverhalten des Fondsmanagers in Abhängigkeit von der Stärke R^2 des Portfoliosignals an den Kapitalgeber.

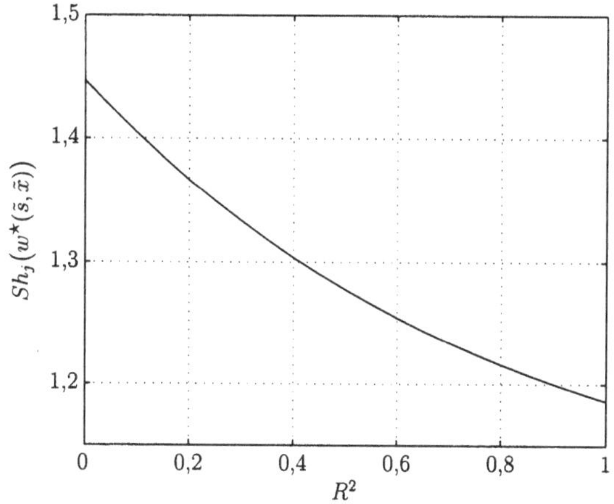

Abbildung 4.2: Reduktion der Sharpe-Ratio für Fondsmanager mit Timingfähigkeiten

Auch die Sharpe-Ratio des informierten Fonds fällt im Beispiel monoton mit der Stärke R^2 des Portfoliosignals. Sie ist schon bei vergleichsweise schwachem Portfoliosignal $R^2 \gtrsim 10\%$ kleiner als die Sharpe-Ratio der Benchmark, $Sh = \mu/\sigma = 1,4142$. Trifft

[22] Im Falle uninformierter Fonds ist $\tilde{w}$ unabhängig von $\tilde{R}$, und im Ein-Aktien-Fall gilt für die Sharpe-Ratio: $Sh_j = \frac{\mathrm{E}[\tilde{w}\tilde{R}]}{\sqrt{\mathrm{var}(\tilde{w}\tilde{R})}} = \frac{\mathrm{E}[\tilde{w}]\mu}{\sqrt{\mathrm{E}[\tilde{w}]^2\sigma^2}} = \frac{\mu}{\sigma}\mathrm{sign}(\mathrm{E}[\tilde{w}]) \leq \frac{\mu}{\sigma}$, da nach Fußnote 17 $\mu > 0$ gilt.

[23] Abbildung 4.2 unterstellt weiterhin eine erwartete Aktienrendite $\mu = 10\%$, eine Standardabweichung der Aktienrendite $\sigma = 7,07\%$, ein Informationssignal des Fondsmanagers der Stärke $R_s^2 = 20\%$ und einen Risikoaversionsparameter $\lambda = 2$.

der Kapitalgeber seine Anlageentscheidung anhand der Sharpe-Ratio, so investiert er sein Vermögen in die Benchmark, obwohl ihm eine Fondsinvestition einen höheren Erwartungsnutzen bietet.

Ebenso wie das Jensen-Maß, liefert die Sharpe-Ratio verzerrte Ergebnisse für die Performance informierter Fonds. Sie kann zum einen für besser informierte Fondsmanager trotz optimalen Anlageverhaltens kleiner als für schlechter informierte Manager sein.[24] Sie kann zum anderen trotz privater Informationen und optimalen Anlageverhaltens kleiner als die Sharpe-Ratio der uninformierten Benchmark sein. Auch die Sharpe-Ratio verletzt nach Definition 1 die zweite und die dritte Anforderung an ein unverzerrtes Performancemaß. Eine höhere Sharpe-Ratio als die der Benchmark ist daher hinreichend, aber nicht notwendig für erfolgreiches Fondsmanagement.

4.2.3 Verzerrung bei beliebiger Risikokorrektur nur auf Basis von Renditeinformationen

Sowohl das Jensen-Maß als auch die Sharpe-Ratio messen die Performance von Fonds durch die risikoadjustierte erwartete Fondsrendite. Sie unterscheiden sich aber gravierend in der Form der Risikokorrektur. Während das Jensen-Maß die erwartete Fondsrendite additiv und nur um systematisches Fondsrisiko bereinigt, adjustiert die Sharpe-Ratio die erwartete Fondsrendite multiplikativ um das gesamte Fondsrisiko, gemessen durch die Standardabweichung der Fondsrendite. Beide Maße messen das Fondsrisiko allein auf Grundlage von Renditeinformationen, wählen dabei aber ganz verschiedene Formen der Risikokorrektur und sind dennoch beide verzerrt. Dies wirft die Frage auf, ob es überhaupt Performancemaße gibt, die einerseits nur Renditeinformationen zur Risikokorrektur verwenden, andererseits aber unabhängig von der Offenlegungspolitik im Sinne von Definition 1 unverzerrt sind.

Dieser Abschnitt zeigt anhand eines perfekten Portfoliosignals, daß sämtliche Performancemaße, die lediglich Renditeinformationen im Rahmen der Risikokorrektur berücksichtigen, zu verzerrten Ergebnissen bei der Performancemessung führen. Hierzu sind drei Aussagen zu beweisen: Eine Anlage in informierte Fonds kann für Kapitalgeber bei gleicher erwarteter Rendite erstens mit einem höheren systematischen Risiko, zweitens mit einem höheren unsystematischen Risiko und drittens mit einem höheren Gesamtrisiko als eine passive Anlage in die Benchmark verbunden sein. Das unsystematische Fondsrisiko entspricht dabei der unerklärten Varianz einer linearen Regression der Fondsrendite auf die Benchmarkrendite.

---

[24] Die Sharpe-Ratio eines uninformierten Fondsmanagers, der das auf Basis öffentlicher Informationen effiziente Benchmarkportfolio wählt, ist im Beispiel gleich $1,4142$. Sie kann nach Abbildung 4.2 größer als die Sharpe-Ratio des informierten Fondsmanagers sein.

In einem ersten Schritt wird gezeigt, daß es kein Performancemaß gibt, das die erwartete Fondsrendite allein auf Basis von Renditeinformationen um das systematische Risiko korrigiert und dennoch nach Definition 1 unverzerrt ist. Wählt der Fonds das mit perfektem Portfoliosignal optimale Fondsportfolio $w^{\star}_{\text{Full}}(\tilde{s})$, so erreicht er eine erwartete Fondsrendite in Höhe von $\mathrm{E}[\tilde{R}^{\star}_j] = \mathrm{E}\Big[\frac{(\mu+\tilde{s})^2}{\lambda\sigma^2_\gamma}\Big] = \frac{\mu^2+\sigma^2_s}{\lambda\sigma^2_\gamma}$. Um durch eine Anlage in die Benchmark eine identische erwartete Rendite zu erzielen, muß der Kapitalgeber einen Anteil $w = \frac{\mathrm{E}[\tilde{R}^{\star}_j]}{\mu} = \frac{\mu^2+\sigma^2_s}{\lambda\sigma^2_\gamma\mu}$ seines Vermögens in die Benchmark investieren. Ein Vergleich des systematischen Risikos beider Anlagestrategien zeigt:[25]

$$\beta_{\text{passiv}} = w = \frac{\mu^2+\sigma^2_s}{\lambda\sigma^2_\gamma\mu} < \beta_j = \frac{\mu(\sigma^2+\sigma^2_s)}{\lambda\sigma^2_\gamma\sigma^2} \quad\Leftrightarrow\quad \sigma^2 < \mu^2 \tag{4.17}$$

Übersteigt die erwartete Aktienrendite μ die Standardabweichung σ der Aktienrendite, so weist der informierte Fonds trotz optimalen Anlageverhaltens ein höheres systematisches Risiko als eine passive Benchmarkanlage mit identischer erwarteter Rendite auf. Alle Performancemaße, die die erwartete Fondsrendite um das systematische Fondsrisiko β_j bereinigen, weisen dem informierten Fonds trotz optimalen Anlageverhaltens des Fondsmanagers eine im Vergleich zur Benchmark geringere Performance zu. Sie sind daher für Fonds, die ihren Kapitalgebern ein perfektes Portfoliosignal geben, verzerrt.

In einem zweiten Schritt wird untersucht, ob es ein Performancemaß gibt, das die erwartete Fondsrendite allein auf Basis von Renditeinformationen um das unsystematische Risiko bereinigt und dennoch nach Definition 1 unverzerrt ist. Im Ein-Aktien-Fall ist eine passive Anlage in die Aktie auf Grundlage nur öffentlicher Informationen effizient. Das unsystematische Risiko einer Benchmarkanlage ist daher gleich Null.[26] Für das unsystematische Fondsrisiko $\sigma^2_{\varepsilon,j}$ gilt bei Optimalverhalten des informierten Fondsmanagers im Falle eines perfekten Portfoliosignals des Kapitalgebers:

$$\begin{aligned} \sigma^2_{\varepsilon,j} &= \sigma^2_j - \beta^2_j\sigma^2 \\ &= \frac{4\mu^2\sigma^2_s + 2\sigma^4_s + \sigma^2_\gamma(\mu^2+\sigma^2_s)}{\lambda^2\sigma^4_\gamma} - \frac{\mu^2(\sigma^2_\gamma+2\sigma^2_s)^2}{\lambda^2\sigma^4_\gamma\sigma^4}\sigma^2 \\ &= \frac{\sigma^2_s(2\sigma^2_s\sigma^2 + \sigma^2_\gamma\sigma^2 + \sigma^2_\gamma\mu^2)}{\lambda^2\sigma^4_\gamma\sigma^2} \\ &> 0 \end{aligned} \tag{4.18}$$

25 Für das systematische Fondsrisiko gilt $\beta_j = \frac{1}{\sigma^2}\big\{\mathrm{E}\big[\frac{(\mu+\tilde{s})}{\lambda\sigma^2_\gamma}((\mu+\tilde{s})^2+\sigma^2_\gamma)\big] - \frac{\mu^2+\sigma^2_s}{\lambda\sigma^2_\gamma}\mu\big\} = \frac{1}{\sigma^2}\big\{\frac{\mu^3+3\mu\sigma^2_s+\mu\sigma^2_\gamma}{\lambda\sigma^2_\gamma} - \frac{\mu^3+\mu\sigma^2_s}{\lambda\sigma^2_\gamma}\big\} = \frac{\mu(\sigma^2_\gamma+2\sigma^2_s)}{\lambda\sigma^2_\gamma\sigma^2} = \frac{\mu(\sigma^2+\sigma^2_s)}{\lambda\sigma^2_\gamma\sigma^2}$. Aufgrund von $\tilde{s} \sim N(0,\sigma^2_s)$ gilt hierbei $\mathrm{E}[\tilde{s}^3] = 0$.

26 Für das unsystematische Risiko einer passiven Aktienanlage gilt: $\sigma^2_{\varepsilon,\text{passiv}} = w^2\sigma^2 - \beta^2_{\text{passiv}}\sigma^2 = 0$, da nach Gleichung (4.17) $\beta_{\text{passiv}} = w$ gilt.

Obwohl der Fondsmanager per Konstruktion lediglich über Timingfähigkeiten verfügt, weist der Fonds unsystematisches Risiko auf: Die Fondsrendite ist aufgrund der aktiven Portfoliostrategie des Fondsmanagers auf Basis öffentlicher Informationen nicht perfekt mit der Aktienrendite korreliert. Performancemaße, die die erwartete Fondsrendite um das unsystematische Fondsrisiko $\sigma^2_{\varepsilon,j}$ bereinigen, weisen dem informierten Fonds trotz optimalen Anlageverhaltens eine im Vergleich zur Benchmark schlechtere Performance zu. Sie sind daher ebenfalls für Fonds mit perfektem Portfoliosignal verzerrt.

In einem dritten Schritt bleibt noch zu zeigen, daß auch Performancemaße, die auf der Fondsrenditevarianz oder einer Kombination der verschiedenen Risikomaße basieren, verzerrt sind. Die Fondsrenditevarianz ist die Summe aus dem systematischen $\beta^2_j\sigma^2$ und dem unsystematischen Fondsrisiko $\sigma^2_{\varepsilon,j}$:

$$\sigma^2_j = \beta^2_j\sigma^2 + \sigma^2_{\varepsilon,j} = \frac{4\mu^2\sigma^2_s + 2\sigma^4_s + \sigma^2_\gamma(\mu^2 + \sigma^2_s)}{\lambda^2\sigma^4_\gamma} \tag{4.19}$$

Sie übersteigt die Renditevarianz $\sigma^2_{\text{passiv}} = w^2\sigma^2 = \frac{(\mu^2+\sigma^2_s)^2}{\lambda^2\sigma^4_\gamma\mu^2}\sigma^2$ einer passiven Benchmarkanlage mit identischer erwarteter Rendite, sofern folgende Bedingung erfüllt ist:

$$\sigma^2_j > \sigma^2_{\text{passiv}} \quad \Leftrightarrow \quad \left(\sigma^2 - \mu^2\right)\left(\mu^2 + \sigma^2_s\right) < 2\mu^4 \tag{4.20}$$

Übersteigt die erwartete Aktienrendite μ die Standardabweichung σ der Aktienrendite, so übersteigt sowohl das systematische als auch das unsystematische Fondsrisiko das entsprechende Risiko einer passiven Benchmarkanlage mit identischer erwarteter Rendite. Nach Gleichung (4.20) übersteigt dann auch die Summe beider Risikokomponenten, die Fondsrenditevarianz σ^2_j, die Renditevarianz einer Benchmarkanlage. Alle Performancemaße, die die erwartete Fondsrendite um die Standardabweichung oder Varianz der Fondsrendite korrigieren, weisen dem Fonds trotz optimalen Anlageverhaltens des Fondsmanagers eine schlechtere Performance als der Benchmark zu. Sie sind daher ebenfalls für Fonds, die ihren Kapitalgebern ein perfektes Portfoliosignal geben, verzerrt.

Faßt man alle drei Argumente zusammen, so weisen auch alle Performancemaße, die die erwartete Fondsrendite um eine Kombination der drei Risikomaße korrigieren, informierten Fonds im Falle eines perfekten Portfoliosignals trotz optimalen Anlageverhaltens des Fondsmanagers eine geringere Performance als der Benchmark zu.[27] Dabei spielt es keine Rolle, in welcher Form (multiplikativ oder additiv) die Risikokorrektur erfolgt. Die Risikoadjustierung allein anhand von Renditeinformationen führt zu verzerrten Performancemaßen. Dies bedeutet insbesondere, daß die in der Literatur weit verbreiteten Per-

---

[27] Im Falle $\sigma < \mu$ gilt sowohl $\beta_j > \beta_{\text{passiv}}$ als auch $\sigma^2_{\varepsilon,j} > \sigma^2_{\varepsilon,\text{passiv}}$ und $\sigma^2_j > \sigma^2_{\text{passiv}}$. In diesem Fall weisen alle Performancemaße, die die erwartete Fondsrendite um eine Kombination der drei Risikomaße bereinigen, dem informierten Fonds eine geringere Performance als der Aktie zu.

formancemaße von Jensen (1968), Sharpe (1966), Treynor (1965) und Treynor und Black (1973) alle zu Fehlurteilen bei der Performancemessung führen können.

4.3 Defizite rein gewichtsbasierter Performancemaße

Grinblatt und Titman (1993) wählen einen ganz anderen Ansatz zur Performancemessung von Investmentfonds. Sie messen die Performance anstatt durch die Fondsrendite anhand der Änderung der Portfoliopositionen, die die Fonds veröffentlichen. Ihr Portfolio-Change-Maß mißt die Performance von Fonds durch deren erwartete Überschußrendite in Bezug auf die Rendite eines passiven Portfolios, dessen Gewichte den erwarteten Fondsgewichten entsprechen:

$$GT_j \;=\; \mathrm{E}\Big[\big(w(\tilde{s},\tilde{x}) - \mathrm{E}\big[w(\tilde{s},\tilde{x})\big]\big)'\tilde{R}\Big] \tag{4.21}$$

Übertrifft die erwartete Fondsrendite die Rendite eines passiven Portfolios, das entsprechend der erwarteten Fondsgewichte $\mathrm{E}\big[w(\tilde{s},\tilde{x})\big]$ in Aktien investiert, so weist der Fonds nach Grinblatt und Titman (1993) eine positive Performance auf.

Abbildung 4.3 verdeutlicht anhand des Spezialfalls mit nur einer Aktie ($N = 1$), wie die Offenlegungspolitik das Portfolio-Change-Maß eines informierten Fonds beeinflußt. Sie zeigt das Portfolio-Change-Maß unter der Voraussetzung optimalen Anlageverhaltens des Fondsmanagers in Abhängigkeit von der Stärke R^2 des Portfoliosignals an den Kapitalgeber. Wie in Kapitel 4.2, liegt der numerischen Darstellung eine erwartete Aktienrendite $\mu = 10\%$, eine Standardabweichung der Aktienrendite $\sigma = 7,07\%$, ein Informationssignal des Fondsmanagers der Stärke $R_s^2 = 20\%$ und ein Parameter der Risikoaversion $\lambda = 2$ zugrunde.

Auch das ausschließlich auf Portfolioinformationen basierende Portfolio-Change-Maß von Grinblatt und Titman (1993) kann nach Abbildung 4.3 zu Fehlurteilen bei der Performancemessung führen. Obwohl der Fondsmanager private Informationen besitzt und das vor dem Hintergrund seiner Offenlegungspolitik für den Kapitalgeber optimale Fondsportfolio wählt, ist das Portfolio-Change-Maß im Falle eines schwachen Portfoliosignals $R^2 \lesssim 20\%$ negativ. Das Portfolio-Change-Maß ist daher ebenfalls ein verzerrtes Performancemaß: Es ordnet in einigen Fällen besser informierten Fondsmanagern eine geringere Performance als schlechter informierten Managern zu.[28] Es kann sogar trotz privater Informationen und Optimalverhalten des Fondsmanagers kleiner als im Falle der uninfor-

---

[28] Die Portfoliogewichte $\tilde{w}$ eines uninformierten Fondsmanagers sind von den Aktienrenditen $\tilde{R}$ unabhängig. Das Portfolio-Change-Maß eines uninformierten Fondsmanagers vereinfacht sich daher zu: $GT_j = \mathrm{E}[(\tilde{w} - \mathrm{E}[\tilde{w}])'\tilde{R}] = \mathrm{E}[\tilde{w}]'\mu - \mathrm{E}[\tilde{w}]'\mu = 0$. Das Portfolio-Change-Maß eines (besser) informierten Fondsmanagers kann nach Abbildung 4.3 jedoch negativ und damit kleiner als im Falle des uninformierten Fondsmanagers sein.

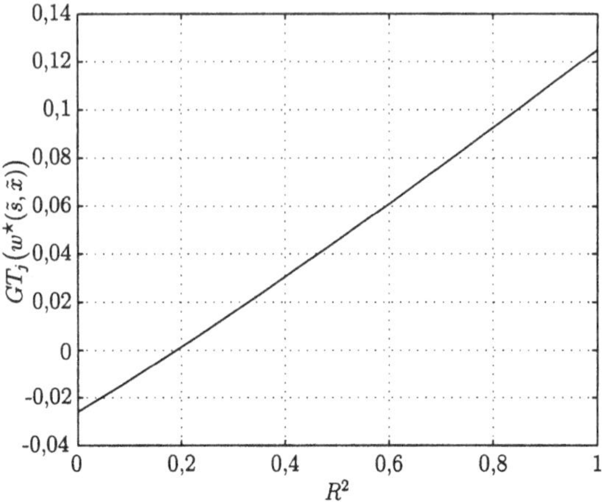

Abbildung 4.3: Negatives Portfolio-Change-Maß für Fondsmanager mit Timingfähigkeiten

mierten Benchmark sein.[29] Das Portfolio-Change-Maß von Grinblatt und Titman (1993) verletzt aus diesen Gründen nach Definition 1 sowohl das zweite als auch das dritte Kriterium für ein unverzerrtes Performancemaß. Es mißt die Performance informierter Fonds verzerrt. Ein positives Portfolio-Change-Maß ist –ebenso wie ein positives Jensen-Alpha oder eine Sharpe-Ratio, die größer als die der Benchmark ist– zwar hinreichend, jedoch nicht notwendig für erfolgreiches Fondsmanagement.[30]

Die Ergebnisse in diesem und dem vorherigen Abschnitt zeigen: In bisherigen Performancestudien verwendete, allein auf der Fondsrendite oder den Fondsgewichten basierende Performancemaße können die Performance von Investmentfonds verzerrt messen. Sie weisen informierten Fonds je nach Offenlegungspolitik trotz optimalen Anlageverhaltens des Fondsmanagers eine verglichen mit der Benchmark schlechtere Performance zu. Die allein auf Renditeinformationen basierenden Maße von Jensen (1968) und Sharpe (1966) sind für Fonds mit starken Portfoliosignalen verzerrt, während das Portfolio-Change-Maß von Grinblatt und Titman (1993) die Performance im Falle schwacher Portfoliosignale verzerrt mißt.

Der folgende Abschnitt 4.4 zeigt die Ursachen für die Verzerrung allein auf Renditeinformationen oder ausschließlich auf Portfolioinformationen basierender Performancemaße

---

29 Ein passives Benchmarkportfolio w_E besitzt ein Portfolio-Change-Maß in Höhe von $GT_E = \mathrm{E}[(w_E - \mathrm{E}[w_E])'\tilde{R}] = \mathrm{E}[(w_E - w_E)'\tilde{R}] = 0$, während das Portfolio-Change-Maß des informierten Fonds in Abhängigkeit von der Offenlegungspolitik negativ sein kann.

30 Nach Fußnote 28 ist das Portfolio-Change-Maß uninformierter Fondsmanager unabhängig vom Anlageverhalten stets gleich Null. Daher ist ein positives Portfolio-Change-Maß hinreichend für das Vorliegen von privaten Informationen.

auf. Aufbauend auf diesen Erkenntnissen werden neue Performancemaße entwickelt, die sowohl die Fondsrendite als auch die von den Fonds veröffentlichten Portfoliopositionen berücksichtigen. Die gewichtsbasierten Maße dieser Arbeit messen die Performance von Fonds unverzerrt im Sinne von Definition 1.

4.4 Performancemaße auf Basis von Rendite- und Gewichtsinformationen

Die beiden letzten Abschnitte legen die Offenlegungspolitik als Ursache für die Verzerrung von Jensen-Alpha, Sharpe-Ratio und Portfolio-Change-Maß nahe. So betrachten Dybvig und Ross (1985) –wie in Abschnitt 4.2 dargestellt– einen Fonds, der das mit perfektem Portfoliosignal optimale Fondsportfolio (3.3) wählt, dessen Kapitalgeber die Performance des Fonds aber anhand des Jensen-Maßes beziehungsweise der Sharpe-Ratio beurteilen. Ein solches Anlageverhalten des Fondsmanagers ist aus Sicht der Kapitalgeber nur im Falle eines perfekten Portfoliosignals optimal. Sowohl das Jensen-Maß als auch die Sharpe-Ratio verwenden als Datenbasis jedoch ausschließlich Renditeinformationen. Sie lassen die veröffentlichten Fondsgewichte außer Acht. Die Fondsgewichte beinhalten aber, wie in Abschnitt 3 gezeigt, bewertungsrelevante Informationen über die Anlagestrategie und die Fähigkeiten des Fondsmanagers. Durch die Vernachlässigung bewertungsrelevanter Portfolioinformationen überschätzen sowohl das Jensen-Maß als auch die Sharpe-Ratio das Managementrisiko der Kapitalgeber. Sie unterschätzen daher die Performance von Fonds systematisch.

Der einzige Spezialfall, in dem die Kapitalgeber von Fonds ausschließlich Renditeinformationen besitzen, ist der Spezialfall ohne ein Portfoliosignal. Jensen-Maß und Sharpe-Ratio berücksichtigen somit nur in diesem Extremfall sämtliche bewertungsrelevanten Informationen. Kapitel 3 zeigt aber, daß für Kapitalgeber ohne ein Portfoliosignal das von Dybvig und Ross (1985) unterstellte, mit perfektem Portfoliosignal optimale Fondsportfolio (3.3) nicht effizient ist. Ein negatives Jensen-Maß und eine kleinere Sharpe-Ratio als die der Benchmark sind dann Ausdruck suboptimalen Anlageverhaltens des Fondsmanagers, nicht jedoch ein Indikator für eine Verzerrung beider Performancemaße.[31]

---

[31] Jensen (1972) sowie Dybvig und Ross (1985) geben eine weitere Begründung für die Verzerrung des Jensen-Maßes für Investoren ohne $\mu - \sigma-$Präferenzen. Sie zeigen, daß Fondsrenditen selbst bei Normalverteilung aller Aktienrenditen nicht normalverteilt sind. Renditen von Fonds mit Timingfähigkeiten, die das mit perfektem Portfoliosignal optimale Fondsportfolio (3.3) wählen, weisen χ^2-verteilte Terme auf. Ihre Verteilung ist daher rechtsschief. Kapitalanleger mit fallender absoluter Risikoaversion besitzen eine positive Präferenz für Schiefe, vgl. Ingersoll (1987). Dybvig und Ross (1985) erklären die Verzerrung klassischer Performancemaße für die Performancemessung durch Investoren, deren Präferenzen nicht durch Erwartungswert und Varianz abgebildet werden, mit der Vernachlässigung von Verteilungsmomenten höherer Ordnung. Dies erklärt jedoch nicht, warum das Jensen-Maß und die Sharpe-Ratio selbst dann zu verzerrten Ergebnissen bei der Performancemes-

Auf der anderen Seite erfaßt das ausschließlich auf den veröffentlichten Portfoliopositionen basierende Portfolio-Change-Maß von Grinblatt und Titman (1993) nur die Nettoänderung der Fondspositionen zwischen den Offenlegungszeitpunkten. Es unterstellt implizit, daß Fondsmanager zwischen den Offenlegungszeitpunkten nicht handeln. Ein unvollständiges Portfoliosignal ist aber gerade dadurch gekennzeichnet, daß Fondsmanager auch zwischen den Offenlegungszeitpunkten handeln können. Die Fondsrendite enthält somit Informationen über das Anlageverhalten von Fondsmanagern, die in der Nettoänderung der veröffentlichten Portfoliopositionen nicht enthalten sind. Das Portfolio-Change-Maß vernachlässigt bewertungsrelevante Renditeinformationen. Es führt aus diesem Grund ebenfalls zu systematischen Fehlern bei der Performancemessung.

Dieser Abschnitt entwickelt erstmals Performancemaße, die sowohl die Fondsrendite als auch die von Fonds veröffentlichten Portfoliopositionen zur Performancemessung berücksichtigen. Die Bekanntgabe eines Portfoliosignals verändert zwar nicht die erwartete Fondsrendite, die unter Verwendung iterativer Erwartungen der unbedingt erwarteten Fondsrendite $\mathrm{E}\{\mathrm{E}[\tilde{R}_j|\tilde{x}]\} = \mu_j$ entspricht, reduziert aber das Managementrisiko der Kapitalgeber. Sie gestattet es den Kapitalgebern, von der Nettoänderung der veröffentlichten Portfoliopositionen zwischen den Offenlegungszeitpunkten auf einen Teil der privaten Informationen des Fondsmanagers zu schließen. Die Weiterentwicklung klassischer Performancemaße um offengelegte Portfolioinformationen muß daher am Ausmaß der Risikokorrektur bei der Performancemessung ansetzen.

Die in diesem Abschnitt vorgestellten Performancemaße modifizieren die in der Literatur am häufigsten verwendeten Performancemaße von Jensen (1968) und Sharpe (1966) dahingehend, daß sie die Risikoreduktion durch die Bekanntgabe der Portfoliopositionen bei der Performancemessung berücksichtigen. Sie erfassen das Fondsrisiko vor dem Hintergrund der Offenlegungspolitiken der Fonds flexibel und messen die Performance von Fonds unverzerrt, unabhängig von deren Offenlegungspolitik. Abschnitt 4.4.1 erweitert zunächst das Alpha von Jensen (1968). Abschnitt 4.4.2 modifiziert anschließend die Sharpe (1966)-Ratio. Abschnitt 4.4.3 würdigt abschließend das Argument von Grinblatt und Titman (1989b) kritisch, wonach Timingaktivitäten für die Verzerrung des Jensen-Maßes verantwortlich sind.

4.4.1 Gewichtsbasiertes Alpha

Das Jensen-Maß führt in der von Jensen (1968) vorgeschlagenen, unbedingten Form (4.9) zu systematischen Schätzfehlern bei der Performancemessung von Fonds, die ihren Kapitalgebern Portfolioinformationen bekanntgeben. Das gewichtsbasierte Alpha

sung führen, wenn –wie in dieser Arbeit– explizit $\mu-\sigma$–Präferenzen der Anleger unterstellt werden.

$$DBJ_j(x) \quad = \quad \mu_j - \beta_j(x)\mu_E \tag{4.22}$$

erweitert das Jensen-Maß dahingehend, daß es von den Fonds veröffentlichte Portfolioinformationen zur Performancemessung berücksichtigt. Es unterscheidet sich vom klassischen Jensen-Maß (4.9) durch die Höhe des systematischen Fondsrisikos $\beta_j(x)$.

Sendet der Fonds seinem Kapitalgeber ein Portfoliosignal $\tilde{x}$, so erwartet der Kapitalgeber bedingt auf sein Portfoliosignal eine Fondsrendite in Höhe von $\mathrm{E}\big[\tilde{R}_j|\tilde{x}\big]$. Für die Höhe der Performance ist die Fondsrendite relevant, die der Kapitalgeber durchschnittlich bedingt auf sein Portfoliosignal $\tilde{x}$ erwartet. Diese entspricht unter Verwendung iterativer Erwartungen der unbedingt erwarteten Fondsrendite μ_j, und für die seitens des Kapitalgebers mit Portfoliosignal $\tilde{x}$ erwartete Fondsrendite gilt:

$$\mathrm{E}\Big[\mathrm{E}\big[\tilde{R}_j|\tilde{x}\big]\Big] \quad = \quad \mu_j \tag{4.23}$$

Erfolgt die Performancemessung anhand der Wertpapiermarktlinie, so richtet sich die Höhe der Risikokorrektur nach der Höhe des systematischen Fondsrisikos. Bedingt auf das Portfoliosignal $\tilde{x}$ des Kapitalgebers ist eine Fondsinvestition mit einem systematischen Risiko in Höhe von

$$\beta\big(\tilde{R}_j|\tilde{x}\big) \quad = \quad \frac{\operatorname{cov}\big(\tilde{R}_j, \tilde{R}_E|\tilde{x}\big)}{\operatorname{var}\big(\tilde{R}_E|\tilde{x}\big)} \tag{4.24}$$

verbunden. Das bedingte systematische Fondsrisiko (4.24) ist eine Zufallsvariable. Es nimmt für verschiedene Zustände x unterschiedliche Werte an. Dies spiegelt Portfolioanpassungen an die privaten Informationen $\tilde{s}$ des Fondsmanagers wider, auf die der Kapitalgeber von seinem Portfoliosignal $\tilde{x}$ schließt. Das systematische Fondsrisiko $\beta_j(x)$ des Kapitalgebers mit Portfoliosignal $\tilde{x}$ entspricht dem Erwartungswert des bedingten Betafaktors (4.24):[32]

$$\beta_j(x) \quad = \quad \mathrm{E}\left[\frac{\operatorname{cov}\big(\tilde{R}_j, \tilde{R}_E|\tilde{x}\big)}{\operatorname{var}\big(\tilde{R}_E|\tilde{x}\big)}\right] \tag{4.25}$$

Das gewichtsbasierte Alpha entspricht dem Abstand der erwarteten Fondsrendite (4.23) von der Wertpapiermarktlinie $\beta_j(x)\mu_E$ unter Berücksichtigung der Höhe des systematischen Fondsrisikos (4.25), mit dem der Kapitalgeber vor dem Hintergrund der Offenlegungspolitik des Fonds konfrontiert ist:

32 Per Annahme ist $\Sigma(\tilde{s}|x)$ und somit auch die Stärke des Portfoliosignals des Kapitalgebers in allen Veröffentlichungszuständen x identisch. Es besteht damit auch kein Risiko im Hinblick darauf, wie aussagekräftig die Realisation des Portfoliosignals des Kapitalgebers ist, und das systematische Fondsrisiko entspricht dem erwarteten bedingten Betafaktor nach Gleichung (4.24).

$$DBJ_j(x) \quad = \quad \mu_j - \mathrm{E}\left[\frac{\operatorname{cov}\big(\tilde{R}_j, \tilde{R}_E|\tilde{x}\big)}{\operatorname{var}\big(\tilde{R}_E|\tilde{x}\big)}\right]\mu_E \tag{4.26}$$

Die Offenlegungspolitik des Fonds schlägt sich bei der Performancemessung anhand der Wertpapiermarktlinie ausschließlich in der Höhe der Risikokorrektur nieder. Der Fondsinvestor antizipiert durch sein Portfoliosignal $\tilde{x}$ einen Teil der Portfolioanpassungen an die privaten Informationen des Fondsmanagers. An die Stelle des unbedingten Betafaktors (4.10) tritt bei der Performancemessung daher der erwartete bedingte Betafaktor (4.25).

Satz 1

Das gewichtsbasierte Alpha (4.26) ist nach Definition 1 ein unverzerrtes Performancemaß:[33]

(i) Es ist für Fondsmanager ohne private Informationen gleich Null.

(ii) Es ist für Fondsmanager mit privaten Informationen positiv, sofern sie das vor dem Hintergrund ihrer Offenlegungspolitik optimale Fondsportfolio (3.25) wählen.

(iii) Es ist unter der Voraussetzung optimalen Anlageverhaltens ceteris paribus umso größer, je mehr private Informationen Fondsmanager erhalten.

Das gewichtsbasierte Alpha (4.26) eines Fonds ist daher bei optimalem Anlageverhalten des Fondsmanagers umso größer, je höher der erwartete Nutzen des Kapitalgebers aus einer Fondsinvestition ist.[34]

Sowohl das unbedingte Jensen-Maß (4.9) als auch das von Grinblatt und Titman (1993) vorgeschlagene Portfolio-Change-Maß (4.21) sind Spezialfälle des gewichtsbasierten Alphas (4.26). Das Jensen-Maß entspricht dem gewichtsbasierten Alpha für die Performancemessung von Fonds, die kein Portfoliosignal bekanntgeben.[35] Das Portfolio-Change-Maß ist Spezialfall des gewichtsbasierten Alphas für die Performancemessung von Fonds mit perfektem Portfoliosignal.[36] Beide Maße messen die Performance von Fonds nach Satz 1 nur im Falle ganz spezieller Offenlegungspolitiken unverzerrt. Sie können daher auch nur von Kapitalgebern mit ganz speziellen Portfoliosignalen verwendet werden: Während

---

33 Satz 1 wird in Anhang A.5 bewiesen.

34 Der Zusammenhang zwischen der Unverzerrtheit von Performancemaßen und dem erreichbaren Erwartungsnutzen des Kapitalgebers ist in Abschnitt 4.1 gezeigt.

35 Ohne ein Portfoliosignal entsprechen die bedingten Erwartungen des Kapitalgebers den unbedingten Erwartungen. Für das systematische Fondsrisiko (4.25) gilt in diesem Fall: $\beta_j(x) = \mathrm{E}\big[\frac{\operatorname{cov}(\tilde{R}_j, \tilde{R}_E)}{\sigma_E^2}\big] = \beta_j$.

36 Im Falle eines perfekten Portfoliosignal $\tilde{x} = w(\tilde{s})$ vereinfacht sich das systematische Fondsrisiko (4.25) zu $\mathrm{E}\big[\frac{\operatorname{cov}(\tilde{w}(\tilde{s})'\tilde{R}, \tilde{R}_E|w(\tilde{s}))}{\operatorname{var}(\tilde{R}_E|w(\tilde{s}))}\big] = \mathrm{E}\big[\frac{w(\tilde{s})'\operatorname{cov}(\tilde{R}, \tilde{R}_E|w(\tilde{s}))}{\operatorname{var}(\tilde{R}_E|w(\tilde{s}))}\big] = \mathrm{E}[w(\tilde{s})'\beta] = \mathrm{E}[w(\tilde{s})]'\beta$. Damit vereinfacht sich das gewichtsbasierte Alpha (4.26) zu: $DBJ_j(w(\tilde{s})) = \mu_j - \mathrm{E}[w(\tilde{s})]'\beta\mu_E = \mu_j - \mathrm{E}[w(\tilde{s})]'\mu = \mathrm{E}\big[(w(\tilde{s}) - \mathrm{E}[w(\tilde{s})])'\tilde{R}\big]$, da im Rahmen des CAPM für erwartete Aktienrenditen nach Gleichung (4.8) $\mu = \beta\mu_E$ gilt.

Kapitalgeber ohne Portfoliosignal das Jensen-Maß zur Performancemessung verwenden können, dürfen Kapitalgeber mit perfektem Portfoliosignal das Portfolio-Change-Maß von Grinblatt und Titman (1993) ihrer Performancemessung zugrundelegen. In allen anderen Fällen führt jedoch nur das gewichtsbasierte Alpha (4.26) zu unverzerrten Ergebnissen bei der Performancemessung.

Abbildung 4.4 stellt das gewichtsbasierte Alpha (durchgezogene Linie) eines informierten Fonds mit optimalem Anlageverhalten in Abhängigkeit der Stärke R^2 des Portfoliosignals dem Jensen-Maß (gestrichelte Linie) und dem Portfolio-Change-Maß des Fonds (gestrichpunktete Linie) gegenüber. Für die numerische Berechnung wird weiterhin eine erwartete Aktienrendite $\mu = 10\%$, eine Standardabweichung der Aktienrendite $\sigma = 7,07\%$, ein Informationssignal der Stärke $R_s^2 = 20\%$ und ein Parameter der Risikoaversion $\lambda = 2$ unterstellt.

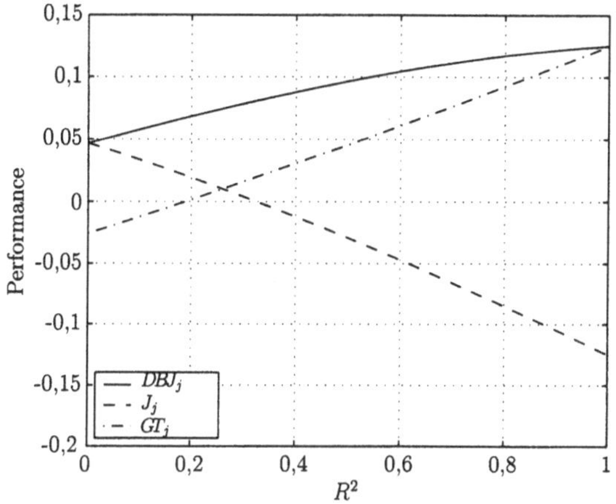

Abbildung 4.4: Gewichtsbasiertes Alpha, Jensen-Alpha und Portfolio-Change-Maß

Während das gewichtsbasierte Alpha des informierten Fonds unabhängig von der Offenlegungspolitik positiv ist und mit stärkerem Portfoliosignal steigt, sind sowohl das Jensen-Maß als auch das Portfolio-Change-Maß für bestimmte Offenlegungspolitiken negativ. Das Jensen-Maß berücksichtigt nur Renditeinformationen. Es überschätzt das systematische Fondsrisiko und unterschätzt die Performance. Es ist, wie bereits in Abschnitt 4.2.1 gezeigt, für Fonds mit starken Portfoliosignalen $R^2 \gtrsim 30\%$ negativ. Das Portfolio-Change-Maß berücksichtigt lediglich die von den Fonds veröffentlichten Portfolioinformationen. Auch es unterschätzt die Performance des informierten Fonds und ist für schwache Portfoliosignale $R^2 \lesssim 20\%$ negativ. Nur das gewichtsbasierte Alpha berücksichtigt den risikomindernden Effekt von Portfoliooffenlegungen für die Kapitalgeber von Fonds. Es schätzt die Performance von Fonds unabhängig von deren Offenlegungspolitik unverzerrt.

4.4.2 Gewichtsbasierte Sharpe-Ratio

Auch die Sharpe-Ratio berücksichtigt in der von Sharpe (1966) vorgeschlagenen, unbedingten Form (4.11) lediglich Renditeinformationen zur Performancemessung von Fonds. Auch sie führt für Fonds, die ihren Kapitalgebern ein Portfoliosignal geben, zu verzerrten Ergebnissen. Die gewichtsbasierte Sharpe-Ratio

$$DBS_j(x) = \frac{\mu_j}{\sigma_j(x)} \tag{4.27}$$

berücksichtigt neben der Fondsrendite zusätzlich von den Fonds veröffentlichte Portfolioinformationen bei der Performancemessung. Sie unterscheidet sich von der klassischen Sharpe-Ratio (4.11) durch die Höhe der Risikokorrektur $\sigma_j(x)$.

Die erwartete Fondsrendite eines Kapitalgebers mit Portfoliosignal $\tilde{x}$ entspricht unter Verwendung iterativer Erwartungen wiederum der unbedingt erwarteten Fondsrendite $\mu_j = \mathrm{E}\{\mathrm{E}[\tilde{R}_j|\tilde{x}]\}$. Bedingt auf das Portfoliosignal $\tilde{x}$ der Kapitalgeber weist die Fondsrendite aber eine Varianz in Höhe von

$$\mathrm{var}(\tilde{R}_j|\tilde{x}) = \mathrm{E}[\tilde{R}_j^2|\tilde{x}] - \mathrm{E}[\tilde{R}_j|\tilde{x}]^2 \tag{4.28}$$

auf. Sowohl die Höhe der bedingt erwarteten Fondsrendite $\mathrm{E}[\tilde{R}_j|\tilde{x}]$ als auch die bedingte Varianz der Fondsrendite hängen von der Ausprägung des Portfoliosignals $\tilde{x}$ des Kapitalgebers ab. Eine in den einzelnen Zuständen unterschiedlich hohe bedingt erwartete Fondsrendite $\mathrm{E}[\tilde{R}_j|\tilde{x}]$ spiegelt Portfolioanpassungen an die privaten Informationen des Fondsmanagers wider, auf die der Kapitalgeber von seinem Portfoliosignal $\tilde{x}$ schließt.[37] Das Fondsrisiko entspricht daher der Differenz aus der Varianz der Fondsrendite σ_j^2 und der durch das Portfoliosignal $\tilde{x}$ als informiertes Handeln erklärten Varianz der bedingt erwarteten Fondsrendite $\mathrm{var}(\mathrm{E}[\tilde{R}_j|\tilde{x}])$:[38]

$$\begin{aligned} \sigma_j^2(x) &= \sigma_j^2 - \mathrm{var}(\mathrm{E}[\tilde{R}_j|\tilde{x}]) \\ &= \mathrm{E}\Big[\mathrm{var}(\tilde{R}_j|\tilde{x})\Big] \end{aligned} \tag{4.29}$$

[37] Die bedingt erwartete Fondsrendite ist Lageparameter für die bedingte Varianz. Schwankungen der bedingt erwarteten Fondsrendite führen dazu, daß die Fondsrendite um einen anderen bedingt erwarteten Wert schwankt. Da der Kapitalgeber jedoch die bedingt auf das Portfoliosignal $\tilde{x}$ erwartete Fondsrendite kennt, ist die Varianz der bedingt erwarteten Fondsrendite nicht Bestandteil des Fondsrisikos.

[38] Für die unbedingte Varianz und die erwartete bedingte Varianz einer Zufallsvariablen $\tilde{R}_j$ gilt der Zusammenhang: $\sigma_j^2 = \mathrm{var}(\tilde{R}_j) = \mathrm{E}[\mathrm{var}(\tilde{R}_j|\tilde{x})] + \mathrm{var}(\mathrm{E}[\tilde{R}_j|\tilde{x}])$.

Es entspricht nach Gleichung (4.29) dem Erwartungswert der bedingten Varianz der Fondsrendite (4.28) gegeben das Portfoliosignal des Kapitalgebers $\tilde{x}$.

Die gewichtsbasierte Sharpe-Ratio mißt die Performance von Fonds durch die erwartete Fondsrendite μ_j pro Einheit des Fondsrisikos $\sigma_j(x)$ des Kapitalgebers mit Portfoliosignal $\tilde{x}$. Unter Berücksichtigung der Bestimmungsgleichung für das Fondsrisiko (4.29) erhält man für die gewichtsbasierte Sharpe-Ratio (4.27):

$$DBS_j(x) = \frac{\mu_j}{\sqrt{\mathrm{E}\left[\mathrm{var}(\tilde{R}_j|\tilde{x})\right]}} \tag{4.30}$$

Auch die gewichtsbasierte Sharpe-Ratio (4.30) führt für verschiedene Offenlegungspolitiken $\tilde{x}$ zu einer unterschiedlichen Risikokorrektur bei der Performancemessung. An die Stelle der unbedingten Standardabweichung der Fondsrendite σ_j im Falle des unbedingten Performancemaßes von Sharpe (1966) tritt die vor dem Hintergrund der Offenlegungspolitik des Fonds erwartete bedingte Standardabweichung $\sigma_j(x) = \sqrt{\mathrm{E}\left[\mathrm{var}(\tilde{R}_j|\tilde{x})\right]}$.[39] Letztere berücksichtigt als Fondsrisiko nur den nicht durch das Portfoliosignal des Kapitalgebers als aktives Portfoliomanagement erklärten Anteil der Fondsrenditevarianz σ_j^2.

Satz 2

Die gewichtsbasierte Sharpe-Ratio (4.30) ist nach Definition 1 ein unverzerrtes Performancemaß:[40]

(i) *Sie ist für Fondsmanager ohne private Informationen kleiner oder gleich der Sharpe-Ratio der Benchmark.*

(ii) *Sie ist für Fondsmanager mit privaten Informationen größer als die Sharpe-Ratio der Benchmark, sofern sie das vor dem Hintergrund ihrer Offenlegungspolitik optimale Fondsportfolio (3.25) wählen.*

(iii) *Sie ist unter der Voraussetzung optimalen Anlageverhaltens ceteris paribus umso größer, je mehr private Informationen Fondsmanager erhalten.*

Auch die gewichtsbasierte Sharpe-Ratio (4.30) reiht Fonds bei optimalem Anlageverhalten der Fondsmanager nach der Höhe des für Kapitalanleger durch eine Fondsinvestition erreichbaren Erwartungsnutzens.

Die von Sharpe (1966) vorgeschlagene unbedingte Sharpe-Ratio (4.11) ist ein Spezialfall der gewichtsbasierten Sharpe-Ratio (4.30).[41] Erhält der Kapitalgeber kein Portfoliosi-

---

39 Genaugenommen entspricht das Fondsrisiko der Wurzel aus der erwarteten bedingten Varianz der Fondsrendite.

40 Satz 2 wird in Anhang A.6 bewiesen.

41 Ein auf der Intuition der Sharpe-Ratio basierendes rein gewichtsbasiertes Performancemaß wird in der Literatur bisher nicht vorgeschlagen.

gnal, so entspricht die erwartete bedingte Fondsrenditevarianz $\sigma_j^2(x)$ nach Gleichung (4.29) der von Sharpe (1966) zur Risikokorrektur verwendeten unbedingten Fondsrenditevarianz σ_j^2. Die gewichtsbasierte Sharpe-Ratio (4.30) vereinfacht sich in diesem Fall zu dem von Sharpe (1966) vorgeschlagenen unbedingten Performancemaß (4.11). Die Sharpe-Ratio (4.11) ist daher für Kapitalgeber ohne Portfoliosignal nach Satz 2 unverzerrt. Erhalten die Kapitalgeber jedoch von ihren Fonds ein Portfoliosignal, so führt nur die gewichtsbasierte Sharpe-Ratio (4.30) zu unverzerrten Ergebnissen bei der Performancemessung.

Abbildung 4.5 stellt die gewichtsbasierte Sharpe-Ratio (durchgezogene Linie) eines informierten Fonds mit optimalem Anlageverhalten abhängig von der Stärke R^2 des Portfoliosignals der Sharpe (1966)-Ratio des Fonds (gestrichelte Linie) und der der Benchmark (gestrichpunktete Linie) gegenüber.[42]

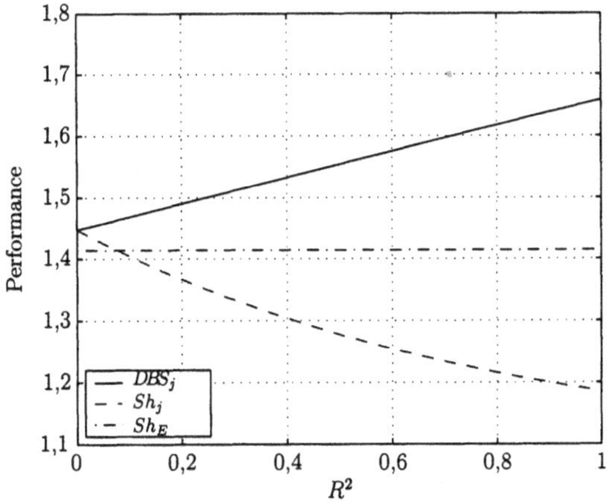

Abbildung 4.5: Gewichtsbasierte Sharpe-Ratio des Fonds, Sharpe-Ratio des Fonds und Sharpe-Ratio der Benchmark

Während die gewichtsbasierte Sharpe-Ratio des Fonds unabhängig von der Offenlegungspolitik größer als die der Benchmark ist und mit stärkerem Portfoliosignal auch steigt, fällt die Sharpe (1966)-Ratio mit stärkerem Portfoliosignal und ist bereits ab einem Portfoliosignal der Stärke $R^2 \gtrsim 10\%$ kleiner als die Sharpe-Ratio der uninformierten Benchmark.[43] Nur die gewichtsbasierte Sharpe-Ratio berücksichtigt den risikomindernden

42 Der Darstellung liegt weiterhin eine erwartete Aktienrendite $\mu = 10\%$, eine Standardabweichung der Aktienrendite $\sigma = 7,07\%$, ein Informationssignal des Fondsmanagers der Stärke $R_s^2 = 20\%$ und ein Risikoaversionsparameter $\lambda = 2$ zugrunde.

43 Die gewichtsbasierte Sharpe-Ratio der Benchmark entspricht der Sharpe (1966)-Ratio der Benchmark: $DBS_E = Sh_E$.

Effekt, den Portfoliooffenlegungen für die Kapitalgeber von Fonds besitzen. Sie mißt die Performance von Fonds unabhängig von deren Offenlegungspolitik R^2 unverzerrt.

4.4.3 Kritische Würdigung des "Bias-in-Beta"-Arguments

Grinblatt und Titman (1989b) haben sich schon Ende der 80er mit möglichen Ursachen für die Verzerrung des Jensen-Maßes auseinandergesetzt. Sie führen die Verzerrung auf Timingfähigkeiten des Fondsmanagers zurück. Ihrer Ansicht nach mißt das Jensen-Maß das systematische Risiko von Fonds mit Timingfähigkeiten verzerrt („Bias-in-Beta"). Es kann daher zu Fehlurteilen bei der Performancemessung führen. Anhand des in Abschnitt 4.4.1 neu entwickelten gewichtsbasierten Alphas konnte aber gezeigt werden, daß das Jensen-Maß für Fonds, die keine Portfolioinformationen offenlegen, unverzerrt ist. Hierzu waren keine einschränkenden Annahmen an die Art der Managementfähigkeiten erforderlich. Dieser Abschnitt untersucht daher, was die von Grinblatt und Titman (1989b) als „Bias-in-Beta" bezeichnete Komponente des Jensen-Maßes in Abhängigkeit von der Offenlegungspolitik des Fonds ökonomisch wirklich mißt.

Grinblatt und Titman (1989b) zerlegen die Rendite aktiv verwalteter Fonds in eine passive und eine aktive Komponente:

$$\tilde{R}_j = \mathrm{E}\big[w(\tilde{s},\tilde{x})\big]'\beta\tilde{R}_E + \big(w(\tilde{s},\tilde{x})'\tilde{R} - \mathrm{E}\big[w(\tilde{s},\tilde{x})\big]'\beta\tilde{R}_E\big) \tag{4.31}$$

Die passive Komponente entspricht der Rendite $\mathrm{E}\big[w(\tilde{s},\tilde{x})\big]'\beta\tilde{R}_E$ eines passiven Portfolios, das entsprechend der erwarteten Fondsgewichte $\mathrm{E}\big[w(\tilde{s},\tilde{x})\big]$ und der Aktienbetas β in die Benchmark investiert. Die aktive Komponente, $w(\tilde{s},\tilde{x})'\tilde{R} - \mathrm{E}\big[w(\tilde{s},\tilde{x})\big]'\beta\tilde{R}_E$, erfaßt den Renditebeitrag durch das aktive Portfoliomanagement des Fondsmanagers. Grinblatt und Titman (1989b) zerlegen die aktive Renditekomponente weiter in einen Renditebeitrag durch Timingaktivitäten

$$\tilde{R}_j^T = \big(w(\tilde{s},\tilde{x}) - \mathrm{E}\big[w(\tilde{s},\tilde{x})\big]\big)'\beta\tilde{R}_E \tag{4.32}$$

und einen Renditebeitrag durch Wertpapierselektion

$$\tilde{R}_j^S = w(\tilde{s},\tilde{x})'\big(\tilde{R} - \beta\tilde{R}_E\big). \tag{4.33}$$

Unter Verwendung dieser Zerlegung der Fondsrendite besteht das Jensen-Maß (4.9) aus drei Komponenten:

$$\begin{aligned} J_j &= \mathrm{E}\big[w(\tilde{s},\tilde{x})\big]'\beta\mu_E + \mathrm{E}\big[\tilde{R}_j^S\big] + \mathrm{E}\big[\tilde{R}_j^T\big] - \beta_j\mu_E \\ &= \mathrm{E}\big[\tilde{R}_j^S\big] + \mathrm{E}\big[\tilde{R}_j^T\big] - \big(\beta_j - \mathrm{E}\big[w(\tilde{s},\tilde{x})\big]'\beta\big)\mu_E \end{aligned} \tag{4.34}$$

Die beiden ersten Ausdrücke in Gleichung (4.34) erfassen die erwarteten Renditebeiträge durch Wertpapierselektion $\mathrm{E}\big[\tilde{R}_j^S\big]$ und Timingaktivitäten $\mathrm{E}\big[\tilde{R}_j^T\big]$ des Fondsmanagers. Die dritte Komponente führen Grinblatt und Titman (1989b) auf eine verzerrte Schätzung β_j des durchschnittlichen systematischen Fondsrisikos $\mathrm{E}\big[w(\tilde{s},\tilde{x})\big]'\beta$ zurück.[44] Dieser „Fehler“

$$\beta_j - \mathrm{E}\big[\tilde{w}\big]'\beta = \frac{\mathrm{cov}\big(\tilde{w}'\beta, \tilde{R}_E\big)\mu_E + \mathrm{cov}\big(\tilde{w}'\beta, (\tilde{R}_E - \mu_E)^2\big) + \mathrm{cov}\big(\tilde{w}'(\tilde{R} - \beta\tilde{R}_E), \tilde{R}_E\big)}{\sigma_E^2} \tag{4.35}$$

tritt aber nur dann auf, wenn Fondsmanager Timingfähigkeiten besitzen.[45]

Besitzt der Fondsmanager lediglich Selektionsfähigkeiten, so sind seine Fondsgewichte $\tilde{w} = w(\tilde{s},\tilde{x})$ von der Benchmarkrendite $\tilde{R}_E$ unabhängig, und alle drei Kovarianzen im Zähler von Gleichung (4.35) sind gleich Null.[46] Ein „Fehler“ tritt in diesem Fall nicht auf. Wenn der Manager jedoch Timingfähigkeiten besitzt, dann sind seine Fondsgewichte mit der Benchmarkrendite korreliert. Besitzt der Fondsmanager beispielsweise nur Timingfähigkeiten, aber keine privaten Informationen über die Benchmarkvolatilität, so ist die erste Kovarianz im Zähler von Gleichung (4.35) positiv und die beiden anderen Kovarianzen sind gleich Null.[47] Kapitalgeber überschätzen in diesem Fall bei Verwendung des Jensen-Maßes (4.34) das erwartete systematische Risiko der Portfoliopositionen des Fondsmanagers: $\beta_j > \mathrm{E}\big[w(\tilde{s},\tilde{x})\big]'\beta$. Sie unterschätzen die Performance, gemessen durch die Summe der erwarteten Renditebeiträge durch Timingaktivitäten und Wertpapierselektion. Grinblatt und Titman (1989b) zeigen, daß der „Fehler“ $\beta_j - \mathrm{E}\big[w(\tilde{s},\tilde{x})\big]'\beta$ bei der Schätzung des systematischen Fondsrisikos so groß sein kann, daß das Jensen-Maß (4.34) trotz Timingfähigkeiten des Fondsmanagers negativ ist.

Die beiden folgenden Unterabschnitte beschäftigen sich näher mit der „Bias-in-Beta“-Komponente des Jensen-Maßes. Die Ergebnisse dieser Arbeit in Bezug auf die Rolle der Offenlegungspolitik bei der Performancemessung zeigen, daß im allgemeinen nur ein Teil

---

44 Analog läßt sich ein Mehr-Faktor-Alpha in drei Komponenten zerlegen: $J_j^{\mathrm{MF}} = \mathrm{E}[\tilde{R}_j^{CS}] + \mathrm{E}[\tilde{R}_j^{CT}] + \sum_{f=1}^F \big(\beta_{j,f} - \mathrm{E}[w(\tilde{s},\tilde{x})]'\beta_f\big)\mu_f$. Dabei erfassen $\tilde{R}_j^{CS} = w(\tilde{s},\tilde{x})'(\tilde{R} - \sum_{f=1}^F \beta_f \tilde{R}_f)$ und $\tilde{R}_j^{CT} = \sum_{f=1}^F \big(w(\tilde{s},\tilde{x}) - \mathrm{E}[w(\tilde{s},\tilde{x})]\big)'\beta_f \tilde{R}_f$ die Renditebeiträge durch Wertpapierselektion (Characteristic Selectivity) und Timingaktivitäten (Characteristic Timing). Der Term $\sum_{f=1}^F \big(\beta_{j,f} - \mathrm{E}[w(\tilde{s},\tilde{x})]'\beta_f\big)\mu_f$ resultiert der Argumentation von Grinblatt und Titman (1989b) folgend aus einer verzerrten Schätzung des systematischen Fondsrisikos bei Verwendung eines Mehr-Faktor-Alphas. Dabei bezeichnet $\tilde{R}_f$ die Rendite des f-ten Faktorportfolios, μ_f die zugehörige erwartete Rendite, $\beta_{j,f}$ den Betafaktor der Fondsrendite in Bezug auf die Rendite des f-ten Faktorportfolios und β_f den Vektor der Betafaktoren der verschiedenen Aktienrenditen in Bezug auf die Rendite des f-ten Faktorportfolios $(f = 1, \ldots, F)$.

45 Eine Herleitung von Gleichung (4.35) erfolgt in Anhang A.7.

46 Die dritte Kovarianz in Gleichung (4.35) ist in diesem Fall gleich Null, da bei Unabhängigkeit von $\tilde{w}$ sowie $\tilde{\varepsilon} = \tilde{R} - \beta\tilde{R}_E$ von $\tilde{R}_E$ auch $\mathrm{cov}(\tilde{w}'(\tilde{R} - \beta\tilde{R}_E), \tilde{R}_E) = 0$ gilt.

47 $\mathrm{cov}(\tilde{w}'(\tilde{R} - \beta\tilde{R}_E), \tilde{R}_E) = 0$, da der Manager keine Selektionsfähigkeiten besitzt, und $\mathrm{cov}(\tilde{w}'\beta, (\tilde{R}_E - \mu_E)^2) = 0$, da der Manager keine privaten Informationen über die Benchmarkvolatilität hat.

der dritten Komponente des Jensen-Maßes (4.34) auf systematische Schätzfehler zurückzuführen ist. Ein anderer Teil der „Bias-in-Beta"-Komponente ist hingegen Bestandteil der Performance. Welcher Anteil auf Schätzfehler zurückgeht und welcher Anteil Bestandteil der Performance ist, hängt von der Offenlegungspolitik des Fonds ab.

Fehlendes Portfoliosignal

Für Kapitalgeber ohne Portfoliosignal entspricht das gewichtsbasierte Alpha (4.26) dem klassischen Alpha (4.9) von Jensen (1968). Aus diesem Grund ist auch das Jensen-Maß ohne Portfoliosignal nach Satz 1 unverzerrt. Die „Bias-in-Beta"-Komponente $(\beta_j - \mathrm{E}[w(\tilde{s})]'\beta)\mu_E$ des Jensen-Maßes (4.34) kann in diesem Fall nicht auf eine verzerrte Schätzung des systematischen Fondsrisikos zurückgehen, sondern sie ist Bestandteil der Performance. Es stellt sich also die Frage, was die dritte Komponente des Jensen-Maßes (4.34) tatsächlich ökonomisch mißt, wenn der Fondsmanager kein Portfoliosignal berichtet.

Die „Bias-in-Beta"-Komponente der Performance entspricht der Differenz zwischen dem gewichtsbasierten Alpha des Fonds im Falle eines perfekten Portfoliosignals[48]

$$\begin{aligned} DBJ_j(x_{\text{Full}}) &= \mu_j - \mathrm{E}[w(\tilde{s})]'\beta\mu_E \\ &= \mathrm{E}[\tilde{R}_j^S] + \mathrm{E}[\tilde{R}_j^T] \end{aligned} \tag{4.36}$$

und dem gewichtsbasierten Alpha des Fonds ohne ein Portfoliosignal $DBJ_j(x_{\text{No}}) = J_j$:[49]

$$\begin{aligned} DBJ_j(x_{\text{Full}}) - DBJ_j(x_{\text{No}}) &= \mathrm{E}[\tilde{R}_j^S] + \mathrm{E}[\tilde{R}_j^T] - (\mu_j - \beta_j\mu_E) \\ &= (\beta_j - \mathrm{E}[w(\tilde{s})]'\beta)\mu_E \end{aligned} \tag{4.37}$$

Die von Grinblatt und Titman (1989b) als Bias-in-Beta bezeichnete Komponente des Jensen-Maßes steht demnach im direkten Zusammenhang mit der Offenlegungspolitik des Fonds. Sie mißt nach Gleichung (4.37) die Performanceeinbuße dadurch, daß der Fonds seinen Kapitalgebern kein Portfoliosignal gibt, anstatt ihnen ein perfektes Portfoliosignal zu veröffentlichen. Sie läßt sich unter Berücksichtigung der Definitionsgleichung für das systematische Fondsrisiko (4.10) und der Bestimmungsgleichungen für die Renditebeiträge durch Wertpapierselektion (4.33) und Timingaktivitäten (4.32) wie folgt alternativ darstellen:

---

48 Nach Gleichung (4.33) gilt $\mathrm{E}[\tilde{R}_j^S] = \mu_j - \mathrm{E}[w(\tilde{s})'\beta\tilde{R}_E]$, und nach Gleichung (4.32) gilt $\mathrm{E}[\tilde{R}_j^T] = \mathrm{E}[w(\tilde{s})'\beta\tilde{R}_E] - \mathrm{E}[w(\tilde{s})]'\beta\mu_E$. Beide Argumente gemeinsam implizieren die zweite Gleichheit in Gleichung (4.36).

49 Nach Gleichung (4.34) gilt $DBJ_j(x_{\text{No}}) = J_j = \mu_j - \beta_j\mu_E = \mathrm{E}[\tilde{R}_j^S] + \mathrm{E}[\tilde{R}_j^T] - (\beta_j - \mathrm{E}[w(\tilde{s})]'\beta)\mu_E$. Eingesetzt für $\mu_j - \beta_j\mu_E$ in die erste Zeile folgt sofort die zweite Zeile von Gleichung (4.37).

$$\begin{aligned}(\beta_j - \mathrm{E}[w(\tilde{s})]'\beta)\mu_E &= \frac{\operatorname{cov}\big(w(\tilde{s})'\tilde{R} - \mathrm{E}[w(\tilde{s})]'\beta\tilde{R}_E, \tilde{R}_E\big)}{\sigma_E^2}\mu_E \\ &= \frac{\operatorname{cov}\big(\tilde{R}_j^S, \tilde{R}_E\big)}{\sigma_E^2}\mu_E + \frac{\operatorname{cov}\big(\tilde{R}_j^T, \tilde{R}_E\big)}{\sigma_E^2}\mu_E \end{aligned} \tag{4.38}$$

Die erste Zeile von Gleichung (4.38) verdeutlicht, daß die „Bias-in-Beta"-Komponente der Performance die Form einer Risikoprämie hat. Diese Risikoprämie wird vom Kapitalgeber für das mit dem Teil der Fondsrendite $w(\tilde{s})'\tilde{R} - \mathrm{E}[w(\tilde{s})]'\beta\tilde{R}_E$ verbundene systematische Risiko gefordert, der auf das aktive Portfoliomanagement des Fondsmanagers zurückgeht. Sie erfaßt das systematische Managementrisiko des Kapitalgebers und läßt sich entsprechend der zweiten Zeile von Gleichung (4.38) weiter in Risikoprämien für systematische Selektionsrisiken $\operatorname{cov}(\tilde{R}_j^S, \tilde{R}_E)/\sigma_E^2$ und systematische Timingrisiken $\operatorname{cov}(\tilde{R}_j^T, \tilde{R}_E)/\sigma_E^2$ zerlegen.

Gewährt der Fonds seinem Kapitalgeber kein Portfoliosignal, so besteht das systematische Fondsrisiko aus drei Komponenten:

$$\beta_j = \mathrm{E}[w(\tilde{s})]'\beta + \frac{\operatorname{cov}\big(\tilde{R}_j^S, \tilde{R}_E\big)}{\sigma_E^2} + \frac{\operatorname{cov}\big(\tilde{R}_j^T, \tilde{R}_E\big)}{\sigma_E^2} \tag{4.39}$$

Das systematische Risiko aktiv verwalteter Fonds (4.39) entspricht im allgemeinen nicht dem systematischen Risiko eines passiv verwalteten Portfolios, dessen Gewichte den erwarteten Fondsgewichten $\mathrm{E}[w(\tilde{s})]$ entsprechen. Das aktive Portfoliomanagement des Fonds führt ohne Portfoliosignal zu systematischen Managementrisiken. Diese werden durch die zweite und dritte Komponente von Gleichung (4.39) erfaßt. Sie spiegeln das zusätzliche systematische Risiko wider, das dadurch entsteht, daß der Kapitalgeber ohne ein Portfoliosignal nicht auf die Anlagestrategie sowie die der Strategie zugrundeliegenden Informationen des Fondsmanagers schließen kann.

Besitzt der Fondsmanager ausschließlich Selektionsfähigkeiten, so ist sein Informationssignal $\tilde{s}$ und sind daher auch die Fondsgewichte $w(\tilde{s})$ unabhängig von der Höhe der Benchmarkrendite $\tilde{R}_E$. Das systematische Fondsrisiko eines reinen Stock Pickers vereinfacht sich zu:[50]

$$\begin{aligned}\beta_j &= \frac{\operatorname{cov}\big(w(\tilde{s})'\tilde{R}, \tilde{R}_E\big)}{\sigma_E^2} \\ &= \frac{\mathrm{E}[w(\tilde{s})]'\operatorname{cov}(\beta\tilde{R}_E, \tilde{R}_E) + \operatorname{cov}\big(w(\tilde{s})'(\tilde{R} - \beta\tilde{R}_E), \tilde{R}_E\big)}{\sigma_E^2} \\ &= \mathrm{E}[w(\tilde{s})]'\beta \end{aligned} \tag{4.40}$$

50 Die zweite Kovarianz in der zweiten Zeile von Gleichung (4.40) ist gleich Null, da bei Unabhängigkeit von $w(\tilde{s})$ und $\tilde{\varepsilon} = \tilde{R} - \beta\tilde{R}_E$ von $\tilde{R}_E$ auch $\operatorname{cov}(w(\tilde{s})'(\tilde{R} - \beta\tilde{R}_E), \tilde{R}_E) = 0$ gilt.

Da der Fondsmanager lediglich Selektionsfähigkeiten besitzt, geht er im Vergleich zu einer passiven Anlagestrategie mit Gewichten $\mathrm{E}[w(\tilde{s})]$ nur zusätzliches unsystematisches Risiko ein. Das Managementrisiko des Kapitalgebers ist daher unsystematischer Natur. Es spielt bei der Performancemessung anhand des Jensen-Maßes keine Rolle. Das systematische Risiko eines reinen Stock Pickers entspricht aus diesem Grund dem erwarteten systematischen Risiko seiner Aktienpositionen, $\mathrm{E}[w(\tilde{s})]'\beta$.

Besitzt der Fondsmanager (zusätzlich zu Selektionsfähigkeiten) Timingfähigkeiten, so sind seine Fondsgewichte mit der Benchmarkrendite korreliert. Timingfähigkeiten des Fondsmanagers führen daher zu systematischen Managementrisiken. Das systematische Fondsrisiko entspricht in diesem Fall der Summe aus dem erwarteten systematischen Risiko der Aktienpositionen des Fondsmanagers und den systematischen Risiken durch Timingaktivitäten und Wertpapierselektion.

Das Jensen-Maß (4.34) von Fonds besteht unter Berücksichtigung von Gleichung (4.39) aus vier Komponenten:

$$J_j = \mathrm{E}[\tilde{R}_j^S] - \frac{\mathrm{cov}(\tilde{R}_j^S, \tilde{R}_E)}{\sigma_E^2}\mu_E + \mathrm{E}[\tilde{R}_j^T] - \frac{\mathrm{cov}(\tilde{R}_j^T, \tilde{R}_E)}{\sigma_E^2}\mu_E \qquad (4.41)$$

Die ersten beiden Komponenten messen den risikoadjustierten Performancebeitrag durch Wertpapierselektion, die dritte und vierte Komponente den risikoadjustierten Performancebeitrag durch Timingaktivitäten. Ohne ein Portfoliosignal entspricht die risikoadjustierte Performance (4.41) nicht einfach der Summe aus den erwarteten Renditebeiträgen durch Wertpapierselektion und Timingaktivitäten. Die Timingaktivitäten des Fondsmanagers führen zu systematischen Managementrisiken für den Kapitalgeber, aus dessen Sicht die Anlagestrategie unbekannt und mit der Benchmarkrendite korreliert ist. Die Performance von Fonds (4.41) entspricht daher der Summe der um das systematische Managementrisiko bereinigten erwarteten Renditebeiträge durch Wertpapierselektion und Timingaktivitäten. Sie wird durch das Jensen-Maß unverzerrt erfaßt, wenn Fonds ihren Kapitalgebern kein Portfoliosignal geben.

Vorhandenes Portfoliosignal

Erhalten die Kapitalgeber von Fonds hingegen ein Portfoliosignal $\tilde{x}$, so mißt lediglich das gewichtsbasierte Alpha (4.26) die Fondsperformance unverzerrt. Das Jensen-Maß (4.34) ist in diesem Fall verzerrt. Es läßt sich unter Berücksichtigung von Gleichung (4.31) als Funktion des gewichtsbasierten Alphas (4.26) darstellen:[51]

---

[51] Gleichung (4.42) folgt aus Gleichung (4.34) durch Erweiterung um den Ausdruck $\beta_j(x)\mu_E - \beta_j(x)\mu_E$ und unter anschließender Verwendung von $\mu_j = \mathrm{E}[w(\tilde{s}, \tilde{x})]'\beta\mu_E + \mathrm{E}[\tilde{R}_j^S] + \mathrm{E}[\tilde{R}_j^T]$ nach Gleichung (4.31) in Verbindung mit (4.32) und (4.33).

$$\begin{aligned} J_j &= \mathrm{E}\big[\tilde{R}_j^S\big] + \mathrm{E}\big[\tilde{R}_j^T\big] - \big(\beta_j(x) - \mathrm{E}\big[w(\tilde{s},\tilde{x})\big]'\beta\big)\mu_E - \big(\beta_j - \beta_j(x)\big)\mu_E \\ &= \mu_j - \beta_j(x)\mu_E - \big(\beta_j - \beta_j(x)\big)\mu_E \\ &= DBJ_j(x) - \big(\beta_j - \beta_j(x)\big)\mu_E \end{aligned} \tag{4.42}$$

Im Falle eines unvollständigen Portfoliosignals besteht das Jensen-Maß (4.42) aus zwei Komponenten. Die erste Komponente entspricht dem gewichtsbasierten Alpha (4.26). Sie mißt die Performance von Fonds vor dem Hintergrund der Offenlegungspolitik unverzerrt. Die zweite Komponente resultiert aus einer verzerrten Schätzung β_j des systematischen Fondsrisikos $\beta_j(x)$, falls Fonds ihren Kapitalgebern ein Portfoliosignal $\tilde{x}$ geben.

Damit ist nicht die gesamte von Grinblatt und Titman (1989b) einer verzerrten Schätzung des systematischen Fondsrisikos zugeschriebene Komponente $\big(\beta_j - \mathrm{E}\big[w(\tilde{s},\tilde{x})\big]'\beta\big)\mu_E$ des Jensen-Maßes ein systematischer Fehler bei der Performancemessung, sondern nur der Teil $\big(\beta_j - \beta_j(x)\big)\mu_E$. Der verbleibende Teil

$$\begin{aligned} \big(\beta_j(x) - \mathrm{E}\big[w(\tilde{s},\tilde{x})\big]'\beta\big)\mu_E &= \mathrm{E}\left[\frac{\mathrm{cov}\big(\tilde{R}_j, \tilde{R}_E|\tilde{x}\big)}{\mathrm{var}\big(\tilde{R}_E|\tilde{x}\big)} - \mathrm{E}\big[w(\tilde{s},\tilde{x})\big]'\beta\right]\mu_E \\ &= \mathrm{E}\left[\frac{\mathrm{cov}\big(w(\tilde{s},\tilde{x})'\tilde{R} - \mathrm{E}\big[w(\tilde{s},\tilde{x})\big]'\beta\tilde{R}_E, \tilde{R}_E|\tilde{x}\big)}{\mathrm{var}\big(\tilde{R}_E|\tilde{x}\big)}\right]\mu_E \\ &= \mathrm{E}\left[\frac{\mathrm{cov}\big(\tilde{R}_j^S, \tilde{R}_E|\tilde{x}\big)}{\mathrm{var}\big(\tilde{R}_E|\tilde{x}\big)}\right]\mu_E + \mathrm{E}\left[\frac{\mathrm{cov}\big(\tilde{R}_j^T, \tilde{R}_E|\tilde{x}\big)}{\mathrm{var}\big(\tilde{R}_E|\tilde{x}\big)}\right]\mu_E \end{aligned} \tag{4.43}$$

ist eine Risikoprämie für das systematische Managementrisiko, welches durch das aktive Fondsmanagement in Verbindung mit unvollständiger Portfoliooffenlegung entsteht.[52]

Das Jensen-Maß von Fonds besteht dann nach Gleichung (4.42) in Verbindung mit (4.43) aus fünf Komponenten:

$$J_j = \mathrm{E}\big[\tilde{R}_j^S\big] - \mathrm{E}\left[\frac{\mathrm{cov}\big(\tilde{R}_j^S, \tilde{R}_E|\tilde{x}\big)}{\mathrm{var}\big(\tilde{R}_E|\tilde{x}\big)}\right]\mu_E + \mathrm{E}\big[\tilde{R}_j^T\big] - \mathrm{E}\left[\frac{\mathrm{cov}\big(\tilde{R}_j^T, \tilde{R}_E|\tilde{x}\big)}{\mathrm{var}\big(\tilde{R}_E|\tilde{x}\big)}\right]\mu_E - \big(\beta_j - \beta_j(x)\big)\mu_E \tag{4.44}$$

Die beiden ersten Komponenten des Jensen-Maßes (4.44) messen den risikoadjustierten Performancebeitrag durch Wertpapierselektion, die dritte und vierte Komponente den risikoadjustierten Performancebeitrag durch Timingaktivitäten und die fünfte Komponente resultiert aus einer verzerrten Schätzung β_j des systematischen Fondsrisikos $\beta_j(x)$. Die Ursache für diesen Schätzfehler liegt in der Vernachlässigung der von Fonds veröffentlichten Portfolioinformationen bei der Performancemessung anhand des Jensen-Maßes. Das

[52] Die dritte Gleichheit in (4.43) folgt aus der Definition von $\tilde{R}_j^S$ und $\tilde{R}_j^T$ nach Gleichung (4.32) beziehungsweise (4.33).

Jensen-Maß basiert ausschließlich auf Renditeinformationen. Es ist lediglich unverzerrt, falls dies die einzigen Informationen der Kapitalgeber sind.

Für den Spezialfall, daß der Fondsmanager lediglich Selektionsfähigkeiten besitzt, entspricht das systematische Fondsrisiko nach Gleichung (4.25) wiederum dem erwarteten systematischen Risiko der Aktienpositionen des Fondsmanagers[53]

$$\begin{aligned}\beta_j(x) &= \mathrm{E}\left[\frac{\operatorname{cov}\big(w(\tilde{s},\tilde{x})'\tilde{R},\tilde{R}_E|\tilde{x}\big)}{\operatorname{var}\big(\tilde{R}_E|\tilde{x}\big)}\right] \\ &= \mathrm{E}\left[\frac{\mathrm{E}\big[w(\tilde{s},\tilde{x})|\tilde{x}\big]'\operatorname{cov}\big(\beta\tilde{R}_E,\tilde{R}_E|\tilde{x}\big)}{\operatorname{var}\big(\tilde{R}_E|\tilde{x}\big)}\right] \\ &= \mathrm{E}\big[w(\tilde{s},\tilde{x})\big]'\beta,\end{aligned} \tag{4.45}$$

und das Jensen-Maß (4.42) eines reinen Stock Pickers ist unverzerrt:

$$\begin{aligned}\beta_j - \beta_j(x) &= \frac{\operatorname{cov}(w(\tilde{s},\tilde{x})'\tilde{R},\tilde{R}_E)}{\sigma_E^2} - \mathrm{E}\left[\frac{\operatorname{cov}\big(w(\tilde{s},\tilde{x})'\tilde{R},\tilde{R}_E|\tilde{x}\big)}{\operatorname{var}\big(\tilde{R}_E|\tilde{x}\big)}\right] \\ &= \mathrm{E}\big[w(\tilde{s},\tilde{x})\big]'\beta - \mathrm{E}\big[w(\tilde{s},\tilde{x})\big]'\beta \\ &= 0\end{aligned} \tag{4.46}$$

Ist ex-ante bekannt, daß der Fondsmanager lediglich Selektionsfähigkeiten besitzt, so kann der Kapitalgeber unabhängig von der Offenlegungspolitik anstatt des gewichtsbasierten Alphas (4.26) auch das klassische Jensen-Maß (4.9) zur Performancemessung verwenden. Das Jensen-Maß ist in diesem Fall aber nicht deshalb unverzerrt, weil es die Informationsstruktur des Fonds korrekt erfaßt. Es ist nur unverzerrt, weil Wertpapierselektion lediglich unsystematische Managementrisiken verursacht, die bei der Performancemessung anhand der Wertpapiermarktlinie keine Rolle spielen.

In der Praxis sind Timingfähigkeiten nicht ex-ante auszuschließen. Daher ist das Jensen-Maß nach Gleichung (4.42) verzerrt, da es das systematische Managementrisiko vor dem Hintergrund des Portfoliosignals des Kapitalgebers überschätzt. Das Ausmaß der Verzerrung des Jensen-Maßes ist umso größer, je stärker das Portfoliosignal des Kapitalgebers ist. Es entspricht jedoch nur im Spezialfall eines perfekten Portfoliosignals der gesamten von Grinblatt und Titman (1989b) einem Bias-in-Beta zugeschriebenen Performancekomponente.

---

53 Da bei Unabhängigkeit von $w(\tilde{s},\tilde{x})$ und $\tilde{\varepsilon} = \tilde{R} - \beta\tilde{R}_E$ von $\tilde{R}_E$ auch $\operatorname{cov}(w(\tilde{s},\tilde{x})'(\tilde{R}-\beta\tilde{R}_E),\tilde{R}_E|\tilde{x}) = 0$ ist, folgt $\operatorname{cov}(w(\tilde{s},\tilde{x})'\tilde{R},\tilde{R}_E|\tilde{x}) = \mathrm{E}[w(\tilde{s},\tilde{x})]'\operatorname{cov}(\beta\tilde{R}_E,\tilde{R}_E|\tilde{x})$.

4.5 Auswirkungen der Offenlegungspolitik auf die Performance

Fondsgesellschaften müssen bei der Auflage neuer Fonds entscheiden, wieviel Portfolioinformationen sie ihren Kapitalgebern über das gesetzlich vorgeschriebene Ausmaß hinaus berichten. Diese Entscheidung setzt das Verständnis der Wirkungsweise eines stärkeren Portfoliosignals auf den Erwartungsnutzen der Kapitalgeber und auf die gemessene Fondsperformance voraus. Dieser Abschnitt zeigt zunächst, wie sich ein stärkeres Portfoliosignal auf den erwarteten Nutzen der Kapitalgeber aus einer Fondsinvestition auswirkt. Im Anschluß daran werden in einem weiteren Schritt die Auswirkungen eines stärkeren Portfoliosignals auf das gewichtsbasierte Alpha (4.26) und die gewichtsbasierte Sharpe-Ratio (4.30) informierter Fonds analysiert. Hierzu werden der Erwartungsnutzen und die Performance für einen Kapitalgeber mit Portfoliosignal $\tilde{x}$ mit dem Erwartungsnutzen beziehungsweise der Performance eines Kapitalgebers mit weniger Portfolioinformationen $\tilde{y}$ verglichen. Das Portfoliosignal $\tilde{x}$ beinhaltet das Portfoliosignal $\tilde{y}$; der besser informierte Kapitalgeber kann also von seinem Signal $\tilde{x}$ auf das Signal $\tilde{y}$ des schlechter informierten Kapitalgebers schließen.

Um festzustellen, ob ein stärkeres Portfoliosignal zu einem höheren Erwartungsnutzen des Kapitalgebers führt, ist der unbedingte Erwartungsnutzen des Kapitalgebers im Falle eines Portfoliosignals von $\tilde{x}$ mit dem Erwartungsnutzen im Falle eines Portfoliosignals von $\tilde{y}$ zu vergleichen.[54] Da das Portfoliosignal $\tilde{x}$ das Signal $\tilde{y}$ beinhaltet, genügt es zu zeigen, daß der Kapitalgeber mit Portfoliosignal $\tilde{x}$ bedingt auf jede Ausprägung von $\tilde{y}$ einen höheren Erwartungsnutzen erhält als nur mit dem Signal $\tilde{y}$. Für den bedingt auf $\tilde{y}$ erwarteten Nutzen des Kapitalgebers mit Portfoliosignal $\tilde{x}$ gilt durch Anwendung iterativer Erwartungen in Gleichung (4.3):

$$
\begin{aligned}
\Phi\big(w^{\star}(\tilde{s},\tilde{x})|\tilde{y}\big) &= \frac{1}{2\lambda}\left\{\mathrm{E}\left[\frac{1}{\mathrm{E}\big[\psi(\tilde{s})|\tilde{x}\big]}|\tilde{y}\right]-1\right\} \\
&= \frac{1}{2\lambda}\left\{\frac{1-\mathrm{cov}\big(\mathrm{E}\big[\psi(\tilde{s})|\tilde{x}\big],\frac{1}{\mathrm{E}[\psi(\tilde{s})|\tilde{x}]}|\tilde{y}\big)}{\mathrm{E}\big[\psi(\tilde{s})|\tilde{y}\big]}-1\right\} \\
&> \frac{1}{2\lambda}\left\{\frac{1}{\mathrm{E}\big[\psi(\tilde{s})|\tilde{y}\big]}-1\right\} \\
&= \Phi\big(w^{\star}(\tilde{s},\tilde{y})|\tilde{y}\big)
\end{aligned}
\tag{4.47}
$$

54 Ein Vergleich der in beiden Fällen jeweils bedingt erwarteten Nutzen ist dagegen nicht aussagekräftig, da dieser nicht nur von der Qualität des Portfoliosignals abhängt, sondern auch davon, ob es sich bei der Signalausprägung um gute oder schlechte Neuigkeiten handelt.

Besitzt der Fondsmanager private Informationen, so führt ein stärkeres Portfoliosignal $\tilde{x}$ nach Gleichung (4.47) unabhängig von der Ausprägung von $\tilde{y}$ zu einem höheren bedingt erwarteten Nutzen des Kapitalgebers.[55] Ein stärkeres Portfoliosignal bewirkt daher auch unbedingt einen höheren Erwartungsnutzen, unabhängig von der Qualität der Informationen $\tilde{s}$ des Fondsmanagers und der Risikoaversion λ des Kapitalgebers.

Verantwortlich für den Anstieg des Erwartungsnutzens ist das mit stärkerem Portfoliosignal geringere Managementrisiko des Kapitalgebers. Ein stärkeres Portfoliosignal erhöht die Transparenz des Fonds. Es reduziert die Unsicherheit des Kapitalgebers über die Anlagestrategie und die der Strategie zugrundeliegenden privaten Informationen des Fondsmanagers. Wie in Kapitel 3 gezeigt, tragen Kapitalgeber von Fonds mit stärkerem Portfoliosignal einerseits für gegebenes Anlageverhalten des Fondsmanagers ein geringeres Fondsrisiko. Das stärkere Portfoliosignal gestattet es dem Fondsmanager andererseits, stärker von seinen privaten Informationen Gebrauch zu machen. Beide Effekte führen zusammen unabhängig von der Qualität der privaten Informationen des Managers und der Risikoaversion des Kapitalgebers zu einem höheren Erwartungsnutzen des Kapitalgebers.

Wie aber wirkt sich ein stärkeres Portfoliosignal auf das gewichtsbasierte Alpha (4.26) oder die gewichtsbasierte Sharpe-Ratio (4.30) informierter Fonds aus? Schlägt sich der höhere Erwartungsnutzen des Kapitalgebers auch in einer höheren Fondsperformance nieder? In Anhang A.8 wird bewiesen, daß die Performance des informierten Fonds bei optimalem Anlageverhalten des Fondsmanagers sowohl bei Verwendung des gewichtsbasierten Alphas (4.26) als auch anhand der gewichtsbasierten Sharpe-Ratio (4.30) mit Portfoliosignal $\tilde{x}$ größer als mit Portfoliosignal $\tilde{y}$ ist. Die Bekanntgabe zusätzlicher Portfolioinformationen erhöht sowohl das gewichtsbasierte Alpha (4.26) als auch die gewichtsbasierte Sharpe-Ratio (4.30) informierter Fonds. Sie reduziert die Informationsasymmetrie zwischen Fondsmanager und Kapitalgeber. Besser informierte Kapitalgeber tragen sowohl ein geringeres systematisches Risiko $\beta_j(x)$ als auch ein geringeres Gesamtrisiko $\sigma_j(x)$. Da die erwartete Fondsrendite unter Berücksichtigung iterativer Erwartungen nicht von der Offenlegungspolitik abhängt, erhöhen zusätzliche Portfoliooffenlegungen die Performance von Fonds unter Verwendung beider gewichtsbasierten Maße. Zwei Kapitalgeber, die in denselben Fonds investieren, aber verschiedene Portfoliosignale erhalten, tragen ein unterschiedliches Fondsrisiko. Sie ordnen ein und demselben Fonds daher auch eine unterschiedliche Performance zu.

Ein Blick zurück auf Abbildung 4.4 und 4.5 in Abschnitt 4.4.1 beziehungsweise 4.4.2 zeigt, daß der Performancegewinn durch ein stärkeres Portfoliosignal erheblich sein kann. Das gewichtsbasierte Alpha steigt in dem hier gewählten numerischen Beispiel mit einem

---

[55] Für die zweite Gleichheit wird die Definition der Kovarianz $\mathrm{cov}\big(\mathrm{E}[\psi(\tilde{s})|\tilde{x}], \frac{1}{\mathrm{E}[\psi(\tilde{s})|\tilde{x}]}|\tilde{y}\big) = \mathrm{E}\big[\mathrm{E}[\psi(\tilde{s})|\tilde{x}]\frac{1}{\mathrm{E}[\psi(\tilde{s})|\tilde{x}]}|\tilde{y}\big] - \mathrm{E}[\psi(\tilde{s})|\tilde{y}]\mathrm{E}\big[\frac{1}{\mathrm{E}[\psi(\tilde{s})|\tilde{x}]}|\tilde{y}\big] = 1 - \mathrm{E}[\psi(\tilde{s})|\tilde{y}]\mathrm{E}\big[\frac{1}{\mathrm{E}[\psi(\tilde{s})|\tilde{x}]}|\tilde{y}\big]$ ausgenutzt. Die dritte Zeile folgt aus der Eigenschaft, daß $\mathrm{cov}\big(\mathrm{E}\big[\psi(\tilde{s})|\tilde{x}\big], \frac{1}{\mathrm{E}[\psi(\tilde{s})|\tilde{x}]}|\tilde{y}\big) < 0$ ist.

Informationssignal der Stärke $R_s^2 = 20\%$ von knapp 5% im Falle ohne ein Portfoliosignal auf circa 12,5% im Falle eines perfekten Portfoliosignals.[56] Auch die gewichtsbasierte Sharpe-Ratio steigt durch die Bekanntgabe eines Portfoliosignals an die Kapitalgeber. Während die gewichtsbasierte Sharpe-Ratio des informierten Fonds ohne ein Portfoliosignal bei circa 1,45 liegt, steigt sie durch Bekanntgabe eines Portfoliosignals auf bis zu 1,65 im Falle eines perfekten Portfoliosignals.

Die Ergebnisse dieses Abschnitts zeigen: Informierte Fonds können ihre Performance nicht nur durch besseres Research, sondern auch durch mehr Transparenz steigern. Die häufigere Offenlegung der Portfoliopositionen erhöht die Performance von Fonds. Die Offenlegungspolitik stellt ein wichtiges Politikinstrument dar, mit dem informierte Fonds Einfluß auf ihre risikoadjustierte Performance nehmen können.

4.6 Zwischenfazit

Die regelmäßige Bekanntgabe der Portfoliopositionen hat für die Kapitalgeber von Fonds einen risikomindernden Effekt. Sämtliche Performancemaße, die die erwartete Fondsrendite allein auf Grundlage von Renditeinformationen oder ausschließlich auf Basis von Gewichtsinformationen um das Fondsrisiko bereinigen, vernachlässigen diesen Effekt. Sie führen vor dem Hintergrund einer regelmäßigen, aber nicht perfekten Offenlegung der Portfoliopositionen zu verzerrten Ergebnissen für die Performance. Hiervon betroffen sind auch die in der Literatur weit verbreiteten Performancemaße von Jensen (1968), Sharpe (1966), Treynor (1965), Treynor und Black (1973) sowie Grinblatt und Titman (1993).

Die in diesem Kapitel neu entwickelten gewichtsbasierten Performancemaße berücksichtigen die Offenlegungspolitik von Fonds bei der Performancemessung. Sie verwenden, anders als bisherige Maße, sowohl die Fondsrendite als auch die von den Fonds veröffentlichten Portfolioinformationen zur Performancemessung und sind bislang in der Literatur verwendeten Performancemaßen aus theoretischer Sicht überlegen. Sie messen die Performance vor dem Hintergrund der vielfältigen Offenlegungspolitiken von Fonds unverzerrt: Die Performance uninformierter Fonds ist erstens kleiner oder gleich der Performance der Benchmark. Informierte Fonds erreichen zweitens bei optimalem Anlageverhalten der Fondsmanager eine höhere Performance als die Benchmark. Die Performance ist drittens ceteris paribus umso größer, je mehr private Informationen Fondsmanager erhalten.

Das Jensen-Maß und die Sharpe-Ratio sind Spezialfälle der neu entwickelten gewichtsbasierten Performancemaße für Fonds ohne ein Portfoliosignal. Sie sind daher auch nur

[56] Mit schwächerem Informationssignal ist der Anstieg absolut betrachtet geringer, aber relativ gesehen immer noch bedeutend. Kempf und Kreuzberg (2004) berichten für ein Informationssignal der Stärke $R_s^2 = 15\%$ von einem Anstieg des gewichtsbasierten Alphas von ungefähr 3% ohne ein Portfoliosignal auf über 8% im Falle eines perfekten Portfoliosignals.

für die Performancemessung von Fonds ohne Portfoliosignal unverzerrt. Das Portfolio-Change-Maß von Grinblatt und Titman (1993) ist der Spezialfall des gewichtsbasierten Alphas für den anderen Extremfall eines perfekten Portfoliosignals. Es ist daher auch nur für die Performancemessung von Fonds mit perfektem Portfoliosignal unverzerrt. Die von Grinblatt und Titman (1989b) als Bias-in-Beta bezeichnete Komponente des Jensen-Maßes beruht dagegen im allgemeinen nur teilweise auf einer verzerrten Schätzung des systematischen Fondsrisikos. Ein anderer Teil ist Bestandteil der Performance. Er erfaßt das systematische Managementrisiko, welches durch Timingaktivitäten von Fondsmanagern mit unvollständiger Portfoliooffenlegung entsteht.

Ein Vergleich der Fondsperformance für unterschiedliche Offenlegungspolitiken anhand der gewichtsbasierten Maße dieser Arbeit zeigt: Informierte Fonds können ihre Performance allein durch mehr Transparenz verbessern. Häufigere Portfoliooffenlegungen reduzieren das Managementrisiko der Kapitalgeber. Zwei Kapitalgeber mit unterschiedlich starken Portfoliosignalen weisen daher ein und demselben Fonds auch eine unterschiedliche Performance zu. Die Offenlegungspolitik ist ein wichtiges Politikinstrument, mit dem Fonds Einfluß auf ihre Performance nehmen können. Dies führt unmittelbar zur Frage nach der für die Kapitalgeber von Fonds optimalen Offenlegungspolitik, mit der sich das nun folgende Kapitel 5 beschäftigt.

Kapitel 5

Optimale Offenlegungspolitik

Die Offenlegungspolitik von Fonds ist eine wichtige Determinante der Performance. Ein stärkeres Portfoliosignal reduziert das Managementrisiko der Kapitalgeber und führt ceteris paribus zu einer besseren Performance. Durch Wahl einer geeigneten Offenlegungspolitik können Fonds somit weitreichenden Einfluß auf ihre Performance nehmen.[1] Dieses Kapitel widmet sich modelltheoretisch der Frage, wieviel Portfoliooffenlegung die Kapitalgeber von ihren Fonds verlangen sollten. Von welchen Determinanten hängt das für die Kapitalgeber von Fonds optimale Ausmaß an Portfoliooffenlegung ab?

Für sich genommen legen die Ergebnisse des vierten Kapitels dieser Arbeit die Schlußfolgerung nahe, daß Kapitalgeber von ihren Fonds ein perfektes Portfoliosignal verlangen sollten. Ein perfektes Portfoliosignal vermeidet für die Kapitalgeber das Managementrisiko. Empirisch beobachtet man jedoch, daß viele Fonds ihren Kapitalgebern nicht mehr als die gesetzlich vorgeschriebenen Portfolioinformationen offenlegen, Kapitalanleger aber dennoch immense Geldbeträge in diese Fonds investieren. In dieses Bild paßt, daß Hedgefonds, die in der Regel auf jegliche Portfoliooffenlegung verzichten, immer mehr als Anlagealternative an Bedeutung gewinnen.

Eine mögliche Ursache für dieses „Rätsel“ sind Publizitätskosten, die neben den in Kapitel 4 dargestellten Erlösen durch eine Offenlegung der Portfoliopositionen entstehen. Geben Fonds ihre Portfoliozusammensetzung in relativ kurzen zeitlichen Abständen bekannt, so offenbaren sie gleichzeitig sensible Informationen im Hinblick auf ihre Anlagestrategien. Es gibt mittlerweile eine umfangreiche Literatur zur Rechnungslegung von Unternehmen, die sich mit Kosten durch die Bekanntgabe sensibler Unternehmensdaten beschäftigt.[2] Publizitätskosten entstehen vor allem dadurch, daß nicht nur die Aktionäre,

---

[1] So erhöht die Bekanntgabe eines perfekten Portfoliosignals im Beispiel aus Abschnitt 4.4.1 das gewichtsbasierte Alpha erheblich von knapp 5% auf circa 12,5%.

[2] Einen Überblick über die mit einer Offenlegung von sensiblen Unternehmensdaten verbundenen Kosten geben Healey und Palepu (2001) sowie Verrecchia (2001).

sondern auch andere Marktteilnehmer, vor allem auch Wettbewerber, kostenlosen Zugriff auf die veröffentlichten Informationen haben.

Wermers (2001) nennt eine Reihe von Gründen dafür, daß eine regelmäßige und zeitnahe Bekanntgabe von Portfolioinformationen auch für Investmentfonds und deren Kapitalgeber mit Kosten verbunden ist. Sie lassen sich auf zwei Kernargumente zurückführen: Regelmäßige Offenlegungen der Portfoliopositionen können erstens zu externen Effekten in Form von Free-Riding durch Wettbewerber führen. Sie machen Fonds zweitens anfällig gegenüber Front-Running durch andere Händler, deren Ziel es ist, durch Manipulation der Aktienkurse Handelsgewinne zu Lasten der Fonds zu erzielen. Direkte Publizitätskosten, beispielsweise Druckkosten oder Portogebühren, fallen bei der Verbreitung von Portfolioinformationen durch Investmentfonds dagegen kaum ins Gewicht.[3]

Free-Rider ahmen die Portfoliostrukturen informierter Fonds nach, ohne selbst Research zu betreiben. Sie erhöhen durch ihre Nachfragen (ihr Angebot) die Nachfrage (das Angebot) nach Aktien, die die Fonds kaufen (verkaufen). Das höhere aggregierte Nachfragevolumen (Angebotsvolumen) führt auf begrenzt liquiden Kapitalmärkten zu einem stärkeren temporären Preiseinfluß der Transaktionen informierter Fonds. Es kann darüber hinaus zur Folge haben, daß sich die privaten Informationen der Fondsmanager schon vor Abschluß ihrer Transaktionen in den Aktienkursen niederschlagen. Dies schränkt Fondsmanager in ihrer Möglichkeit ein, aus den von ihnen erkannten Fehlbewertungen Handelsgewinne zu erzielen. Beide Effekte erhöhen die Kosten der Fonds. Darüber hinaus kann die Performance uninformierter „Nachahmer“ aufgrund ihrer geringeren Kostenquote die Performance informierter Fonds übersteigen.[4] Mittelabflüsse aus den informierten Fonds führen dann zu höheren prozentualen Researchkosten (in % des Fondsvermögens) und zu einem geringeren Gebührenaufkommen der Fondsgesellschaften.

Front-Runner nutzen die veröffentlichten Portfolioinformationen, um Handelsbedürfnisse von Fonds aufgrund exogener Mittelabflüsse (-zuflüsse) zu antizipieren. Sie erzielen Handelsgewinne zu Lasten der Fonds, indem sie beispielsweise Aktienkurse unter Druck setzen, bevor die Fonds infolge der erlittenen Mittelabflüsse Aktien verkaufen können. Diese Argumente verdeutlichen, daß eine optimale Offenlegungspolitik neben den Erlösen eines stärkeren Portfoliosignals auch die damit verbundenen Publizitätskosten berücksichtigen muß.

Im Zusammenhang mit der Umstellung der Offenlegungspflichten amerikanischer Investmentfonds von einer halbjährlichen auf die vierteljährliche Offenlegungspflicht im Jah-

---

3 Vgl. Ge und Zheng (2005).

4 Frank, Poterba, Shackelford und Shoven (2004) untersuchen für den Zeitraum 1992 bis 1999 eine kleine Stichprobe von insgesamt 20 aktiv verwalteten amerikanischen Aktienfonds. Sie zeigen, daß nach Kosten und Gebühren synthetische Portfolios, welche die Fonds anhand der zuletzt veröffentlichten Portfoliopositionen imitieren, eine -wenn auch statistisch insignifikant- höhere Performance als die Fonds selbst aufweisen.

re 2004 haben Fragen zum optimalen Ausmaß an Portfoliooffenlegungen durch Fonds in Wissenschaft und Praxis stark an Bedeutung gewonnen. Eine Theorie zum optimalen Ausmaß an Portfoliooffenlegung gibt es bislang jedoch nicht. Ein erster Schritt in diese Richtung ist die modelltheoretische Analyse von George und Hwang (2005). Sie modellieren parallel zu dieser Arbeit erstmals den Trade-off zwischen Erlösen und Kosten einer Portfoliooffenlegung durch Fonds.

George und Hwang (2005) untersuchen das aus Sicht einer gewinnmaximierenden Fondsgesellschaft optimale Ausmaß an Portfoliooffenlegung. Erlöse und Kosten entstehen in ihrem Modell durch einen permanenten Preiseinfluß: Die Bekanntgabe der Portfoliopositionen durch den Fonds erhöht die Aktiennachfrage von Wettbewerbern. Die gestiegene Nachfrage führt zu steigenden Aktienkursen und hat somit positive Bewertungseffekte auf das gehaltene Fondsportfolio. Diesen kurzfristigen Erlösen stehen jedoch langfristig Opportunitätskosten gegenüber. Die privaten Informationen des Fondsmanagers schlagen sich schneller als im Fall ohne Portfoliooffenlegung in den gleichgewichtigen Aktienkursen nieder. Dies nimmt dem Fondsmanager die Möglichkeit, auch in der Zukunft noch Handelsgewinne aus den von ihm erkannten Fehlbewertungen zu erzielen.

Das in diesem Kapitel entwickelte Modell analysiert im Unterschied dazu, welches Ausmaß an Portfoliooffenlegung aus der Sicht der Kapitalgeber des Fonds optimal ist. Anders als bei George und Hwang (2005) geht es hier also um die Fragestellung, wieviel Transparenz die Kapitalgeber von Fonds verlangen sollten. Portfoliooffenlegungen führen für die Kapitalgeber zu Erlösen, da sie ihr Managementrisiko aus einer Fondsanlage reduzieren. Kosten entstehen in dem hier dargestellten Modell durch einen temporären Preiseinfluß: Die imperfekte Liquidität der Aktien führt in Verbindung mit Herdenverhalten uninformierter Fonds zu höheren indirekten Transaktionskosten für den veröffentlichenden Fonds.[5]

Die Offenlegungspolitik beeinflußt, wie in Kapitel 3 und 4 gezeigt, sowohl die Portfolioselektion des Fondsmanagers als auch –über die Höhe der Performance– die Anlageentscheidung der Kapitalgeber. Sie kann aus diesem Grund nicht von der Portfolioselektion des Fondsmanagers und der Anlageentscheidung der Kapitalanleger losgelöst analysiert werden. Da jedoch die gemeinsame Analyse aller drei Entscheidungsprobleme zu sehr komplexen Modellen führt, bietet es sich an, im folgenden Abschnitt 5.1 zunächst einige vereinfachende Annahmen zu treffen. Die wesentliche Vereinfachung besteht dabei darin, daß die Anlageentscheidung der Kapitalgeber nicht explizit analysiert wird. Stattdessen werden die Fondsvolumina durch eine exogene Nachfragefunktion approximiert, deren Eigenschaften empirisch gerechtfertigt sind. In Abschnitt 5.2 werden anschließend die Erlöse und Kosten regelmäßiger Portfoliooffenlegungen diskutiert. Die optimalen Anlagestrate-

[5] Indirekte Transaktionskosten entstehen dadurch, daß Fonds bei imperfekter Liquidität ein Kurszugeständnis machen müssen, um die Aktien handeln zu können.

gien der Fonds werden dann in Abschnitt 5.3 hergeleitet. Hier zeigt sich, daß das optimale Anlageverhalten eines Fondsmanagers nun auch vom Anlageverhalten des jeweiligen Wettbewerbers abhängt. Im Anschluß daran werden in Abschnitt 5.4 die für die Kapitalgeber der beiden Fonds jeweils optimalen Offenlegungspolitiken bestimmt. Abschnitt 5.5 schließt das Kapitel mit einem kurzen Zwischenfazit ab.

5.1 Modifizierte Modellannahmen

In diesem Abschnitt wird zunächst das Kapitalmarktmodell aus Kapitel 2 zur Analyse optimaler Offenlegungspolitiken für Investmentfonds modifiziert. Die Modellannahmen in diesem Kapitel unterscheiden sich in drei wesentlichen Punkten vom Grundmodell in Kapitel 2: Anders als im Grundmodell ist das Ausmaß an Portfoliooffenlegung nun nicht mehr exogen, sondern es wird optimal von den Fonds festgelegt. Neben dem informierten Fonds gibt es jetzt zusätzlich einen uninformierten Fonds, der das Portfoliosignal des informierten Fonds beobachtet und für seine eigene Portfolioselektion nutzt. Desweiteren sind die Aktien nicht mehr perfekt liquide. Transaktionswünsche erfordern Kurszugeständnisse, deren Höhe von der aggregierten Aktiennachfrage abhängt. Aus Gründen einer in sich geschlossenen Darstellung werden die wesentlichen Annahmen aus Kapitel 2 an dieser Stelle nochmals aufgegriffen.

5.1.1 Wertpapiere

Auf dem Kapitalmarkt werden eine Aktie ($N = 1$) und eine risikolose Anleihe gehandelt. Die Verzinsung der risikolosen Anleihe ist weiterhin auf Null normiert. Die risikobehaftete Rendite der Aktie $\tilde{R}$ besteht aus drei Komponenten:

$$\tilde{R} = \mu + \tilde{s} + \tilde{\gamma} \tag{5.1}$$

μ ist wiederum konstant, $\tilde{s}$ und $\tilde{\gamma}$ sind zwei unabhängig normalverteilte Zufallsvariablen mit unbedingtem Erwartungswert von Null und Varianz σ_s^2 beziehungsweise σ_γ^2. Die Aktienrendite $\tilde{R}$ ist daher ebenfalls normalverteilt mit unbedingtem Erwartungswert μ und Varianz $\sigma^2 = \sigma_s^2 + \sigma_\gamma^2$.

Die Aktienrendite ist weiterhin exogen. Das Kapitalmarktmodell ist daher ein partielles Gleichgewichtsmodell; ein permanenter Preiseinfluß der Transaktionen von Fonds ist im Modell weiterhin ausgeschlossen.[6] Anders als in Kapitel 2 ist die Aktie nun je-

6 Im Falle eines permanenten Preiseinflusses spiegelt der Aktienkurs neben öffentlichen Informationen zusätzlich einen Teil der aggregierten privaten Informationen wider. Ein Fondsmanager gibt dann schon allein dadurch, daß er sein Portfolio an die Ausprägung seines privaten Informationssignals anpaßt, einen Teil seiner Informationen preis. Eine derartige transaktionsbedingte Offenlegung muß

doch nicht mehr perfekt liquide. Kauforders sind nur mit einem temporären Aufschlag auf den Gleichgewichtskurs, Verkaufsorders nur unter Inkaufnahme eines Kursabschlags plazierbar. Die Höhe des Kurszugeständnisses hängt annahmegemäß vom aggregierten wertmäßigen Transaktionsvolumen $\tilde{T}$ der Aktie ab. Diese Annahme basiert auf der Vorstellung, daß sämtliche Orders zum Grenzpreis abgerechnet werden.[7] Unterstellt man eine lineare Kostenfunktion, so gilt für die indirekten Transaktionskosten eines Fonds j:[8]

$$C_j = \mathrm{E}\big[c(\tilde{T})\,\tilde{T}_j\big] \tag{5.2}$$

$\tilde{T}_j$ gibt das wertmäßige Transaktionsvolumen von Fonds j und $c(\tilde{T})$ die Grenzkosten der Transaktion an. In Bezug auf die Grenzkosten $c(\tilde{T})$ wird ferner unterstellt, daß die Höhe des erforderlichen Kurszugeständnisses linear mit zunehmendem aggregierten Transaktionsvolumen $\tilde{T}$ steigt:

$$c(\tilde{T}) = c\tilde{T} = c\sum_j \tilde{T}_j \tag{5.3}$$

Die Höhe der Grenzkosten ist nach Gleichung (5.3) für alle Fonds identisch. Sie hängt neben dem aggregierten Transaktionsvolumen $\tilde{T}$ vom Liquiditätsparameter c der Aktie ab. Je größer c ist, desto weniger liquide ist die Aktie und desto höher sind die Grenzkosten für ein gegebenes aggregiertes Transaktionsvolumen.

5.1.2 Akteure

Es gibt zwei Fondsmanager $j = k, l$ und zwei Kapitalgeber $h = k, l$. Fondsmanager haben direkten Kapitalmarktzutritt. Sie bieten den Kapitalgebern delegiertes Portfoliomanagement in Form von Investmentfonds an.[9] Die Kapitalgeber ihrerseits haben anders als in

---

der Fonds bei der Festlegung der Offenlegungspolitik berücksichtigen. Der Fonds kann weiterhin die optimale Offenlegungspolitik erreichen, solange das Ausmaß an transaktionsbedingter Offenlegung das optimale Ausmaß an Portfoliooffenlegung nicht übersteigt. Zur Portfolioselektion und Performancemessung in Modellen mit permanentem Preiseinfluß (Noisy Rational Expectations Equilibrium Models) vgl. Admati (1983), (1985) sowie Admati und Ross (1985). Einen Überblick über die Literatur zur transaktionsbedingten Offenlegung von privaten Informationen gibt Verrecchia (2001).

[7] Der Grenzpreis ist der Preis der letzten gehandelten Einheit. Besteht das Orderbuch zum Beispiel aus zwei Verkaufsorders von je 100 Stück mit Kurslimit von 100 beziehungsweise 105, so wird eine Marktorder zum Kauf von 200 Stücken bei Abrechnung zum Grenzpreis einheitlich zu 105 zugeteilt. Davon zu unterscheiden ist die Abrechnung entlang der Nachfragekurve. Bei einer Abrechnung entlang der Nachfragekurve werden die ersten 100 Aktien zu einem Kurs von 100 und die restlichen 100 Aktien zu einem Kurs von 105 durch die Marktorder abgeräumt.

[8] Nach Gleichung (5.2) werden die indirekten Transaktionskosten genaugenommen durch die erwarteten Transaktionskosten approximiert. Diese Annahme blendet Risiken in Bezug auf die Höhe der Transaktionskosten für die weitere Analyse aus. Sie dient der Herleitung analytischer Lösungen für die optimalen Fondsportfolios.

[9] Die fixe Managementgebühr wird ohne Beschränkung der Allgemeinheit auf $f = 0$ normiert. Die Annahme einer positiven Managementgebühr $f > 0$ hat aufgrund der konstanten Form keine Aus-

Kapitel 2 keinen direkten Kapitalmarktzutritt.[10] Kapitalgeber k kann lediglich in Fonds k und die risikolose Anleihe, Kapitalgeber l lediglich in Fonds l und die risikolose Anleihe investieren.[11] Beide Kapitalgeber sind risikoavers, haben eine identische Risikoaversion λ, bilden homogene Erwartungen und orientieren sich im Rahmen ihrer Anlageentscheidung -wie auch im Grundmodell aus Kapitel 2- an Erwartungswert und Varianz ihrer Portfoliorendite.[12] Die Anlageentscheidung der Kapitalgeber wird im Modell nicht explizit analysiert, sondern vereinfachend durch eine exogene Nachfragefunktion abgebildet.[13] In Bezug auf die Nachfrage der Kapitalgeber nach dem ihnen offenstehenden Fonds wird dabei unterstellt, daß diese umso größer ist, je mehr bewertungsrelevante Informationen der jeweilige Fondsmanager besitzt. Die exakte Modellierung der Nachfragefunktionen der Kapitalgeber erfolgt in Abschnitt 5.2.

5.1.3 Informationsstruktur

Alle Marktteilnehmer (Fondsmanager und Kapitalgeber) haben identische Ausgangsinformationen: Die unbedingte Verteilung der Aktienrendite $\tilde{R} \sim N(\mu, \sigma^2)$. Fondsmanager k erhält zudem ein privates Informationssignal $\tilde{s}$ über die Aktienrendite $\tilde{R}$. Die unbedingt erwartete Aktienrendite μ ist öffentliche Information, das Signal $\tilde{s}$ in Gleichung (5.1) ist private Information von Fondsmanager k und $\tilde{\gamma}$ ist weder den Fondsmanagern noch den Kapitalgebern bekannt.

Fondsmanager k besitzt zwar überlegene Informationen ($\sigma_s^2 > 0$), seine Informationen sind jedoch nicht perfekt ($\sigma_\gamma^2 > 0$). Für die bedingte Verteilung der Aktienrendite aus

wirkungen auf das optimale Anlageverhalten der Fondsmanager oder das optimale Offenlegungsverhalten der Fonds.

10 Die Annahme, daß die Kapitalgeber nicht direkt in die Aktie investieren können, dient lediglich der Vereinfachung. Sie gewährleistet, daß das aggregierte Transaktionsvolumen der Aktie der Summe der Nachfragen beider Fonds entspricht. Edelen (1996) rechtfertigt eine solche Annahme durch positive Skalenerträge auf Fondsebene, die beispielsweise durch höhere Transaktionskosten im Falle einer Direktanlage durch die Kapitalgeber oder durch beschränkte Diversifikationsmöglichkeiten für Kapitalgeber mit geringen Vermögen entstehen können. Im letztgenannten Fall stellt die Aktie ein auf Basis öffentlicher Informationen wohldiversifiziertes Portfolio dar, welches nur Fonds ab einem bestimmten Anlagevolumen erreichen können. In einer aktuellen Studie zum amerikanischen Fondsmarkt finden Chen, Hong, Huang und Kubik (2004) jedoch zumindest für Fonds mit vergleichsweise großen Fondsvolumina Evidenz für negative Skalenerträge auf Fondsebene.

11 Die Annahme, daß die Kapitalgeber jeweils nur in einen der beiden Fonds investieren können, stellt die sparsamste Modellierung dar. Sie gewährleistet zum einen, daß beide Fonds Gelder erhalten. Sie erlaubt zum anderen, Transaktionskosteneffekte von Diversifikationseffekten zu separieren, die grundsätzlich entstehen, wenn Kapitalanleger in mehrere Fonds investieren können. In der Realität kann man sich beispielsweise vorstellen, daß Fonds k bereits geschlossen ist oder daß Mindestanlagebestimmungen Kapitalgeber l daran hindern, in den besseren Fonds k zu investieren.

12 Die Annahme einer identischen Risikoaversion λ dient lediglich der Vereinfachung. Eine unterschiedliche Risikoaversion führt zu komplizierteren Lösungen für die gleichgewichtigen Anlagestrategien der Fonds, ohne dabei Erkenntnisgewinne zu liefern.

13 Die explizite Modellierung der Anlageentscheidungen der Kapitalgeber erhöht die Komplexität des Modells erheblich, ohne dabei nennenswerte Erkenntnisgewinne zu liefern.

Sicht von Fondsmanager k gilt:

$$\tilde{R}|s \sim N\left(\mu + s, \sigma_\gamma^2\right) \tag{5.4}$$

Fondsmanager k veröffentlicht ein Portfoliosignal $\tilde{x}_k$ über seine Anlagestrategie $w(\tilde{s})$. Da die Anlagestrategie von Fondsmanager k dessen private Informationen widerspiegelt, ist das Portfoliosignal $\tilde{x}_k$ letztlich wiederum ein Signal $\mathrm{E}\left[\tilde{s}|\tilde{x}_k\right]$ über die bewertungsrelevanten Informationen $\tilde{s}$ des Fondsmanagers. Die Stärke R_k^2 des Portfoliosignals mißt den Anteil der bewertungsrelevanten Informationen $\tilde{s}$, der durch $\tilde{x}_k$ prognostiziert werden kann: $R_k^2 = 1 - \mathrm{var}(\tilde{s}|x_k)/\sigma_s^2$.

Fondsmanager l hingegen hat keine eigenen privaten Informationen.[14] Er beobachtet aber das Portfoliosignal $\tilde{x}_k$ von Fonds k und nutzt dieses im Rahmen seiner Portfolioselektion. Aus diesem Grund ist es wichtig, zwischen den privaten und den zur Portfolioselektion verfügbaren Informationen von Fondsmanager l zu unterscheiden.[15] Die zur Portfolioselektion verfügbaren Informationen $\tilde{\tau}_l$ von Fondsmanager l hängen von der Qualität der privaten Informationen, σ_s^2, und der Stärke des Portfoliosignals, R_k^2, des informierten Fondsmanagers k ab. Sie entsprechen den bedingt auf das Portfoliosignal $\tilde{x}_k$ erwarteten Informationen von Fondsmanager k und werden ebenfalls als normalverteilt unterstellt:

$$\tilde{\tau}_l = \mathrm{E}\left[\tilde{s}|\tilde{x}_k\right] \sim N\left(0, R_k^2\sigma_s^2\right) \tag{5.5}$$

Für die Verteilung der Aktienrendite $\tilde{R}$ aus Sicht des uninformierten Fondsmanagers l gilt daher:[16]

$$\tilde{R}|\tau_l \sim N\left(\mu + \mathrm{E}\left[\tilde{s}|x_k\right], \sigma^2 - R_k^2\sigma_s^2\right) \tag{5.6}$$

Auch Fondsmanager l veröffentlicht seinen Kapitalgebern ein Portfoliosignal $\tilde{x}_l$ über seine Anlagestrategie $w(\tilde{\tau}_l)$. Die Stärke des Portfoliosignals von Fonds l wird mit $R_l^2 = 1 - \mathrm{var}\left(\tilde{\tau}_l|x_l\right)/\mathrm{var}\left(\tilde{\tau}_l\right)$ bezeichnet.

Die Kapitalgeber besitzen ebenfalls keine eigenen privaten Informationen. Sie erhalten aber die Portfoliosignale beider Fonds $\tilde{x} = \left(\tilde{x}_k, \tilde{x}_l\right)'$. Da Fondsmanager l keine ei-

---

14 Die Annahme, daß Fondsmanager l keine eigenen privaten Informationen besitzt, dient lediglich der Vereinfachung der Darstellung. Äquivalent könnte man auch annehmen, daß es nur einen Fonds k gibt und daß Kapitalgeber l sein Vermögen unter Verwendung des Portfoliosignals $\tilde{x}_k$ von Fonds k direkt am Kapitalmarkt investiert.

15 Im Falle von Fondsmanager k ist eine derartige Unterscheidung nicht notwendig, da nur Fondsmanager k private Informationen besitzt. Daher entsprechen die verfügbaren Informationen im Falle von Fonds k den privaten Informationen des Fondsmanagers: $\tilde{\tau}_k = \tilde{s}$.

16 Da sowohl $\tilde{R}$ als auch $\mathrm{E}[\tilde{R}|\tilde{x}_k] = \mu + \mathrm{E}[\tilde{s}|\tilde{x}_k]$ normalverteilt sind, ist $\tilde{R}$ bedingt auf x_k ebenfalls normalverteilt mit Erwartungswert $\mathrm{E}[\tilde{R}|x_k] = \mu + \mathrm{E}[\tilde{s}|x_k]$ und Varianz $\mathrm{var}(\tilde{R}|x_k) = \sigma_\gamma^2 + \mathrm{var}(\tilde{s}|x_k) = \sigma^2 - R_k^2\sigma_s^2$.

genen privaten Informationen besitzt, beinhaltet das Portfoliosignal $\tilde{x}_l$ von Fonds l im Vergleich zum Portfoliosignal $\tilde{x}_k$ von Fonds k keine zusätzlichen bewertungsrelevanten Informationen. Daher kann zur Bestimmung der bedingten Verteilung der Aktienrendite aus Sicht der Kapitalgeber anstatt auf $\tilde{x} = (\tilde{x}_k, \tilde{x}_l)'$ einfach auf $\tilde{x}_k$ konditioniert werden. Für die bedingt auf das Portfoliosignal x der Kapitalgeber erwartete Aktienrendite gilt: $\mathrm{E}[\tilde{R}|x] = \mathrm{E}[\tilde{R}|x_k] = \mu + \mathrm{E}[\tilde{s}|x_k]$. Die bedingte Varianz der Aktienrendite aus Sicht der Kapitalgeber lautet: $\mathrm{var}(\tilde{R}|x) = \mathrm{var}(\tilde{R}|x_k) = \sigma^2 - R_k^2\sigma_s^2$. Die Verteilung der Aktienrendite $\tilde{R}$ aus Sicht der Kapitalgeber entspricht daher der bedingten Aktienrenditeverteilung des uninformierten Fondsmanagers l nach Gleichung (5.6).

5.1.4 Zeitstruktur

Obwohl das Modell einperiodig ist und keine Wiederanlagemöglichkeit vorsieht, läßt es sich gedanklich in fünf Zeitstufen unterteilen. Auf der ersten Stufe legen die beiden Fonds $j = k, l$ zunächst ihre Offenlegungspolitiken $\tilde{x}_j$ fest. Die Wahl der Offenlegungspolitik besteht im Modell darin, den Anteil R_j^2 der privaten Informationen des Fondsmanagers zu bestimmen, den das Portfoliosignal $\tilde{x}_j$ an die Kapitalgeber erklärt. Ein größerer Wert für R_j^2 kennzeichnet ein stärkeres Portfoliosignal. Auf der zweiten Stufe wählen die beiden Fondsmanager anschließend das vor dem Hintergrund der Offenlegungspolitiken beider Fonds optimale Fondsportfolio entsprechend dem Vorgehen aus Kapitel 3.[17] Auf Stufe 3 entscheiden die Kapitalgeber dann über eine Anlage in die Fonds. Dabei orientieren sie sich an der Performance der Fonds vor dem Hintergrund der gewählten Offenlegungspolitiken. Auf der vierten Stufe fixieren die Fondsmanager ihre Fondsportfolios entsprechend den auf der zweiten Stufe festgelegten Anlagestrategien, den realisierten Signalen sowie den Fondsvolumina und geben den Kapitalgebern das vereinbarte Portfoliosignal bekannt.[18] Auf der fünften Stufe wird die Aktienrendite R öffentlich und die Kapitalgeber werden ausbezahlt.

---

[17] Grundsätzlich ist es optimal, die Offenlegungspolitik und die Anlagestrategie simultan zu optimieren. Das zweistufige Vorgehen besitzt jedoch zwei entscheidende Vorteile: Es erlaubt einerseits weiterhin die Herleitung analytischer Lösungen für die optimalen Anlagestrategien beider Fonds. Andererseits legen Fondsgesellschaften empirisch in der Regel eine einheitliche Offenlegungspolitik für alle ihre Fonds fest, siehe Ge und Zheng (2005). Die hier gewählte zweistufige Optimierung orientiert sich somit näher an den Entscheidungsstrukturen der Praxis als eine Simultanoptimierung.

[18] Die Bekanntgabe der Portfoliosignale und die Fixierung der Anlagestrategien erfolgt simultan. Der uninformierte Fondsmanager l kann daher das Portfoliosignal $\tilde{x}_k$ von Fonds k für seine Portfolioselektion nutzen. In der Realität teilen Fonds größere Transaktionen üblicherweise über einen längeren Zeitraum auf mehrere kleinere Handelspakete auf. Die Annahme stellt somit eine gute Approximation der empirischen Informationsstrukturen des Fondssegments dar. Sie ermöglicht eine realitätsnahe Analyse der Portfolioselektion und des Offenlegungsverhaltens von Fonds in einem einperiodigen Modellkontext.

5.2 Erlöse und Kosten einer Portfoliooffenlegung

Die Erlöse der Kapitalgeber aus einem stärkeren Portfoliosignal wurden bereits in Kapitel 4 ausführlich diskutiert. Ein stärkeres Portfoliosignal reduziert das Managementrisiko, das den Kapitalgebern aus der Delegation der Portfolioselektion an einen Fondsmanager entsteht. Es ermöglicht den Kapitalgebern, von den Nettoänderungen der veröffentlichten Portfoliopositionen auf einen Teil der bewertungsrelevanten Informationen des Fondsmanagers zu schließen. Ein stärkeres Portfoliosignal reduziert daher für eine gegebene erwartete Fondsrendite das aus Sicht der Kapitalgeber mit einer Fondsinvestition verbundene Risiko. Es verbessert ceteris paribus die risikoadjustierte Performance ihrer Fondsanlage.

Den Erlösen stehen jedoch auf nicht perfekt liquiden Kapitalmärkten auch Publizitätskosten gegenüber. Im Rahmen des Modells entstehen Publizitätskosten dadurch, daß neben den Kapitalgebern auch andere Fondsmanager die veröffentlichten Portfoliopositionen beobachten und so auf einen Teil der privaten Informationen des Fondsmanagers schließen können. Herdenverhalten des uninformierten Fonds führt zu einem höheren aggregierten Transaktionsvolumen und infolgedessen auch zu einem höheren temporären Preiseinfluß der Transaktionen des informierten Fonds. Die höheren indirekten Transaktionskosten reduzieren ceteris paribus die Performance der aktiven Anlagestrategie des informierten Fondsmanagers.

In dem hier betrachteten einperiodigen Portfoliomodell entsprechen die Transaktionsvolumina beider Fonds jeweils der Summe der Transaktionsvolumina bei Aufbau und Liquidation ihrer Aktienposition am Anfang und zum Ende der Anlageperiode. Das (wertmäßige) Transaktionsvolumen $\tilde{T}_j$ von Fonds $j = k, l$ bei Aufbau der Position wird durch das Gewicht $w(\tilde{\tau}_j, \tilde{x})$ der Aktie im Fondsportfolio und das Fondsvolumen Vol_j determiniert:[19]

$$\tilde{T}_j \;=\; w(\tilde{\tau}_j, \tilde{x}) Vol_j \tag{5.7}$$

Ein positives Transaktionsvolumen $T_j > 0$ kennzeichnet eine Kauforder, ein negatives Transaktionsvolumen $T_j < 0$ eine Verkaufsorder von Fonds j.

Bei der Bestimmung der Transaktionskosten werden zur Vereinfachung nur die Transaktionsvolumina bei Aufbau der Fondsportfolios (5.7) berücksichtigt.[20] Unter Berücksich-

---

[19] Diese Annahme ist in einem mehrperiodigen Kontext gleichbedeutend mit der Annahme, daß die Fonds im Ausgangszustand sämtliches Vermögen in Barmitteln halten. Alternativ könnte man stattdessen auch eine „repräsentative" Periode betrachten und zur Berechnung der Transaktionsvolumina unterstellen, daß Fonds im Ausgangszustand entsprechend ihres erwarteten Aktiengewichts $\mathrm{E}[w(\tilde{\tau}_j, \tilde{x})]$ in der Aktie investiert sind. Man erhält für das Transaktionsvolumen von Fonds j dann $\tilde{T}_j = \left(w(\tilde{\tau}_j, \tilde{x}) - \mathrm{E}[w(\tilde{\tau}_j, \tilde{x})]\right) Vol_j$, und an die Stelle der unzentrierten Momente treten in Gleichung (5.9) die entsprechenden zentrierten Momente. Eine solche Annahme führt zu deutlich komplizierteren Ausdrücken für das optimale Fondsportfolio, ohne qualitativ Erkenntnisgewinne zu liefern.

[20] Unter der Voraussetzung, daß die Aktienrendite $\tilde{R}$ hinreichend klein ist, entsprechen sich die Trans-

tigung der Annahmen (5.2) und (5.3) an die Kostenfunktionen gilt unter dieser Voraussetzung für die indirekten Transaktionskosten der Fonds $j, -j = k, l$:

$$\begin{aligned} C_j &= c\,\mathrm{E}\Big[(\tilde{T}_j + \tilde{T}_{-j})\tilde{T}_j\Big] \\ &= c\Big\{\mathrm{E}\Big[w(\tilde{\tau}_j, \tilde{x})^2\Big]\, Vol_j^2 + \mathrm{E}\Big[w(\tilde{\tau}_j, \tilde{x})w(\tilde{\tau}_{-j}, \tilde{x})\Big] Vol_{-j} Vol_j\Big\} \end{aligned} \quad (5.8)$$

Nach Gleichung (5.8) bestimmen die Transaktionsvolumina beider Fonds die Höhe der Transaktionskosten. Die Transaktionskosten sind umso höher, je stärker die Fonds handeln, gemessen durch die jeweilige unzentrierte Varianz des Aktiengewichts, $\mathrm{E}\big[w(\tilde{\tau}_j, \tilde{x})^2\big]$. Gleichgerichtetes Handeln beider Fonds, $\mathrm{E}\big[w(\tilde{\tau}_j, \tilde{x})w(\tilde{\tau}_{-j}, \tilde{x})\big] > 0$, und höhere Fondsvolumina Vol_j sowie Vol_{-j} verschärfen dieses Problem.

Für die weitere Modellierung bietet es sich an, die Transaktionskosten (5.8) der Fonds j als eine Funktion der relativen Nachfrage Vol_{-j}/Vol_j darzustellen:

$$C_j = c\, Vol_j^2 \Big\{\mathrm{E}\Big[w(\tilde{\tau}_j, \tilde{x})^2\Big] + \mathrm{E}\Big[w(\tilde{\tau}_j, \tilde{x})w(\tilde{\tau}_{-j}, \tilde{x})\Big]\frac{Vol_{-j}}{Vol_j}\Big\} \quad (5.9)$$

Die relative Nachfrage nach dem uninformierten Fonds, $g = Vol_l/Vol_k$, hängt aufgrund der Annahmen an das Anlageverhalten der Kapitalgeber positiv von den Fähigkeiten $R_k^2\sigma_s^2$ von Fondsmanager l und negativ von den Fähigkeiten σ_s^2 von Fondsmanager k ab. Wird vereinfachend unterstellt, daß die relative Nachfrage lediglich vom Verhältnis der Fähigkeiten beider Fondsmanager abhängt, so erhält man für die funktionale Form der relativen Nachfrage nach Fonds l:[21]

$$\frac{Vol_l}{Vol_k} = g\left(\frac{R_k^2\sigma_s^2}{\sigma_s^2}\right) = g\big(R_k^2\big) \quad (5.10)$$

Die relative Nachfrage nach Fonds l ist nach Gleichung (5.10) eine Funktion der Stärke R_k^2 des Portfoliosignals durch Fonds k. Ein stärkeres Portfoliosignal reduziert den Informationsvorsprung des informierten Fondsmanagers k gegenüber dem uninformierten Fondsmanager l. Die relative Nachfrage nach Fonds l (5.10) ist daher umso größer, je stärker das Portfoliosignal durch Fonds k ist.

---

aktionsvolumina bei Aufbau $\tilde{T}_j$ und Liquidation des Fondsportfolios $\tilde{T}_j^L$ approximativ: $\tilde{T}_j^L \simeq -\tilde{T}_j$. In diesem Fall kann ohne Beschränkung der Allgemeinheit anstatt des gesamten Transaktionsvolumens $\tilde{T}_j - \tilde{T}_j^L \simeq 2\tilde{T}_j$ nur das Transaktionsvolumen bei Aufbau der Position $\tilde{T}_j$ betrachtet werden. Genaugenommen gilt für die beiden Transaktionsvolumina der Zusammenhang: $\tilde{T}_j^L = -\tilde{T}_j(1 + \tilde{R})$. Die Arbeit abstrahiert daher bei der Bestimmung der Transaktionskosten zur Vereinfachung von Zinseffekten.

21 Bei optimalem Anlageverhalten der Fondsmanager führen zusätzliche Informationen, wie in Kapitel 4 gezeigt, zu einer besseren Performance. R_k^2 ist somit ein Indikator für die Performance von Fonds l in Relation zur Performance von Fonds k.

Berücksichtigt man die relative Nachfrage (5.10) bei der Bestimmung der Transaktionskosten (5.9), so resultiert für die prozentualen Transaktionskosten der beiden Fonds:

$$c_k = \frac{C_k}{Vol_k} = c\,Vol_k \left\{ \mathrm{E}\left[w(\tilde{s},\tilde{x})^2\right] + \mathrm{E}\left[w(\tilde{s},\tilde{x})w(\tilde{\tau}_l,\tilde{x})\right] g\left(R_k^2\right) \right\} \tag{5.11}$$

$$c_l = \frac{C_l}{Vol_l} = cg\left(R_k^2\right) Vol_k \left\{ \mathrm{E}\left[w(\tilde{\tau}_l,\tilde{x})^2\right] + \mathrm{E}\left[w(\tilde{s},\tilde{x})w(\tilde{\tau}_l,\tilde{x})\right] \frac{1}{g\left(R_k^2\right)} \right\} \tag{5.12}$$

Ohne Beschränkung der Allgemeinheit wird für die weitere Analyse das von Fonds k verwaltete Vermögen Vol_k auf Eins normiert.[22]

Zusammenfassend bleibt festzuhalten, daß zusätzliche Portfoliooffenlegungen auf begrenzt liquiden Kapitalmärkten neben Erlösen auch zu höheren indirekten Transaktionskosten führen. Die Höhe der Transaktionskosten hängt im Modell sowohl vom Anlageverhalten des Fonds selbst als auch vom Anlageverhalten des jeweils anderen Fonds ab.

5.3 Optimales Anlageverhalten der Fonds

Da die indirekten Transaktionskosten der Fonds auch vom Anlageverhalten des jeweiligen Wettbewerbers abhängen, müssen die Fondsmanager im Rahmen ihrer Portfolioselektion nun zusätzlich berücksichtigen, welche Auswirkungen das Anlageverhalten ihres Wettbewerbers auf den Erwartungsnutzen ihrer Kapitalgeber hat. Zwischen den beiden Fonds besteht im Rahmen der Portfolioselektion strategische Interaktion. Das optimale Anlageverhalten der Fonds hängt über die Höhe der Transaktionskosten vom erwarteten Anlageverhalten des jeweiligen Wettbewerbers ab.

In Abschnitt 5.3.1 und 5.3.2 werden zunächst für ein gegebenes Anlageverhalten des jeweiligen Wettbewerbers die optimalen Anlagestrategien der beiden Fonds hergeleitet. In Abschnitt 5.3.3 wird anschließend das Anlageverhalten beider Fonds im Nash-Gleichgewicht analysiert. Es handelt sich hierbei um eine partielle Gleichgewichtsanalyse, da zum einen das Anlageverhalten der Kapitalgeber nicht explizit modelliert wird und da zum anderen die Aktienrendite im Modell exogen ist.

5.3.1 Portfolioselektion des informierten Fonds k

In diesem Abschnitt wird zunächst analog zu Kapitel 3 die optimale Anlagestrategie des informierten Fondsmanagers k hergeleitet. Die wesentliche Komplikation besteht nun darin, daß die optimale Anlagestrategie über die Höhe der Transaktionskosten auch vom Anlageverhalten des uninformierten Managers l abhängt.

---

[22] Diese Normierung beschränkt die Allgemeinheit der Ergebnisse nicht, da die Qualität der bewertungsrelevanten Informationen von Fonds k, σ_s^2, und somit auch die Nachfrage von Kapitalgeber k nicht von den Offenlegungspolitiken der beiden Fonds abhängen.

Fondsmanager k wählt das Fondsportfolio wiederum derart, daß es unter Berücksichtigung seiner privaten Informationen $\tilde{r}_k = \tilde{s}$ und der Offenlegungspolitik beider Fonds den Erwartungsnutzen (2.6) seines Kapitalgebers maximiert. Die Fondsrendite $\tilde{R}_k$ entspricht dabei der Nettorendite für den Kapitalgeber; diese ergibt sich mit $f = 0$ aus der Bruttorendite $w(\tilde{s}, \tilde{x})\big(\mu + \tilde{s} + \tilde{\gamma}\big)$ durch Abzug der Transaktionskosten c_k nach Gleichung (5.11) mit $Vol_k = 1$. Sie beläuft sich für ein gegebenes Anlageverhalten $\tilde{w}_l$ von Fonds l auf:

$$\tilde{R}_k = w(\tilde{s}, \tilde{x})\big(\mu + \tilde{s} + \tilde{\gamma}\big) - c\left\{\mathrm{E}\Big[w(\tilde{s}, \tilde{x})^2\Big] + \mathrm{E}\Big[w(\tilde{s}, \tilde{x})\tilde{w}_l\Big]g\big(R_k^2\big)\right\} \tag{5.13}$$

Eingesetzt in den Erwartungsnutzen des Kapitalgebers (2.6) ergibt sich für das Optimierungsproblem von Fondsmanager k im Rahmen der Portfolioselektion:

$$\begin{aligned}\Phi_k = {} & \mathrm{E}\Big[w(\tilde{s}, \tilde{x})\big(\mu + \tilde{s}\big)\Big] - c\left\{\mathrm{E}\Big[w(\tilde{s}, \tilde{x})^2\Big] + \mathrm{E}\Big[w(\tilde{s}, \tilde{x})\tilde{w}_l\Big]g\big(R_k^2\big)\right\} \\ & -\frac{\lambda}{2}\left\{\mathrm{E}\Big[w(\tilde{s}, \tilde{x})^2\Big]\sigma_\gamma^2 + \mathrm{E}\Big[\mathrm{var}\Big(w(\tilde{s}, \tilde{x})\big(\mu + \tilde{s}\big)\,|\tilde{x}\Big)\Big]\right\}\end{aligned} \tag{5.14}$$

Aufgabe des Fondsmanagers ist es, diejenige Anlagestrategie w zu entwerfen, die einerseits seine privaten Informationen $\tilde{s}$ nutzt, andererseits aber für ein gegebenes Anlageverhalten $\tilde{w}_l$ von Fonds l den Erwartungsnutzen (5.14) seines Kapitalgebers maximiert, der nur die Portfoliosignale $\tilde{x} = \big(\tilde{x}_k, \tilde{x}_l\big)'$ der beiden Fonds erhält. Der zentrale Unterschied im Vergleich zu Kapitel 3 liegt nun darin, daß der Erwartungsnutzen des Kapitalgebers über die Höhe der Transaktionskosten sowohl von der Anlagestrategie w des Fondsmanagers als auch vom Anlageverhalten $\tilde{w}_l$ des Wettbewerbers abhängt.

Die Bedingung erster Ordnung für das optimale Portfolio $w^\star(\tilde{s}, \tilde{x})$ von Fonds k wird in Anhang A.9 hergeleitet. Bezeichne $\overline{w}_l = \mathrm{E}\big[\tilde{w}_l|\tilde{s}, \tilde{x}\big]$ das aus Sicht von Fondsmanager k erwartete Aktiengewicht von Fonds l, so läßt sich die Bedingung erster Ordnung wie folgt darstellen:

$$\begin{aligned}\mu + \tilde{s} = {} & \lambda\left\{\sigma_\gamma^2 w^\star(\tilde{s}, \tilde{x}) + \big(\mu + \tilde{s}\big)\Big(w^\star(\tilde{s}, \tilde{x})\big(\mu + \tilde{s}\big) - \mathrm{E}\big[\tilde{R}_k^\star|\tilde{x}\big]\Big)\right\} \\ & +c\left\{2w^\star(\tilde{s}, \tilde{x}) + g\big(R_k^2\big)\overline{w}_l\right\}\end{aligned} \tag{5.15}$$

Der Fondsmanager wählt das Fondsportfolio $w^\star(\tilde{s}, \tilde{x})$ wiederum so, daß die Grenzerlöse eines höheren Aktiengewichts, $\mu + s$, für jede Ausprägung seines Informationssignals s und der Portfoliosignale x beider Fonds den mit einem höheren Aktiengewicht verbundenen Grenzkosten entsprechen. Die Grenzkosten bestehen nach Gleichung (5.15) nun aus drei Komponenten. Neben die Grenzkosten für das Aktienrisiko, $\lambda\sigma_\gamma^2 w^\star(s, x)$, und die Grenzkosten für das Managementrisiko, $\lambda\big(\mu + s\big)\big\{w^\star(s, x)\big(\mu + s\big) - \mathrm{E}\big[\tilde{R}_k|x\big]\big\}$, tritt zusätzlich noch eine dritte Grenzkostenkomponente: $c\big\{2w^\star(s, x) + g\big(R_k^2\big)\overline{w}_l\big\}$. Diese erfaßt die Grenzkosten des Kurszugeständnisses, welches der Fondsmanager auf begrenzt liquiden Aktienmärkten einräumen muß, um sein Portfolio an die Ausprägung seines Informationssignals s anpassen zu können. Die zusätzliche Grenzkostenkomponente ist nach Gleichung (5.15) ceteris paribus umso größer, je weniger liquide die Aktie (größeres c), je größer die relative Nachfrage $g(R_k^2)$ nach Fonds l, je höher das Aktiengewicht $w^\star(s,x)$ im Portfolio von Fonds k und je höher das erwartete Aktiengewicht $\overline{w}_l$ im Portfolio von Fonds l ist.

Die Vorgehensweise bei der Lösung der Bedingung erster Ordnung (5.15) entspricht exakt dem Vorgehen in Kapitel 3. Wird zunächst unter Verwendung von Gleichung (5.15) die vor Kosten bei optimalem Anlageverhalten von Fondsmanager k erwartete Fondsrendite $\mathrm{E}[\tilde{R}_k^\star|\tilde{x}]$ gebildet und diese anschließend für $\mathrm{E}[\tilde{R}_k^\star|\tilde{x}]$ in Gleichung (5.15) eingesetzt, so resultiert als Lösung für das optimale Portfolio des informierten Fonds k:[23]

$$w^\star(\tilde{s},\tilde{x}) = \frac{\psi(\tilde{s})}{\mathrm{E}[\psi(\tilde{s})|\tilde{x}]}\,\frac{(\mu+\tilde{s})\left\{1-cg(R_k^2)\overline{w}_l\frac{\lambda\mathrm{E}[(\mu+\tilde{s})\psi(\tilde{s})|\tilde{x}]}{\lambda\sigma_\gamma^2+2c}\right\}-cg(R_k^2)\overline{w}_l\mathrm{E}[\psi(\tilde{s})|\tilde{x}]}{\lambda\sigma_\gamma^2+2c} \tag{5.16}$$

$$\psi(\tilde{s}) = \frac{\lambda\sigma_\gamma^2+2c}{\lambda\left\{(\mu+\tilde{s})^2+\sigma_\gamma^2\right\}+2c} \tag{5.17}$$

Das optimale Portfolio des informierten Fonds k hängt, wie bereits in Kapitel 3, neben den privaten Informationen $\tilde{s}$ des Fondsmanagers auch von den Portfoliosignalen $\tilde{x}=(\tilde{x}_k,\tilde{x}_l)'$ der Kapitalgeber beider Fonds ab. Es ist in seiner Struktur aber deutlich komplizierter als das im Falle einer perfekt liquiden Aktie optimale Fondsportfolio (3.17)–(3.18): Da die Höhe der indirekten Transaktionskosten für Fonds k vom Anlageverhalten von Fonds l abhängt, ist auch das optimale Fondsportfolio (5.16)–(5.17) eine Funktion des aus Sicht von Fondsmanager k erwarteten Aktiengewichts $\overline{w}_l$ von Fonds l. Weitere Determinanten des optimalen Fondsportfolios sind die Liquidität c der Aktie und die relative Nachfrage $g(R_k^2)$ der Kapitalgeber nach Fonds l.

Wie stark Fondsmanager k im Optimum auf seine privaten Informationen reagiert, und ob die begrenzte Liquidität der Aktie zu einer schwächeren oder stärkeren Reaktion auf die Informationen des Fondsmanagers führt, hängt nach Gleichung (5.16) vom erwarteten Anlageverhalten $\overline{w}_l$ des uninformierten Fonds l ab. Im Spezialfall einer perfekt liquiden Aktie ($c=0$) ist das optimale Fondsportfolio (5.16)–(5.17) dagegen unabhängig vom Anlageverhalten von Fondsmanager l. Es entspricht in diesem Fall dem in Kapitel 3 hergeleiteten, ohne Transaktionskosten beziehungsweise mit fixen Transaktionskosten optimalen Fondsportfolio (3.17)–(3.18).

23 Die Gleichungen (5.16) und (5.17) werden in Anhang A.9 hergeleitet.

5.3.2 Portfolioselektion des uninformierten Fonds l

Auch Fondsmanager l wählt im Rahmen seiner Portfolioselektion diejenige Anlagestrategie, welche den Erwartungsnutzen (2.6) seines Kapitalgebers maximiert. Die Nettorendite des Kapitalgebers von Fonds l ergibt sich hierbei durch Subtraktion der indirekten Transaktionskosten (5.12) mit $Vol_k = 1$ von der Bruttorendite des Fondsportfolios $w(\tilde{\eta}_l, \tilde{x})\big(\mu + \tilde{s} + \tilde{\gamma}\big)$. Sie lautet für ein gegebenes Anlageverhalten $\tilde{w}_k$ von Fonds k:

$$\tilde{R}_l = w(\tilde{\eta}_l, \tilde{x})\big(\mu + \tilde{s} + \tilde{\gamma}\big) - c\left\{\mathrm{E}\Big[w(\tilde{\eta}_l, \tilde{x})^2\Big]g\big(R_k^2\big) + \mathrm{E}\Big[w(\tilde{\eta}_l, \tilde{x})\tilde{w}_k\Big]\right\} \tag{5.18}$$

Setzt man die Nettorendite (5.18) in den Erwartungsnutzen des Kapitalgebers (2.6) ein, so lautet das Optimierungsproblem von Fondsmanager l im Rahmen der Portfolioselektion:

$$\begin{aligned}\Phi_l &= \mathrm{E}\Big[w(\tilde{\eta}_l, \tilde{x})\big(\mu + \tilde{\eta}_l\big)\Big] - c\left\{\mathrm{E}\Big[w(\tilde{\eta}_l, \tilde{x})^2\Big]g\big(R_k^2\big) + \mathrm{E}\Big[w(\tilde{\eta}_l, \tilde{x})\tilde{w}_k\Big]\right\} \\ &\quad -\frac{\lambda}{2}\left\{\mathrm{E}\Big[w(\tilde{\eta}_l, \tilde{x})^2\Big]\big(\sigma^2 - R_k^2\sigma_s^2\big) + \mathrm{E}\Big[\mathrm{var}\Big(w(\tilde{\eta}_l, \tilde{x})\big(\mu + \tilde{\eta}_l\big)\big|\tilde{x}\Big)\Big]\right\}\end{aligned} \tag{5.19}$$

Fondsmanager l entwirft analog zu Fondsmanager k diejenige Anlagestrategie w, die einerseits seine Informationen $\tilde{\eta}_l = \mathrm{E}\big[\tilde{s}|\tilde{x}_k\big]$ nutzt und andererseits für gegebenes Anlageverhalten $\tilde{w}_k$ von Fonds k den Erwartungsnutzen seines Kapitalgebers maximiert, der die Portfoliosignale $\tilde{x} = \big(\tilde{x}_k, \tilde{x}_l\big)'$ beider Fonds erhält. Das Optimierungsproblem des Fondsmanagers (5.19) entspricht in der Struktur exakt dem Optimierungsproblem (5.14) von Fondsmanager k. Daher entspricht auch die Struktur des optimalen Fondsportfolios der Struktur des in Abschnitt 5.3.1 für Fondsmanager k hergeleiteten optimalen Fondsportfolios (5.16)–(5.17):[24]

$$w^\star(\tilde{\eta}_l, \tilde{x}) = \frac{\psi(\tilde{\eta}_l)}{\mathrm{E}\big[\psi(\tilde{\eta}_l)|\tilde{x}\big]}\,\frac{\big(\mu + \tilde{\eta}_l\big)\left\{1 - c\,\overline{w}_k\frac{\lambda\mathrm{E}[(\mu+\tilde{\eta}_l)\psi(\tilde{\eta}_l)|\tilde{x}]}{\lambda(\sigma^2 - R_k^2\sigma_s^2) + 2cg(R_k^2)}\right\} - c\,\overline{w}_k\mathrm{E}\big[\psi(\tilde{\eta}_l)|\tilde{x}\big]}{\lambda\big(\sigma^2 - R_k^2\sigma_s^2\big) + 2cg\big(R_k^2\big)} \tag{5.20}$$

$$\psi(\tilde{\eta}_l) = \frac{\lambda\big(\sigma^2 - R_k^2\sigma_s^2\big) + 2cg\big(R_k^2\big)}{\lambda\Big\{\big(\mu + \tilde{\eta}_l\big)^2 + \sigma^2 - R_k^2\sigma_s^2\Big\} + 2cg\big(R_k^2\big)} \tag{5.21}$$

In Gleichung (5.20) bezeichnet $\overline{w}_k = \mathrm{E}\big[\tilde{w}_k|\tilde{x}\big]$ das aus der Sicht von Fondsmanager l erwartete Aktiengewicht von Fonds k.

Da Fondsmanager l keine eigenen privaten Informationen erhält, basieren seine Informationen $\tilde{\eta}_l = \mathrm{E}\big[\tilde{s}|\tilde{x}_k\big]$ lediglich auf dem Portfoliosignal $\tilde{x}_k$ von Fonds k. Das optimale

---

24 Die Gleichungen (5.20) und (5.21) folgen aus (5.16) und (5.17), indem man $\mathrm{E}[\tilde{R}|\tilde{s}] = \mu + \tilde{s}$ durch $\mathrm{E}[\tilde{R}|\tilde{x}_k] = \mu + \tilde{\eta}_l$, $\mathrm{var}(\tilde{R}|\tilde{s}) = \sigma_\gamma^2$ durch $\mathrm{var}(\tilde{R}|\tilde{x}_k) = \sigma^2 - R_k^2\sigma_s^2$, $g(R_k^2)$ durch $\frac{1}{g(R_k^2)}$, c durch $cg(R_k^2)$ und $\overline{w}_l$ durch $\overline{w}_k$ ersetzt. Siehe auch Anhang A.9.

Fondsportfolio von Fonds l (5.20) vereinfacht sich aus diesem Grund zu:[25]

$$
\begin{aligned}
w^{\star}(\tilde{\tau}_l, \tilde{x}) &= \frac{(\mu + \tilde{\tau}_l) - c\overline{w}_k}{\lambda(\sigma^2 - R_k^2\sigma_s^2) + 2cg(R_k^2)} \\
&= w^{\star}_{\text{Full}}(\tilde{\tau}_l)
\end{aligned}
\tag{5.22}
$$

Die Lösung (5.22) für das optimale Portfolio von Fonds l verdeutlicht: Gibt es mehrere Fonds und sind deren Informationen korreliert, so signalisiert den Kapitalgebern nicht nur das Portfoliosignal des eigenen Fonds, sondern auch die Portfoliosignale anderer Fonds die bewertungsrelevanten Informationen des Fondsmanagers.[26] Im Falle des uninformierten Fonds l ist das Portfoliosignal $\tilde{x}_k$ des informierten Fonds k sogar ein perfektes Signal über die Informationen $\tilde{\tau}_l = \mathrm{E}[\tilde{s}|\tilde{x}_k]$ des Fondsmanagers. Das optimale Portfolio (5.22) von Fonds l entspricht daher, unabhängig von dessen Offenlegungspolitik, dem im Falle eines perfekten Portfoliosignals optimalen Fondsportfolio $w^{\star}_{\text{Full}}(\tilde{\tau}_l)$. Es hängt –analog zu Fonds k– neben den bewertungsrelevanten Informationen $\tilde{\tau}_l$ des Fondsmanagers auch vom erwarteten Aktiengewicht $\overline{w}_k$ von Fonds k, von der Liquidität c der Aktie und von der relativen Nachfrage $g(R_k^2)$ nach Fonds l ab. Für den Spezialfall einer perfekt liquiden Aktie vereinfacht es sich nach Gleichung (5.22) zu dem ohne beziehungsweise mit fixen Transaktionskosten optimalen Fondsportfolio (3.3) aus Kapitel 3.

Die Lösungen (5.16)–(5.17) und (5.22) für die optimalen Fondsportfolios hängen jedoch noch vom erwarteten Anlageverhalten $\overline{w}_l$ beziehungsweise $\overline{w}_k$ des jeweils anderen Fonds ab. Sie geben das optimale Anlageverhalten für ein gegebenes Anlageverhalten des jeweiligen Wettbewerbers an und sind daher noch keine endgültigen Lösungen für die optimalen Anlagestrategien der Fonds. Der folgende Abschnitt analysiert die strategische Interaktion zwischen den beiden Fondsmanagern bei der Portfolioselektion. Er leitet die gleichgewichtigen Anlagestrategien beider Fondsmanager unter der Annahme rationaler Erwartungen über das Anlageverhalten des jeweils anderen Managers her.

5.3.3 Portfolioselektion im Nash-Gleichgewicht

Das Anlageverhalten beider Fondsmanager ist durch strategische Interaktion gekennzeichnet. Das geeignete Konzept zur Bestimmung der gleichgewichtigen Anlagestrategien bei-

[25] Da $\tilde{\tau}_l = \mathrm{E}[\tilde{s}|\tilde{x}_k]$ bedingt auf $\tilde{x}$ bekannt ist, gilt $\mathrm{E}[\psi(\tilde{\tau}_l)|\tilde{x}] = \mathrm{E}[\psi(\mathrm{E}[\tilde{s}|\tilde{x}_k])|\tilde{x}] = \mathrm{E}\big[\psi(\mathrm{E}[\tilde{s}|\tilde{x}_k])|\mathrm{E}[\tilde{s}|\tilde{x}_k]\big] = \psi(\mathrm{E}[\tilde{s}|\tilde{x}_k]) = \psi(\tilde{\tau}_l)$. Hieraus ergibt sich in Gleichung (5.20) die folgende Vereinfachung: $\frac{\lambda(\mu+\tilde{\tau}_l)}{\lambda(\sigma^2-R_k^2\sigma_s^2)+2cg(R_k^2)}\mathrm{E}\big[(\mu+\tilde{\tau}_l)\psi(\tilde{\tau}_l)|\tilde{x}\big] + \mathrm{E}[\psi(\tilde{\tau}_l)|\tilde{x}] = \frac{\lambda(\mu+\tilde{\tau}_l)^2\psi(\tilde{\tau}_l)}{\lambda(\sigma^2-R_k^2\sigma_s^2)+2cg(R_k^2)} + \psi(\tilde{\tau}_l) = \Big\{\frac{\lambda(\mu+\tilde{\tau}_l)^2}{\lambda(\sigma^2-R_k^2\sigma_s^2)+2cg(R_k^2)} + 1\Big\}\psi(\tilde{\tau}_l) = \psi(\tilde{\tau}_l)^{-1}\psi(\tilde{\tau}_l) = 1$. Dabei folgt die vorletzte Gleichheit aus der Definition (5.21) von $\psi(\tilde{\tau}_l)$.

[26] Derartige Disclosure-Spillovers untersuchen bereits Admati und Pfleiderer (2000). Sie analysieren die Auswirkungen korrelierter Unternehmenswerte auf die freiwillige Offenlegung von bewertungsrelevanten Informationen durch Unternehmen und deren Implikationen für ein optimales Ausmaß an Regulierung.

der Manager ist daher das Nash-Gleichgewicht.[27] Das Anlageverhalten der beiden Fondsmanager ist im Nash-Gleichgewicht durch zwei Bedingungen gekennzeichnet: Beide Fondsmanager wählen erstens die für ihre Kapitalgeber optimalen Anlagestrategien nach Gleichung (5.16)–(5.17) beziehungsweise (5.22). Sie bilden zweitens rationale Erwartungen und berücksichtigen bei ihrer Erwartungsbildung, daß auch der jeweils andere Manager den Erwartungsnutzen seines Kapitalgebers maximiert. Hieraus ergeben sich die folgenden beiden Gleichgewichtsbedingungen für die optimalen Anlagestrategien (5.16)–(5.17) und (5.22) der Fonds:

$$\overline{w}_l = w^\star(\tilde{\tau}_l, \tilde{x}) \tag{5.23}$$

$$\overline{w}_k = \mathrm{E}\big[w^\star(\tilde{s}, \tilde{x})|\tilde{x}\big] \tag{5.24}$$

Fondsmanager l erhält lediglich das Portfoliosignal $\tilde{x}_k$ von Fonds k. Er besitzt im Gegensatz zu Fondsmanager k keine privaten Informationen. Da Fondsmanager k sämtliche bewertungsrelevanten Informationen $\tilde{\tau}_l = \mathrm{E}\big[\tilde{s}|\tilde{x}_k\big]$ von Fondsmanager l kennt, kann er im Gleichgewicht, unabhängig von dessen Offenlegungspolitik $\tilde{x}_l$, die Anlagestrategie seines Wettbewerbers rekonstruieren: $\overline{w}_l = \mathrm{E}\big[w^\star(\tilde{\tau}_l, \tilde{x})|\tilde{s}, \tilde{x}\big] = w^\star(\tilde{\tau}_l, \tilde{x})$.

Fondsmanager k besitzt dagegen private Informationen. Er erhält das Informationssignal $\tilde{s}$, gibt seinem Kapitalgeber aber nur das Portfoliosignal $\tilde{x}_k$ bekannt. Fondsmanager l antizipiert zwar das Optimalverhalten von Fondsmanager k, kennt aber ebenfalls nur dessen Portfoliosignal $\tilde{x}_k$. Seine Erwartungen über das Anlageverhalten von Fonds k entsprechen daher dem unter der Voraussetzung von Optimalverhalten von Fondsmanager k erwarteten Aktiengewicht $\overline{w}_k = \mathrm{E}\big[w^\star(\tilde{s}, \tilde{x})|\tilde{x}\big]$.

Für das aus Sicht von Fondsmanager l erwartete Aktiengewicht $\overline{w}_k$ von Fonds k ergibt sich unter Berücksichtigung der Lösung (5.16) für das optimale Portfolio von Fonds k und der Gleichgewichtsbedingung (5.23):[28]

$$\overline{w}_k = \frac{\mathrm{E}\big[(\mu+\tilde{s})\psi(\tilde{s})|\tilde{x}\big] - cg\big(R_k^2\big)w^\star(\tilde{\tau}_l, \tilde{x})\Big\{\frac{\lambda}{\lambda\sigma_\gamma^2+2c}\mathrm{E}[(\mu+\tilde{s})\psi(\tilde{s})|\tilde{x}]^2 + \mathrm{E}\big[\psi(\tilde{s})|\tilde{x}\big]^2\Big\}}{\mathrm{E}\big[\psi(\tilde{s})|\tilde{x}\big]\big(\lambda\sigma_\gamma^2+2c\big)} \tag{5.25}$$

Das aus Sicht von Fondsmanager l erwartete Aktiengewicht (5.25) von Fonds k impliziert für die gleichgewichtige Anlagestrategie (5.22) von Fondsmanager l:[29]

27 Das Nash-Gleichgewicht berücksichtigt zur Bestimmung der gleichgewichtigen Strategien das strategische Verhalten der Akteure. Für eine Einführung in die Spieltheorie und das Konzept des Nash-Gleichgewichts siehe beispielsweise Mas-Colell, Whinston und Green (1995).

28 Gleichung (5.25) folgt aus (5.16) durch Erwartungsbildung bedingt auf x und unter Verwendung von $\overline{w}_l = w^\star(\tilde{\tau}_l, \tilde{x})$ nach Gleichung (5.23).

29 Man erhält Gleichung (5.26)–(5.31), indem man Gleichung (5.25) in (5.22) einsetzt und die resultierende Gleichung anschließend nach $w^\star(\tilde{\tau}_l, \tilde{x})$ auflöst.

$$
\begin{aligned}
w^{\star}(\tilde{\tau}_l, \tilde{x}) &= \frac{(\mu + \tilde{\tau}_l)\Psi_1(\lambda\sigma_\gamma^2 + 2c) - c\Psi_2}{A - B - C\Psi_1} && (5.26)\\
\Psi_1 &= \mathrm{E}\big[\psi(\tilde{s})|\tilde{x}\big] && (5.27)\\
\Psi_2 &= \mathrm{E}\big[(\mu + \tilde{s})\psi(\tilde{s})|\tilde{x}\big] && (5.28)\\
A &= \Psi_1(\lambda\sigma_\gamma^2 + 2c)\Big\{\lambda(\sigma^2 - R_k^2\sigma_s^2) + 2cg(R_k^2)\Big\} && (5.29)\\
B &= c^2 g(R_k^2)\frac{\lambda\Psi_2^2}{\lambda\sigma_\gamma^2 + 2c} && (5.30)\\
C &= c^2 g(R_k^2)\Psi_1 && (5.31)
\end{aligned}
$$

Wird das gleichgewichtige Aktiengewicht von Fondsmanager l (5.26) entsprechend der Gleichgewichtsbedingung (5.23) für $\overline{w}_l$ in die Lösung für das optimale Portfolio von Fondsmanager k (5.16) eingesetzt, so folgt für die gleichgewichtige Anlagestrategie von Fondsmanager k:

$$
\begin{aligned}
w^{\star}(\tilde{s}, \tilde{x}) &= \frac{\psi(\tilde{s})}{\Psi_1}\,\frac{(\mu + \tilde{s})\{A - C[\Psi_1 + \frac{\lambda}{c}(\mu + \tilde{\tau}_l)\Psi_2]\} - D(\mu + \tilde{\tau}_l) + C\Psi_2}{(\lambda\sigma_\gamma^2 + 2c)(A - B - C\Psi_1)} && (5.32)\\
D &= cg(R_k^2)\Psi_1^2(\lambda\sigma_\gamma^2 + 2c) && (5.33)
\end{aligned}
$$

Die Gleichungen (5.26) und (5.32) geben die Anlagestrategien beider Fonds l und k im Nash-Gleichgewicht an. Die Koeffizienten A, B, C und D sind bedingt auf die Realisation x der Portfoliosignale der Kapitalgeber beider Fonds Skalare. Sie sind eine Funktion der bedingten Erwartungswerte Ψ_1 und Ψ_2 nach Gleichung (5.27) beziehungsweise (5.28), des Liquiditätsparameters c der Aktie, der relativen Nachfrage $g(R_k^2)$ nach Fonds l, des Aktienrisikos σ^2, der Qualität $R_s^2 = \sigma_s^2/\sigma^2$ der Informationen von Manager k, der Stärke R_k^2 des Portfoliosignals von Fonds k und der Risikoaversion λ der Kapitalgeber.

Die gleichgewichtigen Anlagestrategien (5.26) und (5.32) beider Fonds hängen, wie die optimalen Anlagestrategien aus Kapitel 3, neben den bewertungsrelevanten Informationen der Fondsmanager $\tilde{\tau}_j$ auch von den Portfoliosignalen $\tilde{x}$ der Kapitalgeber beider Fonds ab. Sie hängen hier aber zusätzlich noch vom Anlageverhalten des jeweils anderen Fonds ab und berücksichtigen so die strategische Interaktion zwischen den beiden Fonds. Strategische Interaktion entsteht im Modell durch die imperfekte Liquidität der Aktie. Die mangelnde Liquidität führt zu indirekten Transaktionskosten, deren Höhe nicht nur vom eigenen Anlageverhalten der Fonds, sondern auch vom Anlageverhalten des Wettbewerbers abhängt. Im Gleichgewicht berücksichtigen beide Fondsmanager im Rahmen der Portfolioselektion ihre Erwartungen über das optimale Anlageverhalten des jeweils anderen Fonds. Weitere Determinanten gleichgewichtiger Fondsportfolios sind der Liquiditätsparameter c der Aktie und die relative Nachfrage $g(R_k^2)$ nach Fonds l.

Trotz der deutlich komplexeren Struktur der gleichgewichtigen Fondsportfolios (5.26) und (5.32) gelten die zentralen Ergebnisse des dritten Kapitels im Hinblick auf die Relevanz der Offenlegungspolitik bei der Portfolioselektion auch im allgemeine Modell mit imperfekter Kapitalmarktliquidität unverändert. Für den Spezialfall einer perfekt liquiden Aktie ($c = 0$) vereinfachen sich die gleichgewichtigen Anlagestrategien (5.26) und (5.32) beider Fonds zu den in Kapitel 3 hergeleiteten mit perfektem (3.3) beziehungsweise allgemeinem Portfoliosignal optimalen Fondsportfolios (3.17)–(3.18).

Der Einfluß imperfekter Kapitalmarktliquidität auf das gleichgewichtige Anlageverhalten der beiden Fonds wird im folgenden anhand des numerischen Beispiels aus Kapitel 3 veranschaulicht.[30] Die beiden Abbildungen 5.1 und 5.2 illustrieren zunächst die gleichgewichtige Anlagestrategie (5.26) des uninformierten Fonds l. Die Abbildungen 5.3, 5.4 und 5.5 veranschaulichen anschließend das gleichgewichtige Anlageverhalten (5.32) des informierten Fonds k.

Abbildung 5.1 verdeutlicht zunächst die Auswirkungen einer begrenzten Aktienliquidität c auf das gleichgewichtige Anlageverhalten des uninformierten Fondsmanagers l. Sie stellt das gleichgewichtige Aktiengewicht $w^\star(\tilde{\tau}_l, \tilde{x})$ von Fondsmanager l abhängig von dessen Informationen $\tilde{\tau}_l$ dar. Die durchgezogene und die gestrichpunktete Linie in Abbildung 5.1 zeigen das gleichgewichtige Aktiengewicht im Falle einer imperfekt liquiden Aktie ($c = 0,025$ beziehungsweise $c = 0,05$). Die gestrichelte Linie zeigt das gleichgewichtige Aktiengewicht im Falle einer perfekt liquiden Aktie ($c = 0$). Die Darstellung basiert auf einer linearen Form $g(R_k^2) = \omega R_k^2$ der relativen Nachfrage nach Fonds l.[31,32]

Das gleichgewichtige Aktiengewicht von Fondsmanager l ist, wie im Falle einer perfekt liquiden Aktie in Kapitel 3, eine lineare Funktion der bewertungsrelevanten Informationen $\tau_l = \mathrm{E}[\tilde{s}|x_k]$ des Fondsmanagers. Ein günstigeres Informationssignal (größeres τ_l) führt nach Abbildung 5.1 unabhängig von der Liquidität c der Aktie zu einem größeren gleichgewichtigen Aktiengewicht. Ein ungünstigeres Signal hat ein geringeres gleichgewichtiges Aktiengewicht von Fonds l zur Folge.

Mangelnde Liquidität der Aktie ($c > 0$) führt nach Abbildung 5.1 dazu, daß Fondsmanager l im Gleichgewicht schwächer auf seine Informationen reagiert, als dies im Falle einer perfekt liquiden Aktie ($c = 0$) optimal ist. Die begrenzte Kapitalmarktliquidität zwingt

---

30 Allen Abbildungen in diesem Abschnitt liegt eine erwartete Aktienrendite $\mu = 10\%$, eine Standardabweichung der Aktienrendite $\sigma = 20\%$, ein Informationssignal von Fondsmanager k der Stärke $R_s^2 = 20\%$, ein Portfoliosignal von Fonds k an die Kapitalgeber der Stärke $R_k^2 = 50\%$ und ein Risikoaversionsparameter $\lambda = 2$ zugrunde.

31 Die lineare Form stellt die einfachste Modellierung für die relative Nachfrage dar. Empirische Studien finden jedoch überwiegend einen konvexen Zusammenhang zwischen dem Mittelaufkommen und dem vergangenen Renditerang von Fonds, siehe Sirri und Tufano (1998) für die USA sowie Ber, Kempf und Rünzi (2007) für Deutschland. Eine konvexe Form der relativen Nachfrage $g(R_k^2) = \omega R_k^4$ führt zu qualitativ identischen Ergebnissen wie die lineare Nachfrage in Abbildung 5.1.

32 In Abbildung 5.1 wird $\omega = 1$ gesetzt.

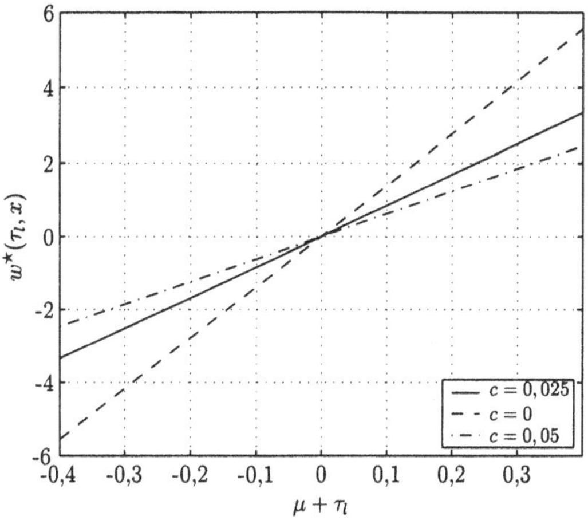

Abbildung 5.1: Gleichgewichtige Anlagestrategie von Fonds l in Abhängigkeit des Signals τ_l bei Variation der Liquidität c der Aktie

Fondsmanager l zu vorsichtigerem Anlageverhalten. Er muß nach Abbildung 5.1 umso vorsichtiger auf seine bewertungsrelevanten Informationen $\tilde{\tau}_l$ reagieren, je weniger liquide die Aktie ist. Eine geringere Liquidität der Aktie erfordert für ein gegebenes Anlageverhalten höhere Kurszugeständnisse am Aktienmarkt und verursacht so höhere indirekte Transaktionskosten. Es ist daher für die Kapitalgeber von Fonds l optimal, daß der Fondsmanager im Falle einer geringeren Aktienliquidität schwächer auf seine Informationen reagiert.

Der Koeffizient ω gibt die Sensitivität der Nachfrage $g(R_k^2) = \omega R_k^2$ nach Fonds l in Bezug auf die Qualität R_k^2 dessen bewertungsrelevanter Informationen an. Da die Performance von Fonds l unter der Voraussetzung optimalen Anlageverhaltens des Fondsmanagers nur von dessen Informationen R_k^2 abhängt, kann R_k^2 ökonomisch als die Performance und ω als die Performancesensitivität des Mittelaufkommens von Fonds l interpretiert werden. Abbildung 5.2 verdeutlicht die Auswirkungen der Performancesensitivität ω des Mittelaufkommens auf die gleichgewichtige Anlagestrategie von Fondsmanager l. Die Abbildung zeigt das gleichgewichtige Aktiengewicht des uninformierten Fonds in Abhängigkeit der bewertungsrelevanten Informationen τ_l des Fondsmanagers für eine unterschiedlich starke Performancesensitivität ω. Der Darstellung liegt eine imperfekt liquide Aktie ($c = 0,025$) zugrunde.

Eine höhere Performancesensitivität ω des Mittelaufkommens hat nach Abbildung 5.2 vergleichbare Auswirkungen auf das optimale Anlageverhalten von Fondsmanager l wie eine geringere Liquidität der Aktie. Das höhere von Fonds l verwaltete Vermögen verursacht für gegebenes Anlageverhalten ein höheres aggregiertes Transaktionsvolumen und

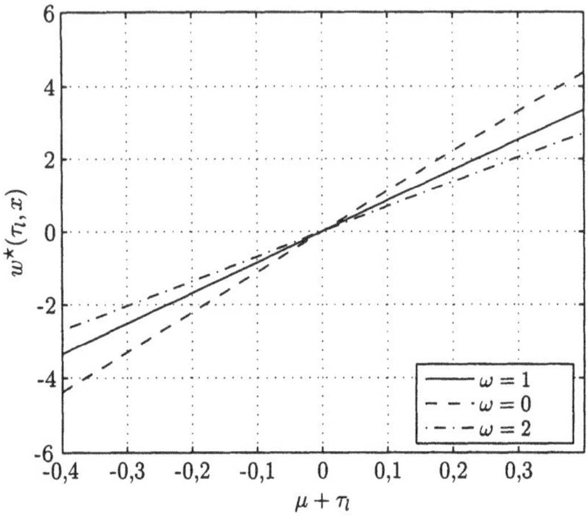

Abbildung 5.2: Gleichgewichtige Anlagestrategie von Fonds l in Abhängigkeit des Signals τ_l bei Variation der Performancesensitivität ω des Mittelaufkommens

hat ceteris paribus höhere indirekte Transaktionskosten zur Folge. Fondsmanager l reagiert auf den Anstieg der Transaktionskosten dadurch, daß er im Gleichgewicht schwächer auf seine bewertungsrelevanten Informationen reagiert und unabhängig von der Ausprägung seines Informationssignals τ_l ein betragsmäßig geringeres Gewicht $|w^\star(\tau_l, x)|$ der Aktie im Fondsportfolio wählt.[33]

Abbildung 5.3 veranschaulicht das optimale Anlageverhalten des informierten Fondsmanagers k. Sie stellt das optimale Aktiengewicht von Fondsmanager k abhängig von dessen privaten Informationen s und den Informationen $\tau_l = \mathrm{E}[\tilde{s}|x_k]$ des Fondsmanagers l sowie der Kapitalgeber dar. Der Darstellung liegt eine imperfekt liquide Aktie ($c = 0,025$) und eine lineare relative Nachfrage der Form $g(R_k^2) = \omega R_k^2$ mit $\omega = 1$ zugrunde.

Auch das optimale Portfolio des informierten Fonds k gleicht in seiner Struktur dem im Falle perfekter Liquidität für ein beliebiges Portfoliosignal optimalen Fondsportfolio aus Kapitel 3. Das unvollständige Portfoliosignal zwingt den Fondsmanager wiederum, schwächer als im Falle eines perfekten Portfoliosignals auf seine privaten Informationen s zu reagieren. Verantwortlich hierfür ist das Managementrisiko des Kapitalgebers. Wie in Kapitel 3 erläutert, ist der dämpfende Effekt auf das optimale Aktiengewicht umso stärker, je moderater die bedingten Erwartungen der Kapitalgeber $\mu + \mathrm{E}[\tilde{s}|x] = \mu + \tau_l$ über die bewertungsrelevanten Informationen des Fondsmanagers sind.

[33] Genaugenommen gilt diese Aussage nur für den Fall $\tau_l \neq -\mu = -0,1$. Im Spezialfall $\tau_l = -0,1$ ist das optimale Aktiengewicht $w^\star(\tau_l, x)$ nach Abbildung 5.2 unabhängig von ω gleich Null.

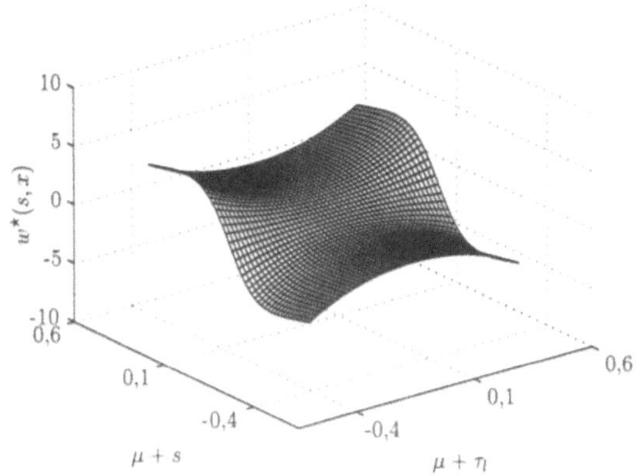

Abbildung 5.3: Gleichgewichtige Anlagestrategie von Fonds k in Abhängigkeit des privaten Informationssignals s und des veröffentlichten Portfoliosignals τ_l

Abbildung 5.4 verdeutlicht, wie sich eine geringere Aktienliquidität (größeres c) auf das optimale Anlageverhalten von Fondsmanager k auswirkt. Abbildung 5.4(a) zeigt die Differenz zwischen dem bei imperfekter ($c = 0,025$) und perfekter Aktienliquidität ($c = 0$) jeweils optimalen Aktiengewicht von Fondsmanager k. In Abbildung 5.4(b) ist der gleiche Zusammenhang für eine geringere Aktienliquidität ($c = 0,05$) dargestellt.[34]

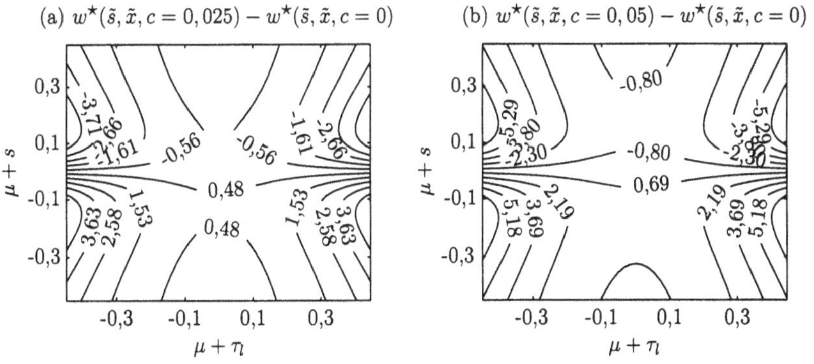

Abbildung 5.4: Einfluß einer geringeren Aktienliquidität c auf die gleichgewichtige Anlagestrategie von Fonds k

34 Der Darstellung liegt weiterhin eine lineare Form der relativen Nachfrage $g(R_k^2) = \omega R_k^2$ mit $\omega = 1$ zugrunde.

Die Isolinien in Abbildung 5.4(a) geben die Differenz zwischen dem bei imperfekter und perfekter Aktienliquidität jeweils optimalen Aktiengewicht von Fondsmanager k an. Das Vorzeichen der Isolinien zeigt, daß das optimale Aktiengewicht bei imperfekter Liquidität kleiner als im Falle perfekter Liquidität ist, sofern der Fondsmanager eine positive Aktienrendite $\mu + s > 0$ erwartet. Erwartet er hingegen eine negative Aktienrendite $\mu + s < 0$, so wählt er im Falle einer imperfekt liquiden Aktie ein größeres Aktiengewicht. Beide Argumente zusammen implizieren, daß der Fondsmanager aufgrund der imperfekten Liquidität der Aktie nun schwächer als im Falle einer perfekt liquiden Aktie auf seine privaten Informationen reagiert. Die Höhe der bedingt erwarteten Aktienrendite bestimmt nach Abbildung 5.4(a) das Ausmaß des betragsmäßigen Rückgangs des optimalen Aktiengewichts. Extreme Signalausprägungen erfordern starke Portfolioanpassungen. Diese verursachen bei imperfekter Kapitalmarktliquidität neben dem Managementrisiko zusätzlich noch wesentlich höhere indirekte Transaktionskosten. Für die Kapitalgeber von Fonds k ist es daher optimal, daß der Fondsmanager insbesondere im Falle extremer Signalausprägungen schwächer auf seine privaten Informationen reagiert, als dies im Falle einer perfekt liquiden Aktie optimal ist.[35]

Ein Vergleich von Abbildung 5.4(a) mit 5.4(b) verdeutlicht, daß der dämpfende Effekt auf das Anlageverhalten des Fondsmanagers umso stärker ist, je geringer die Liquidität der Aktie (größer c) ist. Je weniger liquide die Aktie ist, desto größer sind für gegebenes Anlageverhalten die indirekten Transaktionskosten für Fonds k und desto vorsichtiger reagiert der Fondsmanager im Gleichgewicht auf seine privaten Informationen.

Abbildung 5.5 veranschaulicht die Auswirkungen einer höheren Performancesensitivität ω des Mittelaufkommens auf das optimale Anlageverhalten von Fondsmanager k. Abbildung 5.5(a) zeigt analog zu Abbildung 5.4(a) die Differenz zwischen dem gleichgewichtigen Aktiengewicht im Falle einer elastischen ($\omega = 1$) und einer unelastischen Nachfrage nach Fonds l ($\omega = 0$). Abbildung 5.5(b) zeigt die entsprechende Differenz für eine stärkere Performancesensitivität $\omega = 2$. Der Darstellung liegt in beiden Fällen eine begrenzte Liquidität der Aktie ($c = 0,025$) und eine lineare relative Nachfrage nach Fonds l ($g(R_k^2) = \omega R_k^2$) zugrunde.

Die Isolinien in Abbildung 5.5 geben in Analogie zu Abbildung 5.4 die Differenz zwischen dem im Falle einer elastischen ($\omega > 0$) und einer unelastischen Nachfrage ($\omega = 0$) jeweils optimalen Aktiengewicht von Fondsmanager k an. Auch eine höhere Performancesensitivität ω des Mittelaufkommens von Fonds l führt dazu, daß der Fondsmanager im Gleichgewicht schwächer auf seine privaten Informationen reagiert. Je größer die Perfor-

---

35 Extreme Signalausprägungen erfordern nach Abbildung 3.3 umso stärkere Portfolioanpassungen, je extremer die Erwartungen $\mathrm{E}[\tilde{s}|x] = \eta$ der Kapitalgeber sind. Daher ist auch der Rückgang des gleichgewichtigen Aktiengewichts von Fondsmanager k verglichen mit dem optimalen Gewicht im Falle einer perfekt liquiden Aktie betragsmäßig umso stärker, je extremer das Portfoliosignal der Kapitalgeber, gemessen durch $|\mu + \mathrm{E}[\tilde{s}|x]| = |\mu + \eta|$, ist.

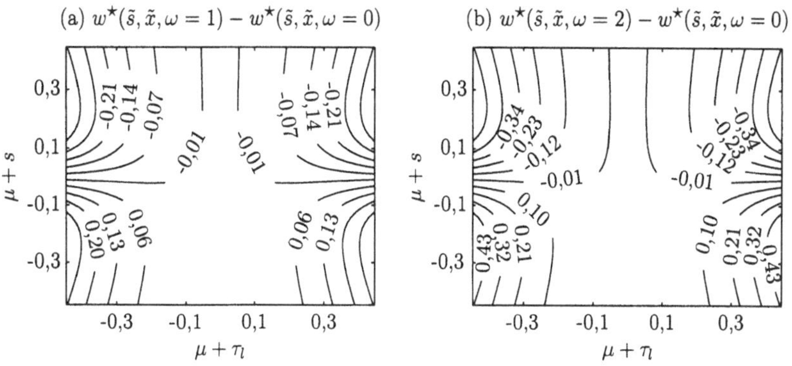

Abbildung 5.5: Einfluß einer stärkeren Performancesensitivität ω auf die gleichgewichtige Anlagestrategie von Fonds k

mancesensitivität ω ist, desto größer ist für ein gegebenes Anlageverhalten beider Fonds das aggregierte Transaktionsvolumen. Das höhere aggregierte Transaktionsvolumen verursacht für Fonds k ceteris paribus höhere indirekte Transaktionskosten. Für die Kapitalgeber von Fonds k ist es daher optimal, daß der Fondsmanager im Falle einer höheren Performancesensitivität des Mittelaufkommens schwächer auf seine privaten Informationen reagiert. Er wählt zum einen im Falle einer elastischen Nachfrage ($\omega > 0$) ein betragsmäßig kleineres Aktiengewicht als im Falle einer unelastischen Nachfrage ($\omega = 0$) (Abbildung 5.5(a)). Der dämpfende Effekt auf das optimale Aktienexposure $|w^\star(\tilde{s}, \tilde{x})|$ ist zum anderen –wie ein Vergleich von Abbildung 5.5(a) mit 5.5(b) bestätigt– umso stärker, je größer die Performancesensitivität ω ist.

Die Größenordnung der Zahlen in Abbildung 5.5 zeigt jedoch, daß der zusätzliche Effekt einer höheren Performancesensitivität des Mittelaufkommens auf das optimale Anlageverhalten von Fondsmanager k im Vergleich zu den Auswirkungen einer geringeren Aktienliquidität gering ist. Ökonomisch ist hierfür verantwortlich, daß die Performancesensitivität die Höhe der Transaktionskosten von Fonds k nur indirekt über das Ausmaß des Herdenverhaltens von Fonds l beeinflußt.[36]

Zusammenfassend läßt sich festhalten: Im Gleichgewicht berücksichtigen beide Fondsmanager sowohl die Auswirkungen ihres eigenen Anlageverhaltens als auch die Auswirkungen des Anlageverhaltens ihres Wettbewerbers auf die Höhe ihrer indirekten Transak-

[36] Im Falle von Fonds k ist der Einfluß der Performancesensitivität des Mittelaufkommens von Fonds l auf die Höhe der Transaktionskosten daher nur ein Effekt zweiter Ordnung. Anders im Falle von Fonds l: Die Performancesensitivität beeinflußt die Höhe der Transaktionskosten von Fonds l sowohl direkt über das Ausmaß des eigenen Handels als auch indirekt über das Ausmaß des gleichgerichteten Handels mit Fonds k. Daher ist der Effekt der Performancesensitivität auf das optimale Anlageverhalten von Fonds l (Abbildung 5.2) deutlich stärker als im Falle von Fonds k (Abbildung 5.5).

tionskosten. Eine geringere Liquidität der Aktie und eine höhere Performancesensitivität des Mittelaufkommens führen im Gleichgewicht zu vorsichtigerem Anlageverhalten beider Fonds.

5.4 Optimales Offenlegungsverhalten der Fonds

In diesem Abschnitt werden nun die Offenlegungspolitiken der beiden Fonds bestimmt, die für deren Kapitalgeber unter Berücksichtigung des optimalen Anlageverhaltens der Fondsmanager jeweils optimal sind.

Der uninformierte Fondsmanager l hat im Vergleich zu seinem Kapitalgeber keinen Informationsvorsprung. Kapitalgeber l kann allein in Kenntnis des Portfoliosignals $\tilde{x}_k$ von Fonds k auf die Qualität der Informationen von Fondsmanager l schließen. Ein Portfoliosignal von Fonds l reduziert weder das Managementrisiko des Kapitalgebers, da er bereits ohne ein Portfoliosignal von Fonds l kein Managementrisiko trägt, noch verursacht es Transaktionskosten, da die bewertungsrelevanten Informationen von Fonds l unabhängig von dessen Offenlegungspolitik R_l^2 bereits allen Marktteilnehmern bekannt sind. Kapitalgeber l ist aus diesem Grund zwischen sämtlichen Offenlegungspolitiken $0 \leq R_l^{\star 2} \leq 1$ indifferent und das Nash-Gleichgewicht kann durch die optimale Offenlegungspolitik für den Kapitalgeber von Fonds k vollständig charakterisiert werden.[37]

Fondsmanager k hingegen besitzt private Informationen $\tilde{s}$. Eine Portfoliooffenlegung von Fonds k reduziert daher einerseits das Managementrisiko von Kapitalgeber k. Andererseits führt sie jedoch auch zu Herdenverhalten des uninformierten Fonds l, was zusätzliche indirekte Transaktionskosten für Fonds k zur Folge hat. Eine Portfoliooffenlegung ist somit für den Kapitalgeber des informierten Fonds k sowohl mit Erlösen als auch mit indirekten Transaktionskosten verbunden. Die für Kapitalgeber k optimale Offenlegungspolitik maximiert dessen Erwartungsnutzen (5.14) vor dem Hintergrund des optimalen Anlageverhaltens des Fondsmanagers nach Gleichung (5.32).

Wird das optimale Fondsportfolio (5.32) von Fonds k in den Erwartungsnutzen des Kapitalgebers (5.14) eingesetzt, so ergibt sich für das Optimierungsproblem von Fonds k zur Bestimmung der optimalen Offenlegungspolitik:

$$\begin{aligned}\Phi_k &= \mathrm{E}\Big[w^\star(\tilde{s},\tilde{x})(\mu+\tilde{s})\Big] - c\Big\{\mathrm{E}\Big[w^\star(\tilde{s},\tilde{x})^2\Big] + \mathrm{E}\Big[w^\star(\tilde{s},\tilde{x})w^\star(\tilde{\tau}_l,\tilde{x})\Big]g(R_k^2)\Big\} \\ &\quad -\frac{\lambda}{2}\Big\{\mathrm{E}\Big[w^\star(\tilde{s},\tilde{x})^2\Big]\sigma_\gamma^2 + \mathrm{E}\Big[\mathrm{var}\Big(w^\star(\tilde{s},\tilde{x})(\mu+\tilde{s})\,\big|\,\tilde{x}\Big)\Big]\Big\} \qquad (5.34)\end{aligned}$$

[37] Da Fonds l keine eigenen privaten Informationen besitzt, hängt auch die optimale Offenlegungspolitik von Fonds k nicht vom Offenlegungsverhalten von Fonds l ab. Unabhängig davon, welche Informationen Fonds l über seine Anlagestrategie preisgibt, sie ist allen Marktteilnehmern in Kenntnis des Portfoliosignals $\tilde{x}_k$ von Fonds k bereits bekannt und beeinflußt daher auch den Erwartungsnutzen des Kapitalgebers von Fonds k nicht.

Aufgabe des Fonds ist es, die Offenlegungspolitik $R_k^{\star 2}$ so festzulegen, daß sie den Erwartungsnutzen des Kapitalgebers (5.34) vor dem Hintergrund des optimalen Anlageverhaltens beider Fondsmanager maximiert. Die Offenlegungspolitik R_k^2 beeinflußt den Erwartungsnutzen von Kapitalgeber k auf zwei Weisen: Einerseits hängt die Höhe der indirekten Transaktionskosten von Fonds k über $g(R_k^2)$ direkt von der Stärke des Portfoliosignals R_k^2 ab. Andererseits beeinflußt die Stärke des Portfoliosignals aber auch die der bedingten Erwartungsbildung in Gleichung (5.34) zugrundeliegenden Informationen. Die optimale Offenlegungspolitik des informierten Fonds k läßt sich aus diesem Grund nur numerisch bestimmen.

Abbildung 5.6 veranschaulicht die Abhängigkeit der optimalen Offenlegungspolitik $R_k^{\star 2}$ des informierten Fonds k von der Liquidität c der Aktie. Die Darstellung erfolgt (a) für eine lineare relative Nachfrage ($g(R_k^2) = \omega R_k^2$) und (b) für eine konvexe Form der relativen Nachfrage nach Fonds l ($g(R_k^2) = \omega R_k^4$).[38] Die konvexe Form der relativen Nachfrage trägt dabei dem empirisch beobachteten konvexen Zusammenhang zwischen dem Mittelaufkommen und dem Vorjahresrenditerang von Fonds Rechnung (Sirri und Tufano (1998)).

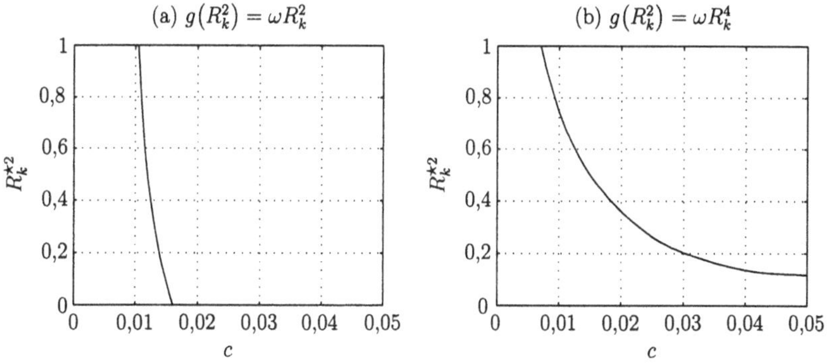

Abbildung 5.6: Optimale Offenlegungspolitik $R_k^{\star 2}$ von Fonds k in Abhängigkeit der Liquidität c der Aktie

Für die Kapitalgeber von Fonds kann es nach Abbildung 5.6 bei imperfekter Kapitalmarktliquidität allgemein optimal sein, daß die Fonds ihnen, wie empirisch beobachtet, nur ein schwaches Portfoliosignal über ihre Anlagestrategien geben. Das für Kapitalgeber k optimale Ausmaß an Portfoliooffenlegung hängt von der Liquidität c der Aktie ab.

[38] Den folgenden Abbildungen liegt weiterhin das numerische Beispiel mit einer erwarteten Aktienrendite $\mu = 10\%$, einer Standardabweichung der Aktienrendite $\sigma = 20\%$, einem Informationssignal von Fondsmanager k der Stärke $R_s^2 = 20\%$ und einem Risikoaversionsparameter $\lambda = 2$ zugrunde. In Abbildung 5.6 wird darüber hinaus eine Performancesensitivität des Mittelaufkommens von Fonds l in Höhe von $\omega = 1$ unterstellt.

Die indirekten Transaktionskosten für Fonds k sind für eine gegebene Offenlegungspolitik umso höher, je weniger liquide die Aktie ist. Für Kapitalgeber k ist es daher im Falle einer geringeren Aktienliquidität optimal, daß der Fonds die Portfoliopositionen seltener offenlegt. Die seltenere Bekanntgabe der Portfoliopositionen erschwert es dem uninformierten Wettbewerber l, das Portfolio des informierten Fonds nachzubilden. Das im Falle eines schwächeren Portfoliosignals geringere aggregierte Transaktionsvolumen senkt die indirekten Transaktionskosten für den informierten Fonds k und führt zu dem fallenden Verlauf der optimalen Offenlegungspolitik in Abbildung 5.6.

Ein Vergleich des Verlaufs der (a) im Falle einer linearen und (b) im Falle einer konvexen relativen Nachfrage jeweils optimalen Offenlegungspolitik verdeutlicht, daß eine konvexe Form der Nachfrage tendenziell zu moderateren Offenlegungspolitiken führt. Eine lineare Form der relativen Nachfrage nach Fonds l führt dagegen häufig zu einem extremen Offenlegungsverhalten des informierten Fonds k. Die konvexe Form der Nachfrage führt zu einem stärker konvexen Verlauf der Grenzkosten einer Portfoliooffenlegung als die lineare Nachfragefunktion. Es ergibt sich somit ein größerer Bereich für eine innere Lösung für die optimale Offenlegungspolitik von Fonds k.[39]

Abbildung 5.7 verdeutlicht die Abhängigkeit der optimalen Offenlegungspolitik des informierten Fonds k von der Performancesensitivität ω des Mittelaufkommens von Fonds l. Abbildung 5.7(a) basiert wiederum auf einer linearen ($g(R_k^2) = \omega R_k^2$) und Abbildung 5.7(b) auf einer konvexen Form der relativen Nachfrage nach Fonds l ($g(R_k^2) = \omega R_k^4$). Der Darstellung liegt in beiden Fällen eine imperfekt liquide Aktie ($c = 0,025$) zugrunde.

Eine höhere Performancesensitivität des Mittelaufkommens von Fonds l hat vergleichbare Auswirkungen auf die aus Sicht von Kapitalgeber k optimale Offenlegungspolitik wie eine geringere Liquidität der Aktie. Die höhere Performancesensitivität ω führt für eine gegebene Offenlegungspolitik zu einem größeren von Fonds l verwalteten Vermögen. Das infolge der zusätzlichen Transaktionen von Fonds l größere aggregierte Transaktionsvolumen verursacht für den informierten Fonds k höhere indirekte Transaktionskosten. Aus Sicht von Kapitalgeber k ist es daher optimal, daß der Fonds die Portfoliozusammensetzung seltener bekanntgibt. Die seltenere Bekanntgabe der Fondsgewichte erhöht zwar sein Managementrisiko, verschlechtert aber auch die Performance des uninformierten Fonds l und führt über ein geringeres aggregiertes Transaktionsvolumen zu wesentlich geringeren indirekten Transaktionskosten für den informierten Fonds k.

Die Modellergebnisse liefern unmittelbar testbare Implikationen für die Offenlegungspolitiken von Investmentfonds: Fonds mit illiquiden Portfolios und Fonds in Segmenten

---

[39] Im Falle einer linearen Nachfrage paßt der Fondsmanager dagegen den Fonds in erster Linie durch eine Änderung seines Anlageverhaltens an die veränderte Liquidität der Aktie an. Dieser Freiheitsgrad für das Kostenmanagement bewirkt im Falle einer linearen Nachfrage, daß für große Bereiche der Aktienliquidität c die vollständige Portfoliooffenlegung ($R_k^{\star 2} = 1$) oder aber der vollständige Verzicht auf jegliche Portfoliooffenlegung ($R_k^{\star 2} = 0$) optimal ist.

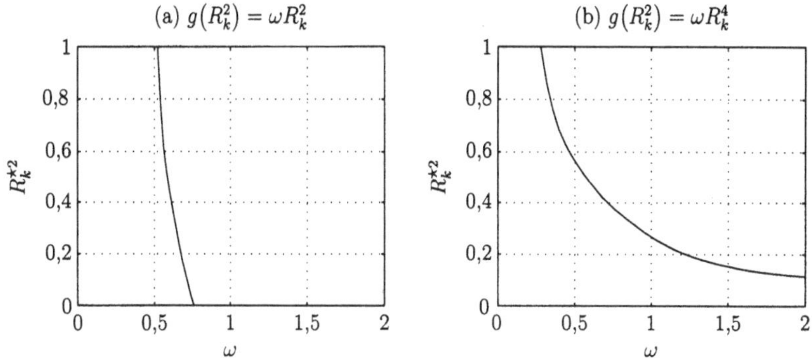

Abbildung 5.7: Optimale Offenlegungspolitik $R_k^{\star 2}$ von Fonds k in Abhängigkeit der Performancesensitivität ω des Mittelaufkommens

mit einer hohen Performancesensitivität des Mittelaufkommens sollten ihre Portfoliopositionen seltener offenlegen als Fonds mit liquiden Portfolios und Fonds in Segmenten mit einer geringen Performancesensitivität des Mittelaufkommens.

Empirisch sind Wachstumswerte im allgemeinen weniger liquide als Standardwerte. Wachstumsorientierte Fonds (beispielsweise Aggressive-Growth-Fonds) halten daher tendenziell weniger liquide Portfolios als einkommensorientierte Fonds (beispielsweise Growth-and-Income-Fonds).[40] Tabelle 6.2.B in Kapitel 6 gibt einen Überblick über die Offenlegungspolitiken von Fonds mit unterschiedlichen Anlageschwerpunkten. Sie zeigt, daß der Anteil Fonds, die ihre Portfoliopositionen vierteljährlich offenlegen, im Falle von Fonds mit Anlageschwerpunkt „Growth and Income“, die vergleichsweise liquide Aktien halten, deutlich höher ist als im Falle von Aggressive-Growth-Fonds, die sich durch weniger liquide Portfolios auszeichnen. So geben im Jahr 2002 circa 53% der Fonds mit Anlageschwerpunkt „Growth and Income“ ihre Portfoliopositionen vierteljährlich bekannt, während im gleichen Jahr nur knapp 39% der Aggressive-Growth-Fonds ihre Portfoliozusammensetzung vierteljährlich offenlegen. Die empirischen Befunde des sechsten Kapitels in Bezug auf die Offenlegungspolitiken von Fonds mit unterschiedlichen Anlageschwerpunkten stützen somit die Aussagen des Modells hinsichtlich des Einflusses der Portfolioliquidität auf das Offenlegungsverhalten von Fonds.

5.5 Zwischenfazit

Die regelmäßige Offenlegung der Portfoliopositionen ist für Kapitalgeber von Fonds nicht nur mit Erlösen, sondern auch mit indirekten Transaktionskosten verbunden. Bei be-

---

[40] Vgl. Massa und Phalippou (2005).

grenzter Kapitalmarktliquidität führt das Herdenverhalten uninformierter Fonds, die die veröffentlichten Portfolioinformationen zur Portfolioselektion nutzen, zu indirekten Transaktionskosten. Möchten Fondsmanager das Fondsportfolio aufgrund ihrer privaten Informationen anpassen, müssen sie wegen des höheren aggregierten Transaktionsvolumens größere Kurszugeständnisse in Kauf nehmen.

Die Kosten aus einer Portfoliooffenlegung beeinflussen sowohl das optimale Anlageverhalten als auch die optimale Offenlegungspolitik von Fonds. Optimale Fondsportfolios hängen nicht mehr nur von den eigenen Informationen und dem eigenen Portfoliosignal, sondern auch von den Informationen und den Portfoliosignalen anderer Fonds ab. Die indirekten Transaktionskosten aus einer Portfoliooffenlegung führen dazu, daß Fondsmanager im Gleichgewicht umso schwächer auf ihre privaten Informationen reagieren, je weniger liquide die Aktien sind und je höher die Performancesensitivität des Mittelaufkommens im betreffenden Fondssegment ist.

Auch Offenlegungspolitiken, die aus Sicht der Kapitalgeber von Fonds optimal sind, hängen von der Liquidität der Aktien in den Fondsportfolios und der Performancesensitivität des Mittelaufkommens im jeweiligen Fondssegment ab. Je weniger liquide die gehaltenen Aktien sind und je stärker die Performancesensitivität des Mittelaufkommens innerhalb des Fondssegments ist, desto höher sind für eine gegebene Offenlegungspolitik die indirekten Transaktionskosten informierter Fonds. Fonds mit illiquiden Portfolios und Fonds in Segmenten mit einer hohen Performancesensitivität des Mittelaufkommens sollten ihre Portfoliopositionen daher seltener bekanntgeben als Fonds mit liquiden Portfolios und Fonds in Segmenten mit einer geringen Performancesensitivität des Mittelaufkommens.

Nimmt man den Anlageschwerpunkt von Fonds als Indikator für die Portfolioliquidität, so stützen die empirischen Ergebnisse des nun folgenden sechsten Kapitels die Modellimplikationen in Bezug auf den Einfluß der Portfolioliquidität auf das Offenlegungsverhalten von Fonds. Fonds in liquiden Segmenten geben ihre Portfoliozusammensetzung im Durchschnitt öfter bekannt als Fonds in weniger liquiden Segmenten.

Kapitel 6

Empirische Untersuchungen

Bisherige Studien zur Performance von Investmentfonds liefern kein einheitliches Bild darüber, ob das gesamte Fondssegment oder aber zumindest einzelne Fonds überlegene Informationen besitzen, die die höheren Transaktionskosten und Gebühren ihrer aktiven Strategien rechtfertigen. Auf der einen Seite gibt es eine Reihe von Studien, die zur Performancemessung ausschließlich auf Renditeinformationen zurückgreifen. Sie gelangen überwiegend zu dem Ergebnis, daß Fonds keine überlegenen Fähigkeiten besitzen und im Mittel sogar etwas schlechter als vergleichbare passive Benchmarks abschneiden.[1] Demgegenüber finden Studien, die anstatt auf die Fondsrendite auf die von den Fonds veröffentlichten Aktienpositionen fokussieren, daß Fonds im Querschnitt Aktien halten, deren Rendite die geeigneter Benchmarks übertrifft.[2] Ein ähnliches Bild ergibt sich auch für die Persistenz der Performance von Investmentfonds. Während Studien auf Basis der Fondsrendite mehrheitlich keine Anhaltspunkte dafür finden, daß einzelne Fonds risikoadjustiert über einen längeren Zeitraum eine überlegene Performance erzielen, finden neuere Studien auf Basis der Fondsgewichte ermutigende Ergebnisse im Hinblick auf die Performancepersistenz einiger Fonds.[3] Empirische Untersuchungen, die sowohl die veröffentlichten Fondsgewichte als auch die Fondsrenditen zwischen den Offenlegungszeitpunkten zur Performancemessung verwenden, gibt es bislang nicht.[4]

---

1 Es gibt eine Vielzahl empirischer Studien, die die Performance von Fonds auf Basis von Renditeinformationen untersuchen. In diesem Zusammenhang sind insbesondere die Arbeiten von Jensen (1968), Malkiel (1995), Gruber (1996), Carhart (1997) sowie Baks, Metrick und Wachter (2001) zu erwähnen. Baks (2003) untersucht den Beitrag des Fondsmanagers zur Fondsperformance.

2 In diesem Zusammenhang sind insbesondere die Arbeiten von Grinblatt und Titman (1989a), (1993), Daniel, Grinblatt, Titman und Wermers (1997), Chen, Jegadeesh und Wermers (2000) sowie Wermers (2000) zu nennen. Ding und Wermers (2004) untersuchen die Performance der Aktienpositionen von Fondsmanagern im Laufe ihrer Karrieren.

3 Hendricks, Patel und Zeckhauser (1993), Brown und Goetzmann (1995), Malkiel (1995) und Carhart (1997) untersuchen die Persistenz der Performance von Fonds auf Basis der Nettorendite. Daniel, Grinblatt, Titman und Wermers (1997) sowie eine aktuelle Untersuchung von Wermers (2003) befassen sich mit der Persistenz der Performance der Aktienpositionen von Fonds.

4 Ein erster Schritt in diese Richtung ist eine aktuelle Untersuchung von Kasperczyk, Sialm und Zheng (2005). Sie untersuchen das Ausmaß unbeobachtbarer Handlungen von Fonds anhand der

Die abweichenden Ergebnisse dieser beiden Richtungen von Studien sind zu einem beachtlichen Teil auf die unterschiedliche Berücksichtigung der Kosten und Gebühren der Fonds sowie der geringeren Rendite geldnaher Anlagen zurückzuführen. Während Studien auf Basis der Fondsgewichte die Performance der Aktienpositionen vor Transaktionskosten und Gebühren untersuchen, analysieren Studien, die auf den Nettorenditen basieren, die Performance der gesamten Positionen der Fonds.[5] Sie berücksichtigen dabei sämtliche Kosten und laufenden Gebühren. Wermers (2000) zerlegt die Nettorendite aller offenen amerikanischen Aktienfonds im Zeitraum 1975 bis 1994 in ihre verschiedenen Komponenten. Er zeigt, daß ungefähr zwei Drittel der Differenz zwischen der Rendite der Aktienpositionen und der Nettorendite der Fonds durch Transaktionskosten und laufende Gebühren verursacht werden. Das letzte Drittel der Renditedifferenz führt er auf die im Vergleich zu Aktien geringere Rendite geldnaher Anlagen zurück.

Aber selbst unter Berücksichtigung von Transaktionskosten, laufenden Gebühren und der Aktienquote der Fonds müssen Studien auf Basis der Fondsgewichte nicht zu identischen Ergebnissen gelangen, wie Studien auf Basis der Fondsrendite. Internen und externen Performancemaßen liegen, wie im theoretischen Teil der Arbeit gezeigt, unterschiedliche Annahmen im Hinblick auf die Offenlegungspolitik der Fonds zugrunde. Studien auf Basis der Fondsrendite unterstellen implizit, daß Fonds keine Informationen über ihre Anlagestrategie bekanntgeben. Derartige Studien führen vor dem Hintergrund der regelmäßigen Portfoliooffenlegungen von Fonds zu einem verzerrten Bild der Performance. Sie überschätzen tendenziell das systematische Fondsrisiko und unterschätzen somit die Performance.

Studien, die allein die Rendite der von den Fonds veröffentlichten Portfoliopositionen analysieren, unterstellen implizit vollständige Portfoliooffenlegung der Fonds. Auch sie sind vor dem Hintergrund fehlspezifiziert, daß die Mehrheit der Fonds ihre Portfoliopositionen nur alle drei bis sechs Monate offenlegt. Sie vernachlässigen in der Fondsrendite zwischen den Offenlegungszeitpunkten enthaltene Informationen über Portfolioanpassungen, die der Fondsmanager bereits vor dem nächsten Offenlegungstermin wieder revidiert. Dies führt tendenziell zu einer Unterschätzung des systematischen Risikos informierter Fonds.[6] Studien, die beide den Anlegern zur Verfügung stehenden Informationen nutzen, gibt es in der Literatur bislang nicht.

Differenz zwischen der Fondsrendite und der Rendite eines passiven Portfolios, welches entsprechend der zuletzt von den Fonds veröffentlichten Portfoliopositionen in Aktien investiert.

5 Mit „Nettorendite“ von Fonds wird in dieser Arbeit die Fondsrendite unter Berücksichtigung von Kosten, laufenden Gebühren und Ausschüttungen bezeichnet. Ausgabeaufschläge und Rücknahmegebühren sind dagegen nicht in der Nettorendite berücksichtigt. Demgegenüber bezeichnet die „Bruttorendite“ von Fonds die Rendite der Portfoliopositionen des Fonds vor Kosten und Gebühren.

6 Darüber hinaus ist es denkbar, daß Studien, die allein auf den veröffentlichten Portfoliopositionen beruhen, auch die Bruttorendite der Fonds unterschätzen. Die Richtung des Schätzfehlers in Bezug auf die Performance ist daher unklar.

Hier knüpft die empirische Studie in diesem Kapitel an. Sie untersucht die Performance aller im Zeitraum von 1983 bis 2003 existierenden offenen amerikanischen Aktienfonds anhand des in dieser Arbeit neu entwickelten gewichtsbasierten Alphas. Dies ist die erste Untersuchung, die sich sowohl auf die Nettorenditen als auch auf die von den Fonds veröffentlichten Portfoliopositionen stützt. Sie erfaßt daher besser als bisherige Studien den Informationsstand der Kapitalgeber von Fonds. Es ergibt sich ein deutlich exakteres Bild von der Performance, die die Kapitalgeber amerikanischer Aktienfonds erzielen, als in früheren Studien unter Vernachlässigung der Offenlegungspolitiken der Fonds.

Die Untersuchung basiert auf zwei umfangreichen Fondsdatenbanken. Monatliche Fondsrenditen, Fondsvolumina und jährliche Angaben zu Umschlagshäufigkeit, Kosten und Gebühren der Fonds stammen vom Center for Research in Security Prices (CRSP). Halbjährliche sowie für einen großen Teil der Fonds zusätzlich vierteljährliche Portfoliopositionen und Angaben zum Anlageschwerpunkt der Fonds werden von Thomson Financial zur Verfügung gestellt.[7]

Im nächsten Abschnitt werden zunächst die Rohdaten vorgestellt, das Vorgehen bei der Zuordnung der Fonds beider Rohdatenbanken erläutert und einige deskriptive Statistiken im Hinblick auf die Anlagestrategien und Offenlegungspolitiken der untersuchten Fonds präsentiert. In Abschnitt 6.2 werden dann die für die Untersuchung verwendeten Performancemaße vorgestellt und das Vorgehen bei deren Implementierung erläutert. Die Ergebnisse der Untersuchung im Hinblick auf die Performance aller amerikanischen Aktienfonds und die Persistenz der Performance einzelner Fonds werden in Abschnitt 6.3 dargestellt. In Abschnitt 6.4 werden die wichtigsten Ergebnisse der empirischen Untersuchung kurz zusammengefaßt.

6.1 Datenbasis und deskriptive Statistiken

Der empirische Teil der Arbeit stützt sich auf drei umfangreiche Datenbanken: Zwei Datenbanken zu amerikanischen Aktienfonds und eine Datenbank zu amerikanischen Aktien. Die erste Fondsdatenbank stammt von Thomson Financial. Sie enthält für alle in den USA im Zeitraum vom 1. Januar 1975 bis 31. Dezember 2003 existierenden Investmentfonds die folgenden Informationen:

1. den Fondsnamen und eine Abkürzung für den Namen der Fondsgesellschaft

2. seit Juni 1980 den Anlageschwerpunkt

3. das Fondsvolumen

---

[7] Die Thomson Financial Portfoliodaten stammen ursprünglich von CDA Investment Technologies und sind unter dieser Bezeichnung in der Literatur geläufig.

4. die vollständigen Portfoliopositionen

5. seit Juni 1979 den Stichtag, zu dem die Portfoliopositionen berichtet wurden[8]

Die Informationen stammen aus gesetzlich vorgeschriebenen Meldungen der Fonds an die amerikanische Wertpapieraufsicht (SEC), zu einem beachtlichen Teil aber auch aus freiwilligen Angaben der Fonds. Sie sind für alle Fonds auf halbjährlicher und für einen großen Teil der Fonds zusätzlich auf vierteljährlicher Basis verfügbar.[9]

Die zweite Fondsdatenbank stammt von CRSP. Sie enthält für alle im Zeitraum vom 1. Januar 1962 bis 31. Dezember 2003 existierenden offenen amerikanischen Investmentfonds folgende Informationen:

1. den Fondsnamen und seit 1992 den Namen der Fondsgesellschaft sowie des Fondsmanagers

2. den Anlageschwerpunkt

3. die monatliche Nettorendite

4. das monatliche Fondsvolumen (bis 1990 auf vierteljährlicher Frequenz)

5. die jährliche Umschlagshäufigkeit des Portfolios

6. jährliche Angaben zu Kosten und Gebühren

7. das Alter

Die Aktiendatenbank stammt ebenfalls von CRSP. Sie enthält börsentägliche Informationen zu Kursen, Renditen, Ausschüttungen, Marktkapitalisierungen, Transaktionsvolumina und einer Reihe weiterer Merkmale der Aktien aller an der New York Stock Exchange (NYSE), der American Stock Exchange (AMEX) und der Nasdaq notierten Unternehmen. Die Buchwerte der Unternehmen stammen aus den COMPUSTAT-Daten von Standard & Poor's. Als risikoloser Zinssatz wird die Rendite einmonatiger Treasury Bills gewählt. Sie wird von Ibbotson Associates zur Verfügung gestellt.

Die beiden Fondsdatenbanken und die Aktiendatenbank werden zu einer einheitlichen Datenbank verknüpft. Diese enthält neben Identifikationsmerkmalen die monatliche Nettorendite, die vierteljährlichen Aktienpositionen, die monatlichen Fondsvolumina und

---

8 Es handelt sich hierbei um das Datum, an dem die Portfoliopositionen festgestellt wurden, und nicht um das Datum, an dem sie der Wertpapieraufsicht übermittelt wurden.

9 Während des überwiegenden Untersuchungszeitraums (von 1985 bis 2003) galt in den USA die halbjährliche Verpflichtung zur Veröffentlichung der vollständigen Portfoliopositionen. Darüber hinaus beinhalten die Daten von Thomson Financial für durchschnittlich mehr als 50% der untersuchten Fonds auch vierteljährliche Portfoliopositionen.

eine Reihe weiterer Merkmale nahezu aller in der Zeit vom 1. Januar 1980 bis 31. Dezember 2003 existierenden offenen amerikanischen Aktienfonds, die sich zu einem der vier folgenden Anlageschwerpunkte bekennen: „Aggressive Growth“, „Growth“, „Growth and Income“ oder „Balanced“.[10] Die Aktienpositionen werden zur Berechnung der Fondsgewichte und der Bruttorenditen der Fonds um die Aktienkurse beziehungsweise -renditen aus der CRSP-Aktiendatenbank ergänzt.[11]

Anfang der 90er Jahre haben amerikanische Fondsgesellschaften begonnen, mehrere Anteilsklassen derselben Fonds zu emittieren. Den verschiedenen Anteilsklassen der Fonds liegt das gleiche Wertpapierportfolio zugrunde. Sie unterscheiden sich lediglich im Hinblick auf die Gebührenstruktur und sollen Investoren mit unterschiedlichem Anlagehorizont ansprechen. So bieten Fonds eher langfristig orientierten Anlegern eine Anteilsklasse mit niedrigen laufenden Gebühren und einem vergleichsweise hohen Ausgabeaufschlag an, während sich eine weitere Anteilsklasse mit höheren laufenden Gebühren und einem niedrigen (oder ohne) Ausgabeaufschlag an eher kurzfristig orientierte Investoren richtet.[12]

Die Fondsdatenbank von CRSP enthält jede Anteilsklasse als separaten Fonds, während Thomson Financial bereits die aggregierten Aktienpositionen aller Anteilsklassen eines Fonds ausweist. Die verschiedenen Anteilsklassen in den CRSP Fondsdaten werden daher in einem ersten Schritt zu den zugrundeliegenden Fonds zusammengefaßt.[13] Betrachtungseinheit der vorliegenden Untersuchung sind also die zugrundeliegenden Fonds und nicht die einzelnen Anteilsklassen der Fonds.[14] Die Namen der verschiedenen Anteilsklassen unterscheiden sich in der Regel nur durch einen Namenszusatz, der die jeweilige Anteilsklasse kennzeichnet. Daher wird der Fondsname als vorrangiges Kriterium für das Zusammenfassen der verschiedenen Anteilsklassen gewählt. In einzelnen Fällen ist jedoch eine eindeutige Zuordnung der Anteilsklassen allein anhand der Namensbezeichnung nicht möglich. In solchen Fällen werden weitere Charakteristika, beispielsweise der Anlageschwerpunkt, die Umschlagshäufigkeit des Portfolios, die Portfoliozusammensetzung oder Angaben zu Fondsgesellschaft und Fondsmanager, für die Zuordnung herangezogen.

---

[10] Fonds mit anderen Anlageschwerpunkten werden von der Untersuchung ausgeschlossen, da diese nur einen geringen Anteil ihrer Portfolios in an der NYSE, der AMEX oder der Nasdaq notierte Aktien investieren. Darüber hinaus kann einer geringen Anzahl an Fonds in den Rohdaten kein Fonds aus der jeweils anderen Datenbank eindeutig zugeordnet werden.

[11] Die CRSP-Aktiendatenbank enthält lediglich Informationen zu den an der NYSE, der AMEX und der Nasdaq gehandelten Aktien. Für sämtliche anderen Portfoliopositionen sind keine Kurs- und Renditeinformationen vorhanden. Daher enthält die gemeinsame Datenbank lediglich die in diesen Aktien gehaltenen Portfoliopositionen der Fonds.

[12] Vgl. Rünzi (2006), Abschnitt 2.2.

[13] Durch dieses Vorgehen werden Mehrfacherfassungen derselben Fonds vermieden. Da Thomson Financial bereits die aggregierten Aktienpositionen aller Anteilsklassen eines Fonds ausweist, ist dieser Schritt bei der Aufbereitung der Thomson Financial Portfoliodaten nicht erforderlich.

[14] Daniel, Grinblatt, Titman und Wermers (1997), Wermers (1999), (2000) und Kasperczyk, Sialm und Zheng (2005) wählen als Betrachtungseinheit ebenfalls die Thomson Fonds, während zum Beispiel Carhart (1997) jede Anteilsklasse einzeln in seine Untersuchung aufnimmt.

In einem zweiten Schritt werden anschließend die neu gebildeten Fonds aus den CRSP Renditedaten den entsprechenden Fonds aus den Thomson Financial Portfoliodaten zugeordnet. In einigen Fällen kommt es vor, daß Thomson Financial gleichen Fonds aufgrund eines Namenswechsels neue Identifikationsnummern gibt oder nach einem bestimmten Zeitraum bereits verwendete Nummern erneut vergibt. In solchen Fällen werden zunächst die von Thomson Financial gelieferten Daten so bereinigt, daß alle Fonds im Zeitablauf eindeutig identifizierbar sind. Die Verknüpfung der Fonds in den beiden Datenbanken wird zusätzlich dadurch erschwert, daß beide Rohdatenbanken für den Großteil des Untersuchungszeitraums kein einheitliches Identifikationsmerkmal beinhalten. In beiden Datenbanken ist erst seit 1999 das Tickersymbol der Fonds als gemeinsames Merkmal enthalten. Daher werden in Anlehnung an Gaspar, Massa und Matos (2005) anhand des Tickersymbols zunächst alle Fonds einander zugeordnet, für die in beiden Datenbanken Tickerinformationen vorhanden sind. Da Tickersymbole im Zeitablauf nicht eindeutig sein müssen, werden alle Zuordnungen überprüft. Die Zuordnungen werden dann, soweit dies möglich ist, in die Vergangenheit zurückgeschrieben.

In einem dritten Schritt werden alle verbleibenden Fonds, beginnend mit dem Jahr 1975, anhand des Fondsnamens verknüpft. Hierzu wird ein Algorithmus verwendet, der identische Muster und Zeichenfolgen in den Fondsnamen der Datenbanken findet und gängige Abkürzungen erkennt. In allen Fällen, in denen allein anhand des Namens keine eindeutige Zuordnung der Fonds möglich ist, werden das Fondsvolumen und der Anlageschwerpunkt als weitere Kriterien hinzugezogen. Alle Zuordnungen werden unter Berücksichtigung der gesamten Historie in Augenschein genommen; nur eindeutige Zuordnungen werden akzeptiert und, soweit möglich, in die Zukunft fortgeschrieben. Dieses Vorgehen wird für jedes Jahr anhand aller bis zu diesem Zeitpunkt noch nicht zugeordneten Fonds wiederholt.

Abschließend werden in einem vierten Schritt den Aktienpositionen der verknüpften Fonds die entsprechenden Aktienkurse aus der Aktiendatenbank von CRSP zugeordnet und die Fondsgewichte bestimmt. Dabei wird sichergestellt, daß die Summe der Aktiengewichte für alle Fonds in jedem Zeitpunkt gleich Eins ist.

Tabelle 6.1 gibt einen Überblick darüber, wie erfolgreich die Fonds aus beiden Datenbanken miteinander verknüpft werden konnten. Die Tabelle zeigt die Anzahl zugeordneter und unzugeordneter Fonds aus den Rohdaten von CRSP, die einen der vier Anlageschwerpunkte „Aggressive Growth“, „Growth“, „Growth and Income“ oder „Balanced“

	Zugeordnete Fonds				Unzugeordnete Fonds			
Jahr	Anzahl Fonds	Median TNA (Mio. $)	Durchschnittl. Alter (Jahre)	Durchschnittl. Anzahl Anteilsklassen	Anzahl Fonds	Median TNA (Mio. $)	Durchschnittl. Alter (Jahre)	Durchschnittl. Anzahl Anteilsklassen
1980	338	62,3	23,8	1,00	9	2,4	6,5	1,00
1981	333	57,2	24,5	1,00	11	4,2	7,0	1,00
1982	325	76,6	24,2	1,00	12	5,1	6,8	1,00
1983	375	108,6	24,4	1,00	19	12,5	6,8	1,00
1984	394	90,6	23,5	1,00	25	8,5	6,3	1,00
1985	439	117,5	24,2	1,00	37	11,8	5,0	1,00
1986	495	123,3	21,5	1,00	58	11,8	4,0	1,00
1987	554	91,7	19,6	1,00	79	11,5	3,5	1,00
1988	601	82,7	18,6	1,01	90	9,5	3,7	1,00
1989	654	92,1	17,9	1,02	105	9,7	4,0	1,00
1990	716	87,8	18,0	1,04	49	11,3	4,6	1,00
1991	806	103,6	16,4	1,06	28	27,6	5,7	1,00
1992	905	125,9	16,4	1,12	67	22,9	5,0	1,04
1993	1.220	121,6	14,5	1,32	55	32,2	4,5	1,21
1994	1.408	107,5	12,9	1,55	79	23,8	4,8	1,66
1995	1.478	136,3	12,1	1,64	77	27,3	5,8	1,33
1996	1.881	153,2	12,1	1,75	94	46,5	6,2	1,50
1997	1.965	167,5	12,1	1,87	126	56,9	5,9	1,93
1998	2.041	178,1	11,4	1,98	139	54,7	5,0	1,85
1999	2.008	193,5	12,0	2,05	191	80,1	4,2	1,90
2000	2.048	219,0	11,6	2,15	207	72,6	3,6	2,52
2001	2.227	194,5	11,8	2,41	235	88,7	4,2	2,86
2002	2.224	134,7	12,4	2,50	265	68,7	4,8	2,91
2003	2.268	190,7	12,6	2,65	482	94,4	4,6	3,63
1980–2003	3.646	—	17,0	1,46	585	—	5,1	1,50

Tabelle 6.1: Vergleich der Eigenschaften zugeordneter und unzugeordneter Fonds aus den CRSP Daten

aufweisen.[15] Daneben enthält die Tabelle für alle zugeordneten und unzugeordneten Fonds jeweils jährliche Angaben zum Median der Fondsvolumina (in der Tabelle als TNA bezeichnet), zum durchschnittlichen Alter der Fonds und zur durchschnittlichen Anzahl Anteilsklassen je Fonds. Die Angaben für die verschiedenen Anteilsklassen eines Fonds werden mit Ausnahme des Alters entsprechend der zuletzt verwalteten Vermögen zu den entsprechenden Fondsgrößen aggregiert.[16] Das Alter der Fonds ist jeweils das Alter der ältesten Anteilsklasse.

Die kombinierte Fondsrendite- und Portfoliodatenbank umfaßt Informationen zu 3.646 unterschiedlichen Aktienfonds mit insgesamt 221.781 Fondsbeobachtungen. Dem steht eine vergleichsweise geringe Anzahl von 585 Aktienfonds mit Renditeinformation in CRSP gegenüber, die keinem Fonds in den Thomson Financial Portfoliodaten zugeordnet werden können.[17] Ein Vergleich der Fondsvolumina und des Alters unzugeordneter Fonds (Median TNA in 2003: 94,4 Mio. US-Dollar, durchschnittliches Alter 1980–2003: 5,1 Jahre) mit den Fondsvolumina und dem Alter zugeordneter Fonds (Median TNA in 2003: 190,7 Mio. US-Dollar, durchschnittliches Alter 1980–2003: 17,0 Jahre) zeigt, daß in erster Linie kleinere und jüngere Fonds nicht zugeordnet werden können. Der Anteil unzugeordneter Fonds ist mit weniger als 15% aller Fonds jedoch gering. Die unzugeordneten Fonds machen nur einen Anteil von gut 6% aller Fondsbeobachtungen aus.[18]

---

15 Die Entscheidung über die Aufnahme eines verknüpften Fonds in die Datenbank erfolgt anhand der Angaben zum Anlageschwerpunkt in den von Thomson Financial gelieferten Daten. Da jedoch in den Thomson Financial Daten seit 1999 die Angaben zum Anlageschwerpunkt vieler Fonds fehlen, werden für die Fondsauswahl fehlende Anlageschwerpunkte durch die ICDI Investment Objective Codes von Standard & Poor's ergänzt, die mit den CRSP Daten geliefert werden. Obwohl die Fonds beginnend mit dem Jahr 1975 verknüpft werden, beginnt die gemeinsame Datenbank erst mit dem Jahr 1980, da vor 1980 weder Anlageschwerpunkte in den Thomson Financial Daten noch ICDI Investment Objective Codes in den CRSP Daten vorhanden sind.

16 Das Vorgehen bei der Aggregation der Anteilsklassen entspricht unter anderem dem Vorgehen von Wermers (2000). So werden beispielsweise die Angaben für die verschiedenen Anteilsklassen für Dezember 2003 anhand der Ende November 2003 verwalteten Vermögen zu den entsprechenden Größen der Fonds aggregiert. Fehlt für eine Anteilsklasse die Angabe des November-Vermögens, erfolgt die Aggregation der Anteilsklassen entsprechend der jeweiligen Vermögen Ende Oktober 2003 usw. Dieses Vorgehen stellt sicher, daß zu jedem Zeitpunkt die Angaben aller Anteilsklassen in die Berechnung der entsprechenden Größen für die Fonds eingehen.

17 Es gibt zwei Ursachen dafür, daß gerade in den letzten Jahren des Untersuchungszeitraums der Anteil an Fonds mit Renditeinformationen in CRSP steigt, denen kein Fonds aus den Thomson Financial Daten eindeutig zugeordnet werden kann. Wermers (2000) stellt fest, daß Thomson Financial neu aufgelegte Fonds oftmals erst nach einigen Jahren in die Datenbank aufnimmt. Darüber hinaus können Fonds mit leichten Namensabweichungen erst unter Berücksichtigung einer gewissen Historie der übrigen Charakteristika sicher zugeordnet werden. In den letzten Jahren neu aufgelegte Fonds weisen noch keine ausreichenden Historien auf. Sie können daher noch nicht sicher zugeordnet werden. Es ist also zu vermuten, daß einem großen Teil der in den letzten Jahren aufgelegten und noch unzugeordneten Fonds mit Renditeinformationen in CRSP in der Zukunft ein Fonds aus den Thomson Financial Daten zugeordnet werden kann.

18 Der im Vergleich zu Wermers (2000) (3,5% unzugeordnete Fonds im Zeitraum 1975 bis 1994) deutlich höhere Anteil unzugeordneter Fonds hat zwei Ursachen: Der Anteil neu aufgelegter Fonds ist insbesondere in den letzten Jahren sprunghaft angestiegen. Für eine sichere Zuordnung dieser Fonds steht jedoch oftmals noch keine ausreichende Historie zur Verfügung.

Tabelle 6.1 vermittelt darüber hinaus einen Eindruck über das Wachstum des amerikanischen Fondsmarktes in den vergangenen knapp 25 Jahren. Das Wachstum des Fondsmarktes spiegelt sich in der Anzahl der in der kombinierten Rendite- und Portfoliodatenbank erfaßten Fonds und im Median der Fondsvolumina wider. So ist die Anzahl Fonds von 338 im Jahre 1980 bis zum Ende des Untersuchungszeitraums im Jahre 2003 auf 2.268 Fonds gestiegen. Auch die Anzahl Anteilsklassen je Fonds hat –vor allem in der zweiten Hälfte des Untersuchungszeitraums– stark zugenommen. Während im Jahr 1990 im Durchschnitt nur 1,04 Anteilsklassen auf einen Fonds entfallen, sind es im Jahr 1995 schon durchschnittlich 1,64 und im Jahr 2003 durchschnittlich 2,65 Anteilsklassen je Fonds. Die Fondsvermögen sind im gleichen Zeitraum ebenfalls deutlich gestiegen. Der Median der Fondsvolumina liegt zu Beginn des Untersuchungszeitraums im Jahre 1980 noch bei nur gut 60 Mio. US-Dollar. Am Ende des Untersuchungszeitraum im Jahre 2003 beträgt er mit über 190 Mio. US-Dollar mehr als das Dreifache dieses Wertes. Die seit Anfang der 90er Jahre stark steigende Anzahl neu aufgelegter Fonds spiegelt sich auch im durchschnittlichen Alter der in der Datenbank enthaltenen Fonds wider. Während Fonds im Jahr 1980 noch durchschnittlich knapp 24 Jahre alt waren, beträgt das Durchschnittsalter der Fonds im Jahr 2003 mit 12,6 Jahren nur noch gut die Hälfte dieses Wertes.

Fonds sind –wie Tabelle 6.2 verdeutlicht– während des Untersuchungszeitraums deutlich zurückhaltender im Hinblick auf eine Veröffentlichung ihrer Portfoliozusammensetzung geworden. Über den gesamten Untersuchungszeitraum geben durchschnittlich gut 50% aller untersuchten Fonds ihre Portfoliozusammensetzung vierteljährlich und 45% nur halbjährlich bekannt. Für knapp 5% der Fondsbeobachtungen liegt der letzte Offenlegungstermin bereits mehr als sechs Monate zurück.[19]

Die zeitliche Entwicklung des Offenlegungsverhaltens der Fonds zeigt, daß insbesondere nach Lockerung der Publizitätsvorschriften für Investmentfonds im Jahre 1985 der Anteil Fonds, die ihre Gewichte jedes Quartal bekanntgeben, stark gesunken ist. Sind in den Jahren 1980 und 1985 noch für ungefähr 80% aller Fonds vierteljährliche Portfoliogewichte verfügbar, so ist dies in den Jahren 2000 und 2002 für nur noch circa 50% der Fonds der Fall (Tabelle 6.2.A).[20] Differenziert man weiter nach dem Anlageschwerpunkt der Fonds (Tabelle 6.2.B), so sind Wachstumswerte-Fonds (Anlageschwerpunkt „Aggressive Growth") deutlich zurückhaltender bei der Veröffentlichung ihrer Portfoliopositionen

---

19 Vor dem Hintergrund der gesetzlichen Verpflichtung zu halbjährlicher Portfoliooffenlegung deutet dies auf fehlende Portfoliobeobachtungen hin. Eine Ursache hierfür ist, daß Thomson Financial Fonds im Falle von Namensänderungen oftmals erst nach einiger Zeit unter einer neuen Identifikationsnummer weiterführt.

20 Mitte der 90er Jahre liegt der Anteil Fonds, für die vierteljährliche Portfolioinformationen vorhanden sind, mit weniger als 25% noch deutlich unter diesem Wert. Dies kann mit der Übernahme von CDA Investment Technologies durch Thomson Financial zusammenliegen, die in dieser Zeit erfolgt ist.

A. Offenlegungspolitik aller offenen Aktienfonds

		3 Monate		6 Monate		> 6 Monate	
Jahr	Gesamtzahl	Anzahl	Anteil (%)	Anzahl	Anteil (%)	Anzahl	Anteil (%)
1980	338	285	84, 32	51	15, 09	2	0, 59
1985	439	346	78, 82	219	19, 36	8	1, 82
1990	716	471	65, 78	219	30, 59	26	3, 63
1995	1.478	340	23, 00	983	66, 51	155	10, 49
2000	2.048	1.022	49, 90	884	43, 16	142	6, 93
2002	2.224	1.095	49, 23	1.070	48, 11	59	2, 65

B. Offenlegungspolitik nach Anlageschwerpunkt

	Aggressive Growth				Growth				Growth & Income				Balanced			
Jahr	Anz.	Anteil (%)			Anz.	Anteil (%)			Anz.	Anteil (%)			Anz.	Anteil (%)		
		3 M.	6 M.	>6 M.		3 M.	6 M.	>6 M.		3 M.	6 M.	>6 M.		3 M.	6 M.	>6 M.
1980	89	80,90	19,10	—	141	84,40	14,89	0,71	87	85,06	13,79	1,15	21	95,24	4,76	—
1985	92	73,91	22,83	3,26	184	79,35	18,48	2,17	109	80,73	18,35	0,92	54	81,48	18,52	—
1990	151	53,64	39,74	6,62	317	68,14	28,39	3,47	161	71,43	27,33	1,24	87	67,82	28,74	3,45
1995	157	23,57	70,06	6,37	786	22,26	67,05	10,69	355	23,66	65,07	11,27	180	24,44	63,89	11,67
2000	161	44,10	48,45	7,45	1.089	50,14	42,98	6,89	323	50,46	41,49	8,05	148	50,68	42,57	6,76
2002	157	38,85	59,87	1,27	1.036	51,93	44,79	3,28	310	52,58	46,13	1,29	141	45,39	50,35	4,26

Tabelle 6.2: Überblick über die Offenlegungspolitiken aller offenen amerikanischen Aktienfonds

als Fonds in den drei anderen Segmenten. Aggressive-Growth-Fonds befürchten offenbar am stärksten, durch eine häufige Portfoliooffenlegung auch ihren Wettbewerbern einen Teil ihrer privaten Informationen zu offenbaren. Berücksichtigt man, daß Fonds mit Anlageschwerpunkt „Aggressive Growth“ deutlich weniger liquide Aktien halten als Fonds in anderen Segmenten (Massa und Phalippou (2005)), so bestätigen die Ergebnisse in Tabelle 6.2.B die Implikationen des Modells zur optimalen Offenlegungspolitik von Fonds aus Kapitel 5.

Tabelle 6.3 gibt schließlich einen ersten Eindruck über die Anlagestrategien aller offenen amerikanischen Aktienfonds im Untersuchungszeitraum 1983 bis 2003.[21] Die Tabelle zeigt jeweils wertgewichtet die Bruttorendite der Aktienpositionen, die Nettorendite, die durchschnittliche Aktienquote und die Umschlagshäufigkeit der Portfolios aller untersuchten Fonds. Sie enthält außerdem die Rendite eines wertgewichteten Indizes aller an der NYSE, der AMEX und der Nasdaq gehandelten Aktien.

Die Renditen und die Aktienquote werden auf Basis einer wertgewichteten Buy-and-Hold-Strategie berechnet. Das Vorgehen zur Berechnung der Größen ist an Wermers (2000) angelehnt. Es wird exemplarisch anhand der Nettorendite vorgestellt. Die Bruttorendite der Aktienpositionen, die Aktienquote und die Umschlagshäufigkeit (Turnover) des Portfolios aller amerikanischen Aktienfonds berechnen sich analog. Das Vorgehen zur Berechnung dieser Größen wird daher hier nicht gesondert dargestellt.

Zur Berechnung der Nettorendite des Aktienfondssegments wird eine vierteljährlich umschichtende Buy-and-Hold-Strategie gebildet. Diese investiert entsprechend der Fondsvolumina zu Ende des Vorquartals in alle Fonds mit für das laufende Quartal gültigen Rendite- und Portfolioinformationen: Zu Anfang des ersten Quartals 1983 werden beispielsweise alle Fonds in die Strategie aufgenommen, die bis zum Ende des ersten Quartals 1983 überleben und für die Ende des vierten Quartals 1982 Fondsgewichte sowie während des gesamten ersten Quartals 1983 Fondsrenditen vorhanden sind.[22] In diesem Zusammenhang ist es unerheblich, ob die Fonds bis zum Jahresende überleben oder im Verlauf des Jahres sterben. Die Gewichte der verschiedenen Fonds im Rahmen der Stra-

---

[21] Die im Vergleich zu den Tabellen 6.1 und 6.2 geringere Anzahl Fonds erklärt sich dadurch, daß hier nur solche Fonds in die Berechnungen eingehen, für die vollständige Gewichts- und Renditeinformationen verfügbar sind. Die Anzahl Fonds in den Tabellen 6.3.B–E muß aus zwei Gründen in der Summe nicht mit der Gesamtzahl Fonds in Tabelle 6.3.A übereinstimmen: Erstens ändern einige Fonds während der Fünfjahres-Fenster ihre Anlageschwerpunkte und gehen daher für beide Anlageschwerpunkte in die Berechnung der Anzahl Fonds ein. Zweitens gibt es ab 1999 eine Vielzahl Fonds mit fehlenden Angaben zum Anlageschwerpunkt in den Thomson Financial Daten. Diese Aktienfonds können daher keinem der vier Anlageschwerpunkte eindeutig zugeordnet werden. Sie gehen aus diesem Grund nur in Tabelle 6.3.A ein. Dies erklärt beispielsweise auch, daß die durchschnittliche Nettorendite aller Fonds in Tabelle 6.3.A mit 4,94% p.a für den Zeitraum 1998 bis 2003 kleiner ist, als alle vier Durchschnittsrenditen nach Anlageschwerpunkt in Tabelle 6.3.B–E.

[22] Dies sind alle Fonds, für die die letzte Portfoliooffenlegung in den Thomson Financial Daten nicht länger als sechs Monate zurückliegt und für die in den CRSP Daten Informationen zur Nettorendite für Januar, Februar und März vorhanden sind.

A. Alle offenen Aktienfonds (Aktienfondssegment)						
Jahr	Anzahl	Bruttorendite (% p.a.)	Nettorendite (% p.a.)	Aktienquote (% p.a.)	Turnover (% p.a.)	CRSP-Index (% p.a.)
1983	223	23,22	21,06	86,14	66,67	21,66
1984	255	−0,46	−0,69	83,36	63,70	3,05
1985	280	32,20	28,58	85,15	70,84	32,25
1986	331	17,26	15,68	83,34	72,29	15,92
1987	380	2,84	2,17	81,34	81,05	0,15
1988	440	18,74	16,30	83,03	65,31	17,38
1989	457	29,64	25,65	84,70	61,12	29,45
1990	482	−7,58	−5,92	77,16	66,36	−6,11
1991	526	37,64	32,84	84,58	—	34,82
1992	612	9,49	8,18	81,21	67,05	8,72
1993	624	15,28	14,16	80,15	75,08	12,17
1994	827	−0,54	−1,23	79,19	68,28	−0,92
1995	974	36,73	31,91	84,57	72,71	35,33
1996	986	21,31	17,73	83,98	81,35	21,19
1997	1.300	28,03	24,86	90,22	68,26	31,20
1998	1.387	20,77	18,98	86,50	66,54	21,99
1999	1.398	25,06	22,89	93,61	62,43	26,57
2000	1.461	−5,91	−6,34	87,49	69,20	−11,18
2001	1.562	−14,59	−14,12	87,77	77,01	−8,26
2002	1.440	−22,24	−21,48	87,77	70,71	−20,94
2003	1.163	33,59	29,72	91,61	58,97	29,41
1983–1987	428	15,01	13,36	84,07	70,91	14,61
1988–1992	768	17,59	15,41	82,14	64,96	16,85
1993–1997	1.599	20,17	17,48	83,62	73,14	19,79
1998–2003	2.362	6,11	4,94	88,89	67,48	6,26
1983–2003	2.725	14,31	12,42	84,88	69,25	13,99

Tabelle wird fortgesetzt.

Fortsetzung

B. Fonds mit Anlageschwerpunkt „Aggressive Growth"

Jahr	Anzahl	Bruttorendite (% p.a.)	Nettorendite (% p.a.)	Aktienquote (% p.a.)	Turnover (% p.a.)	CRSP-Index (% p.a.)
1983–1987	145	11,71	10,29	89,64	87,44	14,61
1988–1992	224	19,76	17,92	89,94	90,91	16,85
1993–1997	244	17,94	16,61	88,95	93,94	19,79
1998–2003	178	7,76	6,83	92,73	94,20	6,26
1983–2003	373	13,98	12,62	90,43	91,78	13,99

C. Fonds mit Anlageschwerpunkt „Growth"

Jahr	Anzahl	Bruttorendite (% p.a.)	Nettorendite (% p.a.)	Aktienquote (% p.a.)	Turnover (% p.a.)	CRSP-Index (% p.a.)
1983–1987	269	14,75	13,36	86,04	64,23	14,61
1988–1992	450	18,42	16,17	85,65	70,33	16,85
1993–1997	1.093	19,89	17,14	85,62	88,05	19,79
1998–2003	1.202	6,60	5,14	90,52	73,58	6,26
1983–2003	1.640	14,52	12,58	87,12	74,18	13,99

D. Fonds mit Anlageschwerpunkt „Growth and Income"

Jahr	Anzahl	Bruttorendite (% p.a.)	Nettorendite (% p.a.)	Aktienquote (% p.a.)	Turnover (% p.a.)	CRSP-Index (% p.a.)
1983–1987	156	16,75	14,84	81,55	68,63	14,61
1988–1992	230	16,54	14,50	79,74	52,09	16,85
1993–1997	399	21,24	18,51	81,79	49,63	19,79
1998–2003	355	5,91	5,04	88,29	46,82	6,26
1983–2003	548	14,67	12,86	83,10	54,03	13,99

E. Fonds mit Anlageschwerpunkt „Balanced"

Jahr	Anzahl	Bruttorendite (% p.a.)	Nettorendite (% p.a.)	Aktienquote (% p.a.)	Turnover (% p.a.)	CRSP-Index (% p.a.)
1983–1987	40	18,43	14,86	64,84	78,23	14,61
1988–1992	69	15,88	13,24	61,78	60,32	16,85
1993–1997	140	21,11	15,53	63,11	57,37	19,79
1998–2003	146	7,69	6,34	61,99	70,08	6,26
1983–2003	234	15,39	12,20	62,88	66,99	13,99

Tabelle 6.3: Überblick über die Anlagestrategien aller offenen amerikanischen Aktienfonds

tegie spiegeln die Fondsvolumina zum Ende des vierten Quartals 1982 wider. Zu Beginn des zweiten Quartals wird das Portfolio dann entsprechend der Fondsvolumina zum Ende des ersten Quartals in alle die Fonds umgeschichtet, die bis zum Ende des zweiten Quartals überleben und für die auch für das gesamte zweite Quartal Rendite- und Portfolioinformationen vorhanden sind.[23] Dieses Vorgehen wird anschließend für das dritte und vierte Quartal wiederholt; die Portfoliorenditen für die vier Quartale werden zu den Jahresrenditen in Tabelle 6.3 aggregiert. Die jährliche Aktienquote entspricht der durchschnittlichen Aktienquote der Buy-and-Hold-Strategie in den jeweiligen Jahren. Die jährliche Umschlagshäufigkeit ist die durchschnittliche Umschlagshäufigkeit der in der Buy-and-Hold-Strategie enthaltenen Fonds.[24] Die vierteljährliche Umschichtung der Strategie begrenzt die Überlebensanforderung an gestorbene Fonds für eine Aufnahme in die Berechnung der Größen für das Aktienfondssegment auf maximal zwei Monate. Die Ergebnisse der Untersuchung sollten daher nur einen geringen Survivorship-Bias aufweisen.

Die Aktienpositionen aller untersuchten Fonds erwirtschaften nach Tabelle 6.3.A vor Kosten und Gebühren mit jährlich 14,3% eine leicht höhere durchschnittliche Rendite als der wertgewichtete Index aller an der NYSE, der AMEX und der Nasdaq gehandelten Aktien (CRSP-Index) mit 14,0%. Die niedrigere Rendite der nicht in Aktien investierten Portfoliopositionen (Anleihen, Geldmarktpapiere, etc.) sowie die Kosten und laufenden Gebühren der Fonds führen jedoch dazu, daß die Nettorendite für die Kapitalgeber mit durchschnittlich 12,4% p.a. um fast 160 Basispunkte unter der Rendite des CRSP-Indizes liegt. Die Aktienquote eines durchschnittlichen Aktienfonds beträgt im Untersuchungszeitraum knapp 85%; sie ist leicht von 84% im Zeitraum 1983 bis 1987 auf fast 89% im Zeitraum 1998 bis 2003 gestiegen. Die untersuchten Fonds schlagen ihre Portfolios im Durchschnitt alle 1,5 Jahre einmal um.

Differenziert nach dem Anlageschwerpunkt der Fonds ergibt sich für die Fondsrenditen ein relativ homogenes Bild. Die durchschnittliche Bruttorendite des Aktienportfolios liegt für den Gesamtzeitraum im Intervall von 14,0% (Aggressive-Growth-Fonds) bis 15,4% (Balanced-Fonds). Die Nettorendite der Fonds reicht von durchschnittlich 12,2% (Balanced-Fonds) bis zu 12,9% (Growth-and-Income-Fonds). Aggressive-Growth-Fonds zeichnen sich mit durchschnittlich 90,4% durch die höchste Aktienquote aus. Die Aktienquoten von Growth-and-Income-Fonds und Balanced-Fonds liegen mit 83,1% beziehungsweise 62,9% deutlich darunter. Auch die jährliche Umschlagshäufigkeit des Portfolios ist mit 91,8% im Falle von Fonds mit Anlageschwerpunkt „Aggressive Growth“ deutlich

---

[23] Ein Fonds, der beispielsweise zum 1. März 1983 neu aufgelegt wird, geht somit erst für das Jahr 1984 in die Berechnungen mit ein. Dies liegt daran, daß für die Bestimmung des gewichtsbasierten Alphas die Portfoliozusammensetzung zu Ende des Vorjahres erforderlich ist.

[24] Für jedes Quartal wird die wertgewichtete Umschlagshäufigkeit aller in der Buy-and-Hold-Strategie enthaltenen Fonds bestimmt. Die in Tabelle 6.3 ausgewiesene Umschlagshäufigkeit ist das gleichgewichtete Mittel der für die vier verschiedenen Quartale berechneten Umschlagshäufigkeiten.

höher als für Fonds mit Anlageschwerpunkt „Growth and Income" (54,0%) oder „Balanced" (67,0%).

Zusammenfassend läßt sich festhalten, daß die geringe Anzahl unzugeordneter Fonds die Ergebnisse dieser Untersuchung nicht systematisch beeinflussen sollte. Zugeordnete Fonds sind im Hinblick auf ihre Renditen relativ homogen. Sie investieren unabhängig von der Wahl ihres Anlageschwerpunktes im Mittel mehr als 60% ihrer Vermögen in an der NYSE, der AMEX oder der Nasdaq gehandelte Aktien. Fonds mit stark wachstumsorientiertem Anlageschwerpunkt sind jedoch etwas zurückhaltender in Bezug auf Portfoliooffenlegungen als Fonds in anderen Segmenten.

6.2 Methodik

Die Arbeit untersucht die Performance amerikanischer Aktienfonds anhand von sechs verschiedenen Performancemaßen:

1. Das in dieser Arbeit neu entwickelte gewichtsbasierte Alpha verwendet einen wertgewichteten Performanceindex aller an der NYSE, der AMEX und der Nasdaq gehandelten Aktien (im folgenden als CRSP-Index bezeichnet) als Benchmark.[25]

2. Die Vier-Faktor-Variante des gewichtsbasierten Alphas wird im folgenden als gewichtsbasiertes Vier-Faktor-Alpha bezeichnet. Es verwendet die vier von Carhart (1997) vorgeschlagenen Faktoren als Benchmark: die Überschußrendite eines wertgewichteten Marktproxys sowie Renditen von Faktorportfolios für das Verhältnis von Buchwert-zu-Marktwert, die Marktkapitalisierung und die Vorjahresrendite (Momentum) der Aktien.[26]

3. Das klassische Alpha von Jensen (1968) mißt die Performance durch den Ordinatenabschnitt einer linearen Regression der Fondsüberschußrendite auf die Überschußrendite des wertgewichteten CRSP-Indizes.

4. Das Vier-Faktor-Alpha von Carhart (1997) verwendet neben der Rendite eines Marktproxys die Renditen von Faktorportfolios für das Verhältnis von Buchwert-zu-

[25] Die Arbeit folgt weiten Teilen der Literatur und verwendet zur Schätzung der auf dem CAPM basierenden Performancemaße einen wertgewichteten Performanceindex aller in der NYSE, der AMEX und der Nasdaq gehandelten Aktien als Proxy für das Marktportfolio, siehe beispielsweise Hendricks, Patel und Zeckhauser (1993), Carhart (1997) und Wermers (2000). Eine detaillierte Beschreibung der Indexkonstruktion ist in der Dokumentation des Center for Research in Security Prices (CRSP) enthalten.

[26] Die Überschußrendite des Marktproxys und die Renditen der Faktorportfolios für das Verhältnis von Buchwert-zu-Marktwert und die Marktkapitalisierung der Aktien werden von Kenneth French auf dessen Website zum Download angeboten. Die Rendite des Momentum-Faktors wurde freundlicherweise von Mark Carhart zur Verfügung gestellt.

Marktwert, die Marktkapitalisierung und die Vorjahresrendite der Aktien als weitere erklärende Variablen.

5. Das von Grinblatt und Titman (1993) entwickelte Portfolio-Change-Maß mißt die Performance durch die durchschnittliche Überschußrendite des aktuellen Aktienportfolios in Bezug auf die Rendite des Vorjahresportfolios der Fonds.

6. Die Summe der von Daniel, Grinblatt, Titman und Wermers (1997) vorgeschlagenen Characteristic-Selectivity- und Characteristic-Timing-Maße wird in dieser Arbeit kurz als Characteristics-Maß bezeichnet. Es mißt die Performance der Aktienpositionen von Fonds durch deren Überschußrendite in Bezug auf die Renditen von Benchmarkportfolios, die wertgewichtet in alle Aktien mit im Vorjahr vergleichbarem Verhältnis von Buchwert-zu-Marktwert, Marktkapitalisierung und Momentum investieren.

Die in der Arbeit verwendeten Performancemaße unterscheiden sich also einerseits im Hinblick auf die zur Performancemessung verwendeten Informationen in Maße, die lediglich die Fondsgewichte (5. und 6.), nur die Nettorenditen der Fonds (3. und 4.) oder beide Informationen berücksichtigen (1. und 2.). Sie unterscheiden sich andererseits durch die als Benchmark verwendeten Faktoren in Varianten, die lediglich die Marktrendite als Benchmark wählen (1., 3. und 5.) und Varianten, die das Verhältnis von Buchwert-zu-Marktwert, die Marktkapitalisierung und das Momentum der Aktien als zusätzliche Faktoren bei der Bewertung berücksichtigen (2., 4. und 6.). Sie werden in den folgenden Abschnitten näher vorgestellt.

6.2.1 Gewichtsbasiertes Alpha

Das gewichtsbasierte Alpha kombiniert die von den Fonds veröffentlichten Fondsgewichte mit der Fondsrendite zwischen den Offenlegungszeitpunkten zu einem Performancemaß. Es unterscheidet sich vom ursprünglich von Jensen (1968) vorgeschlagenen Alpha in der Bestimmung des systematischen Fondsrisikos $\hat{\beta}_j(x)$. Dessen Höhe hängt neben der Fondsrendite hier auch von der Veränderung der veröffentlichten Fondsgewichte ab:

$$\widehat{DBJ}(x) = \hat{\mu}_j - \hat{\beta}_j(x)\hat{\mu}_{\text{CRSP}} \tag{6.1}$$

$$\hat{\mu}_j = \frac{1}{T}\sum_{\tau=1}^{T} R_{j,\tau} \tag{6.2}$$

$$\hat{\mu}_{\text{CRSP}} = \frac{1}{T}\sum_{\tau=1}^{T} R_{\text{CRSP},\tau} \tag{6.3}$$

$$\hat{\beta}_j(x) = \frac{k}{T} \sum_{t=k,2k,\ldots,T} \hat{\beta}_{j,t}(x) \tag{6.4}$$

Die durchschnittlichen Überschußrenditen des Fonds $\hat{\mu}_j$ und des CRSP-Indizes $\hat{\mu}_{\text{CRSP}}$ werden jeweils durch das Zeitreihenmittel der Fondsüberschußrenditen $R_{j,\tau}$ und der Überschußrenditen $R_{\text{CRSP},\tau}$ des CRSP-Indizes geschätzt. Im Vergleich zum Jensen-Maß liegt die Komplikation in der Berücksichtigung der Fondsgewichte bei der Schätzung des systematischen Fondsrisikos $\hat{\beta}_j(x)$. Das systematische Fondsrisiko entspricht nach Gleichung (6.4) dem durchschnittlichen bedingten systematischen Fondsrisiko $\hat{\beta}_{j,t}(x)$ in den verschiedenen Offenlegungsperioden t.[27] Es wird in zwei Schritten geschätzt: In einem ersten Schritt wird zunächst für alle Offenlegungsperioden t das bedingte systematische Risiko $\hat{\beta}_{j,t}(x)$ bestimmt. Das systematische Fondsrisiko $\hat{\beta}_j(x)$ ergibt sich dann im zweiten Schritt als das Zeitreihenmittel des bedingten systematischen Fondsrisikos.

Das bedingte systematische Fondsrisiko hängt nach Gleichung (4.24) von zwei Informationsquellen ab: Von den zuletzt veröffentlichten Portfolioinformationen x und von der Fondsrendite R_j. Es ist daher durch einen bayesianischen Regressionsansatz zu schätzen.[28] Dieser ermöglicht es, die Vorabinformationen über das systematische Risiko, die in den zuletzt veröffentlichten Fondsgewichten enthalten sind, mit der Fondsrendite zwischen den Offenlegungszeitpunkten zu kombinieren. Er trägt der Tatsache Rechnung, daß die veröffentlichten Fondsgewichte jeweils zu den Offenlegungszeitpunkten den tatsächlichen Gewichten entsprechen. Aktives Fondsmanagement führt danach aber dazu, daß die veröffentlichten Gewichte während der Offenlegungsperioden nicht mehr exakt die tatsächliche Portfoliozusammensetzung widerspiegeln. Das mit den zuletzt veröffentlichten Fondsgewichten verbundene systematische Risiko ist daher eine Vorabinformation (Prior) bezüglich des tatsächlich in der Offenlegungsperiode mit einer Fondsinvestition verbundenen bedingten systematischen Risikos.

Der Prior ist umso präziser, je weniger der Fondsmanager die Fondsgewichte zwischen den Offenlegungszeitpunkten verändert. Ein Indikator für die Veränderung der Fondsgewichte in den Offenlegungsperioden ist die Streuung der Fondsrendite um die Rendite eines Portfolios, das den Fonds entsprechend der zuletzt veröffentlichten Portfoliopositionen nachbildet: Je geringer die Veränderung der Fondsgewichte ist, desto weniger streut auch die Fondsrendite um die Rendite dieses Imitationsportfolios.[29] Die Standardabweichung

---

27 Als Offenlegungsperiode wird der Zeitraum zwischen zwei aufeinander folgenden Offenlegungszeitpunkten bezeichnet.

28 Für eine ausführliche Darstellung des hier verwendeten bayesianischen Regressionsansatzes siehe Gelman, Carlin, Stern und Rubin (1995), Kapitel 8.

29 Kasperczyk, Sialm und Zheng (2005) schlagen in einer aktuellen Studie die Differenz zwischen der Nettorendite des Fonds und der Rendite eines Portfolios, das den Fonds entsprechend der zuletzt veröffentlichten Portfoliopositionen imitiert, als Indikator für das Ausmaß unbeobachtbarer Handlungen von Fonds vor. Je größer das Ausmaß unbeobachtbarer Handlungen ist, desto weniger aus-

eines Portfolios, das eine Anlage in den Fonds durch Leerverkäufe von Aktien entsprechend der zuletzt veröffentlichten Portfoliopositionen finanziert, ist daher ein Indikator für das mit dem Prior verbundene Risiko.

Unterstellt man Normalverteilung, so kann die Verteilung des Priors für das systematische Fondsrisiko in Offenlegungsperiode $t-k$ bis t wie folgt modelliert werden:

$$\beta_{j,t}^{Prior} \sim N\left(w'_{j,t-k}\beta, \sigma^2_{\beta_{j,t}^{Prior}}\right), \tag{6.5}$$

$$\sigma^2_{\beta_{j,t}^{Prior}} = n_t^2 \widehat{\text{var}}_{\tau=t-k+1,\ldots,t}\left(R_{j,\tau} - w'_{j,\tau-1}R_\tau\right) \tag{6.6}$$

Der Erwartungswert des Priors entspricht dem systematischen Fondsrisiko $w'_{j,t-k}\beta$, welches sich auf Basis der zuletzt veröffentlichten Fondsgewichte $w_{j,t-k}$ und der Betafaktoren der Aktien β ermittelt. Die Standardabweichung des Priors ist nach Gleichung (6.6) proportional zur Standardabweichung eines Zero-Cost-Portfolios, welches eine Fondsanlage durch Leerverkäufe von Aktien entsprechend der zuletzt veröffentlichten Portfoliopositionen $w_{j,\tau-1}$ finanziert. Der Skalierungsfaktor n_t trägt dabei der Tatsache Rechnung, daß die Rendite eines Portfolios und damit auch deren Standardabweichung eine andere Dimension als das Beta des Portfolios und dessen Standardabweichung aufweisen. Er kann im Querschnitt aller Fonds ermittelt werden. Im Rahmen der Untersuchung wird n_t durch das Verhältnis des durchschnittlichen Priors zur durchschnittlichen Rendite aller Fonds in der Offenlegungsperiode $t-k$ bis t bestimmt. n_t kann somit als das typische Verhältnis eines Fondsbetas zur Fondsrendite in Offenlegungsperiode $t-k$ bis t interpretiert werden.[30]

Das bedingte Beta für die Offenlegungsperiode $t-k$ bis t läßt sich durch eine bayesianische Regression der Nettoüberschußrendite des Fonds auf die Überschußrendite des wertgewichteten CRSP-Indizes mit (6.5)–(6.6) als Prior für Beta schätzen:

$$z_{j,t} = \alpha_{j,t}(x) + \beta_{j,t}(x) z_{\text{CRSP},t} + u_t \tag{6.7}$$

$$z_{\text{CRSP},t} = \left(R_{\text{CRSP},t-k+1}, \ldots, R_{\text{CRSP},t}, 1\right)' \tag{6.8}$$

$$z_{j,t} = \left(R_{j,t-k+1}, \ldots, R_{j,t}, w'_{t-k}\beta\right)' \tag{6.9}$$

Ökonometrisch wird der Prior für das bedingte Beta als zusätzlicher Datenpunkt in der Regression behandelt.[31] Er wird nach Gleichung (6.9) mit der Fondsrendite zum neuen Beobachtungsvektor $z_{j,t}$ zusammengefaßt. Der „Prior-Datenpunkt" hat für die abhängige

sagekräftig sind die zuletzt veröffentlichten Fondsgewichte über die tatsächliche Anlagestrategie des Fonds und desto unpräziser ist das Beta auf Basis der zuletzt veröffentlichten Gewichte als Prior für das tatsächliche systematische Fondsrisiko.

30 Alternativ könnte man auch das Zeitreihenmittel der so ermittelten Werte für n_t als zeitinvarianten Skalierungsfaktor wählen. Damit ließe sich vermeiden, daß der Skalierungsfaktor in Jahren, in denen die durchschnittliche Fondsrendite nahe Null liegt, sehr hohe Werte annimmt.

31 Vgl. Gelman, Carlin, Stern und Rubin (1995), S. 260f.

Variable $z_{j,t}$ einen Wert in Höhe des erwarteten Priors $w'_{j,t-k}\beta$ und für die unabhängige Variable $z_{\text{CRSP},t}$ einen Wert in Höhe von Eins. Da die Renditebeobachtungen und der Prior eine unterschiedliche Varianz aufweisen, ist das bedingte bayesianische Beta $\beta_{j,t}(x)$ durch eine gewichtete Regression mit Gewichtungsmatrix Q_t zu schätzen. Die Gewichtungsmatrix Q_t ist eine Diagonalmatrix, deren erste k Einträge dem Standardfehler $\sigma_{u,t}$ einer linearen Einfachregression der Nettoüberschußrendite des Fonds auf die Überschußrendite des CRSP-Indizes im Zeitraum $t-k$ bis t entsprechen. Der $(k+1)$-te Eintrag ist die Standardabweichung des Priors, $\sigma_{\beta_{j,t}^{Prior}}$.

Für den Schätzer $\hat{\beta}_{j,t}(x)$ des bedingten systematischen Fondsrisikos in Periode $t-k$ bis t gilt:[32]

$$\hat{\beta}_{j,t}(x) = \left(z'_{\text{CRSP},t} Q_t^{-1} z_{\text{CRSP},t}\right)^{-1} z'_{\text{CRSP},t} Q_t^{-1} z_{j,t} \tag{6.10}$$

Legt der Fonds seinen Kapitalgebern beispielsweise die Anlagestrategie vollständig offen, so entspricht die Nettorendite des Fonds unter der Annahme deterministischer Kosten und Gebühren bis auf eine Konstante der Rendite eines regelgebundenen Portfolios, welches den Fonds entsprechend der veröffentlichten Fondsgewichte imitiert. Die Standardabweichung des Priors ist in diesem Fall nach Gleichung (6.6) gleich Null, und der Schätzer für das bedingte Beta entspricht nach Gleichung (6.10) dem Prior $w'_{j,t-k}\beta$. Der Schätzer (6.4) für das systematische Fondsrisiko vereinfacht sich daher bei vollständiger Portfoliooffenlegung zu:

$$\hat{\beta}_j^{\text{Full}}(x) = \frac{k}{T} \sum_{k,2k,\ldots,T} w'_{j,t-k}\beta \tag{6.11}$$

Je seltener der Fonds seine Portfoliozusammensetzung offenlegt und je intensiver der Fondsmanager zwischen den Offenlegungszeitpunkten handelt, desto stärker streut die Nettorendite des Fonds um die Rendite der veröffentlichten Portfoliopositionen. Dies führt nach Gleichung (6.6) zu einer höheren Standardabweichung des Priors. Im Extremfall ohne Portfoliooffenlegung ist der Prior uninformativ und die einzige Offenlegungsperiode umfaßt die gesamte Historie des Fonds. In diesem Fall entspricht das bedingte Beta (für die einzige Offenlegungsperiode) nach Gleichung (6.10) dem unbedingten Beta $\hat{\beta}_j$ einer linearen Regression der Nettoüberschußrendite des Fonds auf die des wertgewichteten CRSP-Indizes. Der Schätzer (6.4) für das systematische Fondsrisiko vereinfacht sich daher ohne Portfoliooffenlegung zu:

$$\hat{\beta}_j^{\text{No}}(x) = \hat{\beta}_j \tag{6.12}$$

[32] Vgl. Gelman, Carlin, Stern und Rubin (1995), S. 257. Der Schätzer (6.10) für das Beta der bayesianischen Regression ist auch bekannt als Aitken-Schätzer oder GLS-Schätzer für den Fall heteroskedastischer Residuen.

6.2.2 Gewichtsbasiertes Vier-Faktor-Alpha

Einerseits neigen Fonds dazu, Aktien mit bestimmten Charakteristika in ihre Portfolios aufzunehmen. So berichten Grinblatt, Titman und Wermers (1995), daß 77% der von ihnen untersuchten 155 Aktienfonds tendenziell Aktien mit einer hohen vergangenen Rendite erwerben. Chen, Jegadeesh und Wermers (2000) untersuchen eine weitaus größere Anzahl amerikanischer Investmentfonds. Sie finden heraus, daß die von ihnen untersuchten Fonds Wachstumswerte und Aktien mit vergleichsweise hoher Marktkapitalisierung bevorzugen. Andererseits zeigen empirische Studien zu den Determinanten von Aktienrenditen, daß ebendiese Faktoren in der Lage sind, empirisch beobachtete Querschnittsmuster erwarteter Aktienrenditen zu erklären.[33] Ein positives gewichtsbasiertes Alpha deutet also nicht notwendigerweise auf private Informationen hin. Es kann allein darauf zurückzuführen sein, daß Fonds in Finanzkreisen bekannte Aktienrenditeanomalien ausnutzen.

Um private Informationen vom Ausnutzen in der finanzökonomischen Literatur dokumentierter Renditeanomalien zu separieren, wird das gewichtsbasierte Alpha zusätzlich anhand des Vier-Faktor-Modells von Carhart (1997) geschätzt. Das gewichtsbasierte Vier-Faktor-Alpha berücksichtigt als Benchmark neben der Überschußrendite eines Marktproxys (MKT) zusätzlich die Renditen von Faktorportfolios für das Verhältnis von Buchwert-zu-Marktwert (HML), die Marktkapitalisierung (SMB) und die Vorjahresrendite der Aktien (PR1YR):

$$\widehat{DBJ}^{4F}(x) = \hat{\mu}_j - \sum_{f=1}^{4} \hat{\beta}_{j,f}^{4F}(x)\hat{\mu}_{Ff} \tag{6.13}$$

$$\hat{\mu}_j = \frac{1}{T}\sum_{\tau=1}^{T} R_{j,\tau} \tag{6.14}$$

$$\hat{\mu}_{Ff} = \frac{1}{T}\sum_{\tau=1}^{T} R_{Ff,\tau} \tag{6.15}$$

$$\hat{\beta}_{j,f}^{4F}(x) = \frac{k}{T}\sum_{t=k,2k,\dots,T} \hat{\beta}_{j,f,t}^{4F}(x) \tag{6.16}$$

Die durchschnittliche Überschußrendite des Fonds $\hat{\mu}_j$ und die durchschnittlichen Faktorrenditen $\hat{\mu}_{Ff}$ werden wiederum durch das Zeitreihenmittel der Fondsüberschußrenditen $R_{j,\tau}$ und der Faktorrenditen $R_{Ff,\tau}$ bestimmt. Die systematischen Fondsrisiken $\hat{\beta}_{j,f}^{4F}(x)$ entsprechen analog den durchschnittlichen bedingten systematischen Risiken $\hat{\beta}_{j,f,t}^{4F}(x)$ in den einzelnen Offenlegungsperioden t. Sie werden –wie im Falle des gewichtsbasierten Ein-Faktor-Alphas– für jede Offenlegungsperiode gesondert durch eine bayesianische Re-

[33] Vgl. Fama und French (1992), (1996), Jegadeesh und Titman (1993), Chan, Jegadeesh und Lakonishok (1996) sowie Daniel und Titman (1997).

gression der Überschußrendite des Fonds auf die vier Faktorrenditen geschätzt. Die systematischen Fondsrisiken $\hat{\beta}^{4F}_{j,f}(x)$ entsprechen dann dem Zeitreihenmittel der geschätzten bedingten Fondsrisiken $\hat{\beta}^{4F}_{j,f,t}(x)$.

Der zentrale Unterschied zur Ein-Faktor-Variante des gewichtsbasierten Alphas liegt darin, daß es nun anstatt eines Priors für jedes Faktorexposure einen eigenen Prior gibt. Bei der in dieser Untersuchung verwendeten Vier-Faktor-Version gibt es also vier Prior, deren Erwartungswerte jeweils den Faktorexposures des Fonds auf Basis der zuletzt veröffentlichten Portfoliopositionen entsprechen. Auch hier gilt: Die Prior für die vier verschiedenen Betafaktoren des Fonds sind umso aussagekräftiger, je weniger die Nettorendite des Fonds in den Offenlegungsperioden um die Rendite eines Portfolios streut, das den Fonds entsprechend der zuletzt veröffentlichten Portfoliopositionen nachbildet.

Unterstellt man wiederum Normalverteilung, so erhält man analog zu den Gleichungen (6.5)–(6.6) für die Verteilungen der Prior für die vier bedingten Betafaktoren eines Fonds:

$$\beta^{4F,Prior}_{j,f,t} \sim N\left(w'_{j,t-k}\beta_f, \sigma^2_{\beta^{4F,Prior}_{j,f,t}}\right), \quad (6.17)$$

$$\sigma^2_{\beta^{4F,Prior}_{j,f,t}} = n^2_{f,t}\widehat{\text{var}}_{\tau=t-k+1,\dots,t}\left(R_{j,\tau} - w'_{j,\tau-1}R_\tau\right) \quad (6.18)$$

Dabei indiziert $f = 1, \dots, 4$ die vier Faktoren, β_f bezeichnet den Vektor der Betafaktoren der Aktienrenditen $i = 1, \dots, N$ in Bezug auf Faktor f und $n_{f,t}$ ist der faktorspezifische Skalierungsfaktor für Faktor f in Offenlegungsperiode $t-k$ bis t. Die Skalierungsfaktoren $n_{f,t}$ werden wiederum im Querschnitt aller Fonds bestimmt. Sie entsprechen für die Offenlegungsperiode $t-k$ bis t dem Verhältnis des durchschnittlichen Priors aller Fonds für das Exposure in Faktor f zur durchschnittlichen Rendite aller Fonds im Zeitraum von $t-k$ bis t.

Das bedingte systematische Fondsrisiko für die Offenlegungsperiode $t-k$ bis t läßt sich wie bereits in der Ein-Faktor-Version des gewichtsbasierten Alphas durch eine bayesianische Regression der Nettoüberschußrendite des Fonds auf die vier Faktorrenditen mit (6.17)–(6.18) als Prior für die bedingten Betafaktoren schätzen:

$$z_{j,t} = \alpha^{4F}_{j,t}(x) + \beta^{4F}_{j,t}(x)'z_{F,t} + u_t \quad (6.19)$$

$$z_{F,t} = \left(z_{F1,t}, z_{F2,t}, z_{F3,t}, z_{F4,t}\right) \quad (6.20)$$

$$z_{F1,t} = \left(R_{\text{MKT},t-k+1}, \dots, R_{\text{MKT},t}, 1, 0, 0, 0\right)' \quad (6.21)$$

$$z_{F2,t} = \left(R_{\text{HML},t-k+1}, \dots, R_{\text{HML},t}, 0, 1, 0, 0\right)' \quad (6.22)$$

$$z_{F3,t} = \left(R_{\text{SMB},t-k+1}, \dots, R_{\text{SMB},t}, 0, 0, 1, 0\right)' \quad (6.23)$$

$$z_{F4,t} = \left(R_{\text{PR1YR},t-k+1}, \dots, R_{\text{PR1YR},t}, 0, 0, 0, 1\right)' \quad (6.24)$$

$$z_{j,t} = \left(R_{j,t-k+1}, \dots, R_{j,t}, w'_{t-k}\beta_1, w'_{t-k}\beta_2, w'_{t-k}\beta_3, w'_{t-k}\beta_4\right)' \quad (6.25)$$

Die Vektoren $z_{j,t}$ und $z_{F1,t}, \ldots, z_{F4,t}$ bezeichnen wiederum die um die „Prior-Datenpunkte" ergänzten Beobachtungsvektoren für die abhängige und die unabhängigen Variablen. $\beta_{j,t}^{4F}(x)$ ist der Vektor der bedingten systematischen Fondsrisiken $\beta_{j,f,t}^{4F}(x)$ in den vier Faktoren. Diese lassen sich analog zum Fall des gewichtsbasierten Ein-Faktor-Alphas durch eine gewichtete Regression von $z_{j,t}$ auf $z_{F,t}$ schätzen.[34] Die Gewichtungsmatrix Q_t ist jedoch nun eine $(k+4) \times (k+4)$-Diagonalmatrix. Die ersten k Einträge entsprechen dem Standardfehler $\sigma_{u,t}$ einer linearen Regression der Nettoüberschußrendite des Fonds in der Offenlegungsperiode $t-k$ bis t auf die vier Faktorrenditen. Die letzten vier Einträge sind die Standardabweichungen der vier Faktor-Priors, $\sigma_{\beta_{j,f,t}^{4F,Prior}}$.

Der Schätzer $\hat{\beta}_{j,t}^{4F}(x)$ für den Vektor der bedingten Betafaktoren in Periode $t-k$ bis t lautet in Analogie zu Gleichung (6.10):

$$\hat{\beta}_{j,t}^{4F}(x) \quad = \quad \left(z_{F,t}' Q_t^{-1} z_{F,t}\right)^{-1} z_{F,t}' Q_t^{-1} z_{j,t} \qquad (6.26)$$

Die Interpretation des Schätzers für die systematischen Fondsrisiken (6.26) ist identisch zur Interpretation im Falle des gewichtsbasierten Ein-Faktor-Alphas. Unter dem gewichtsbasierten Vier-Faktor-Alpha (6.13) weisen jedoch Fonds, die –wie von Grinblatt, Titman und Wermers (1995) berichtet– lediglich das von Jegadeesh und Titman (1993) gefundene Momentum von Aktienrenditen ausnutzen, keine überlegene Performance auf.

6.2.3 Jensen (1968)-Alpha

Das Jensen-Maß mißt in der von Jensen (1968) vorgeschlagenen Form die Performance von Fonds durch den Ordinatenabschnitt einer linearen Regression der Nettoüberschußrendite der Fonds auf die Überschußrendite eines wohldiversifizierten Marktindizes:

$$\hat{J}_j \quad = \quad \hat{\mu}_j - \hat{\beta}_j \hat{\mu}_{\text{CRSP}} \qquad (6.27)$$

Als Marktindex wird, wie bei der Schätzung des gewichtsbasierten Alphas, der wertgewichtete CRSP-Index gewählt. Das klassische Jensen-Maß (6.27) ist somit das allein auf der Nettorendite der Fonds basierende Pendant zum gewichtsbasierten Alpha dieser Arbeit (6.1). Beide Maße führen für Fonds, die keine Portfolioinformationen offenlegen, zu identischen Ergebnissen.

[34] Vgl. Gelman, Carlin, Stern und Rubin (1995), S. 260f.

6.2.4 Carhart (1997)-Alpha

Carhart (1997) modifiziert das Jensen-Maß (6.27) dahingehend, daß er der Performancemessung ein Vier-Faktor-Modell für die Aktienrenditen zugrundelegt:

$$\hat{J}_j^{4F} = \hat{\mu}_j - \hat{\beta}_{j,1}\hat{\mu}_{MKT} - \hat{\beta}_{j,2}\hat{\mu}_{HML} - \hat{\beta}_{j,3}\hat{\mu}_{SMB} - \hat{\beta}_{j,4}\hat{\mu}_{PR1YR} \tag{6.28}$$

Er wählt neben der Überschußrendite eines Marktproxys (MKT) die Renditen von Faktorportfolios für das Verhältnis von Buchwert-zu-Marktwert (HML), die Marktkapitalisierung (SMB) und die Vorjahresrendite (PR1YR) der Aktien als weitere erklärende Variablen. Das Carhart-Alpha (6.28) ist somit das allein auf der Nettorendite der Fonds basierende Pendant zum gewichtsbasierten Vier-Faktor-Alpha (6.13). Beide Maße führen wiederum für Fonds, die keine Portfolioinformationen veröffentlichen, zu identischen Ergebnissen.

6.2.5 Portfolio-Change-Maß von Grinblatt und Titman (1993)

Das Portfolio-Change-Maß mißt die Performance von Fonds allein auf Grundlage der Fondsgewichte und der Aktienrenditen. Es verwendet ein passives Portfolio, dessen Gewichte den erwarteten Fondsgewichten entsprechen, als Benchmark für die Performancemessung.

Im Rahmen dieser Arbeit wird das Portfolio-Change-Maß auf zwei Weisen implementiert: Grinblatt und Titman (1993) analysieren ausschließlich die Aktienpositionen von Fonds vor Kosten und Gebühren. Sie wählen die zu Anfang des Vorjahresquartals veröffentlichten Aktiengewichte $w_{j,\tau-13}$ als Indikator für die erwarteten Aktiengewichte $\mathrm{E}[\tilde{w}]$. Die Performance von Fonds entspricht dann der durchschnittlichen Rendite eines Zero-Cost-Portfolios, welches eine Anlage in das von den Fonds zuletzt veröffentlichte Aktienportfolio ($w_{j,\tau-1}$) durch einen Leerverkauf von Aktien entsprechend der Vorjahrespositionen ($w_{j,\tau-13}$) finanziert:

$$\widehat{GT}_j = \frac{1}{T-12}\sum_{\tau=13}^{T}\left(w_{j,\tau-1} - w_{j,\tau-13}\right)' R_\tau \tag{6.29}$$

Das Portfolio-Change-Maß bewertet nach Gleichung (6.29) lediglich die Aktienpositionen von Fonds unter Vernachlässigung von Kosten und Gebühren sowie unter Verwendung der Vorjahresgewichte als Indikator für die erwarteten Fondsgewichte. Es ermöglicht in dieser Form keinen unmittelbaren Vergleich mit dem gewichtsbasierten Alpha und wird aus diesem Grund zusätzlich auf eine zweite Weise implementiert. Hierzu wird die Performance durch die Differenz zwischen der durchschnittlichen Nettorendite $\hat{\mu}_j$ der Fonds und der durchschnittlichen Rendite $\hat{w}_j'\beta\hat{\mu}_{CRSP}$ eines passiven Portfolios geschätzt, das entsprechend der durchschnittlichen Fondsgewichte $\hat{w}_j$ und der Betafaktoren der Aktien in den wertgewichteten CRSP-Index investiert:[35]

$$\widehat{DBJ}_j^{\text{Full}} = \hat{\mu}_j - \hat{w}_j'\beta\hat{\mu}_{\text{CRSP}} \tag{6.30}$$

Das Portfolio-Change-Maß führt in der Form (6.30) für Fonds mit vollständiger Portfoliooffenlegung zu identischen Ergebnissen wie das gewichtsbasierte Alpha (6.1).

6.2.6 Characteristics-Maß von Daniel et al. (1997)

Ebenso wie das gewichtsbasierte Alpha und das Jensen-Alpha, vernachlässigt auch das Portfolio-Change-Maß in der Finanzwelt unbestrittene Aktienrenditeanomalien, beispielsweise das Verhältnis von Buchwert-zu-Marktwert, die Marktkapitalisierung und das Momentum.[36] Daniel, Grinblatt, Titman und Wermers (1997) wählen daher nicht das erwartete Gewicht der Aktien selbst im Fondsportfolio als Benchmark zur Performancemessung der Aktienpositionen von Fonds. Sie wählen als Benchmark stattdessen das erwartete Gewicht in einem wertgewichteten Portfolio, das aus *allen* Aktien mit vergleichbarem Verhältnis von Buchwert-zu-Marktwert, Marktkapitalisierung und Momentum besteht.

Zur Konstruktion der Benchmarkportfolios werden zunächst alle Aktien im Hinblick auf ihre Marktkapitalisierung sortiert und fünf Quintilportfolios gebildet. In einem zweiten Schritt werden die Aktien in diesen fünf Quintilportfolios dann weiter anhand des Verhältnisses von Buchwert-zu-Marktwert in wiederum jeweils fünf Quintilportfolios aufgeteilt. Dieses Vorgehen liefert insgesamt 25 Portfolios, die Aktien mit einer ähnlichen Marktkapitalisierung und einem ähnlichen Verhältnis von Buchwert-zu-Marktwert beinhalten. Diese 25 Portfolios werden in einem dritten Schritt nochmals anhand der Vorjahresrendite in jeweils fünf weitere Quintile aufgeteilt, so daß insgesamt 125 Benchmarkportfolios entstehen. Die Aktien in den Benchmarkportfolios gleichen sich jeweils im Hinblick auf die Marktkapitalisierung, das Verhältnis von Buchwert-zu-Marktwert und die Vorjahresrendite. Diese 125 Portfolios bilden dann die Benchmark zur Performancemessung der in ihnen enthaltenen Aktien.[37]

---

[35] Gilt approximativ das CAPM (Mayers und Rice (1979)) und ist der wertgewichtete CRSP-Index auf Basis öffentlicher Informationen effizient, so gilt $\mu = \beta\mu_{\text{CRSP}}$. Gleichung (6.30) entspricht dann dem Portfolio-Change-Maß $GT_j = \mathrm{E}\big[(\tilde{w}_j - \mathrm{E}[\tilde{w}_j])'\tilde{R}\big] = \mu_j - \mathrm{E}[\tilde{w}_j]'\mu$ von Grinblatt und Titman (1993) nach Gleichung (4.21).

[36] Grinblatt, Titman und Wermers (1995) belegen, daß eine Vielzahl von Fonds ihre Aktienpositionen im Hinblick auf deren historische Rendite auswählt. Sie zeigen, daß gerade Fonds, die in der Untersuchung von Grinblatt und Titman (1993) ein positives Portfolio-Change-Maß aufweisen, solche Momentum-Strategien verfolgen.

[37] Daniel, Grinblatt, Titman und Wermers (1997) beschreiben die Konstruktion der Benchmarkportfolios für die verschiedenen Aktien im Detail. Das Vorgehen in dieser Arbeit reproduziert das von Daniel, Grinblatt, Titman und Wermers (1997) gewählte Vorgehen. Es berücksichtigt dabei die von Wermers (2003) vorgeschlagene Modifikation zur Bereinigung des Verhältnisses von Buchwert-zu-

Auch das Characteristics-Maß von Daniel, Grinblatt, Titman und Wermers (1997) wird auf zwei Weisen implementiert. Daniel, Grinblatt, Titman und Wermers messen die Performance eines Fonds wiederum durch die Rendite eines Zero-Cost-Portfolios. Dieses finanziert eine Anlage in das zuletzt veröffentlichte Aktienportfolio des Fonds ($w_{j,\tau-1}$) durch Leerverkauf eines Portfolios, welches die Benchmarkportfolios der Aktien entsprechend der Vorjahrespositionen des Fonds ($w_{j,\tau-13}$) enthält:

$$\widehat{DGTW}_j = \frac{1}{T-12}\sum_{\tau=13}^{T}\left(w'_{j,\tau-1}R_\tau - w'_{j,\tau-13}R_\tau^{b,\tau-13}\right) \quad (6.31)$$

$R_\tau^{b,\tau-13}$ bezeichnet dabei den Renditevektor der Benchmarkportfolios, in denen die verschiedenen Aktien im Vorjahresquartal ($\tau - 13$) enthalten sind.

Auch das Characteristics-Maß mißt nach Gleichung (6.31) nur die Performance der Aktienpositionen von Fonds vor Kosten und Gebühren. Es wird zum Vergleich mit dem gewichtsbasierten Vier-Faktor-Alpha zusätzlich auf eine zweite Weise berechnet:

$$\widehat{DBJ}_j^{4F,Full} = \hat{\mu}_j - \hat{w}'_j\beta_1\hat{\mu}_{MKT} - \hat{w}'_j\beta_2\hat{\mu}_{HML} - \hat{w}'_j\beta_3\hat{\mu}_{SMB} - \hat{w}'_j\beta_4\hat{\mu}_{PR1YR} \quad (6.32)$$

Die zweite Variante (6.32) schätzt die Performance der vollständigen Portfoliopositionen der Fonds. Sie entspricht der Differenz zwischen der durchschnittlichen Nettorendite $\hat{\mu}_j$ der Fonds und der durchschnittlichen Rendite eines Portfolios, das entsprechend der durchschnittlichen Fondsgewichte $\hat{w}_j$ und der Faktorsensitivitäten $\beta_1, \ldots, \beta_4$ der Aktien in die vier Faktorportfolios investiert. Ein Vergleich von Gleichung (6.32) mit (6.30) zeigt, daß das Characteristics-Maß die Vier-Faktor-Version des Portfolio-Change-Maßes ist. Es führt in dieser Form für Fonds, die ihre Anlagestrategie vollständig offenlegen, zu identischen Ergebnissen wie das gewichtsbasierte Vier-Faktor-Alpha (6.13).

6.3 Performance offener amerikanischer Aktienfonds im Zeitraum 1983 bis 2003

Dieser Abschnitt präsentiert die Ergebnisse der Untersuchung im Hinblick auf die Performance aller offenen amerikanischen Aktienfonds im Zeitraum 1983 bis 2003, die sich zu einem der vier Anlageschwerpunkte „Aggressive Growth", „Growth", „Growth and Income" oder „Balanced" bekennen.[38] Ausgeschlossen von der Untersuchung werden insbesondere

Marktwert um branchenspezifische Effekte.

[38] Die Eingrenzung der Fonds erfolgt -wie bereits in Fußnote 15 beschrieben- anhand der Anlageschwerpunkte der Fonds in den Thomson Financial Portfoliodaten. Da in den Thomson Financial Daten seit 1999 die Angaben zum Anlageschwerpunkt einer beträchtlichen Anzahl von Fonds fehlen, werden nach 1999 fehlende Angaben zum Anlageschwerpunkt

alle Rentenfonds, Geldmarktfonds und international agierenden Fonds, da diese Fonds den Großteil ihrer Vermögen nicht in amerikanische Aktien investieren. Ferner werden alle Fondsbeobachtungen von der Untersuchung ausgeschlossen, die eine Aktienquote von unter 50% aufweisen. Zur Bestimmung der Aktienquote werden alle Aktienpositionen der Fonds mit ihren aus der CRSP Datenbank bezogenen Kursen bewertet und anschließend durch die Fondsvolumina dividiert. Die Portfoliodaten von Thomson Financial beinhalten lediglich die Aktienpositionen der Fonds. Für die verbleibenden Positionen wird die Annahme getroffen, daß diese Gelder zur Rendite einmonatiger Treasury Bills angelegt werden. Auf die Angabe von Signifikanzniveaus für die Ergebnisse wird verzichtet, da nicht für alle Maße Teststatistiken bekannt sind.

Der folgende erste Abschnitt gibt zunächst einen Überblick über die Performance des gesamten Aktienfondssegments. Es zeigt sich, daß amerikanische Aktienfonds selbst unter Berücksichtigung der risikomindernden Wirkung von Portfoliooffenlegungen nach Kosten und Gebühren im Querschnitt keine überlegene Performance aufweisen. Der zweite Abschnitt untersucht dann die Performance und die Persistenz der Performance einzelner Fonds. Die Berücksichtigung von Portfolioinformationen bei der Verwendung des gewichtsbasierten Alphas führt zu einem deutlich positiveren Bild von der Performance einzelner Fonds als das allein auf Renditeinformationen basierende Carhart-Alpha. Hier zeigt sich das Fehlerpotential bisheriger Studien, die sich allein auf die Fondsrenditen beziehungsweise die von den Fonds veröffentlichten Portfoliopositionen konzentrieren.

6.3.1 Performance des gesamten Fondssegments

In diesem Abschnitt wird zunächst unter Berücksichtigung der Offenlegungspolitik die Performance aller amerikanischen Aktienfonds untersucht. Die Ergebnisse in diesem Abschnitt geben eine Antwort auf die Frage, ob amerikanische Aktienfonds im Mittel in der Lage sind, eine Performance zu erzielen, die die Kosten und Gebühren ihrer aktiven Strategien rechtfertigt. Sie werden in zwei Schritten präsentiert: In einem ersten Schritt werden zunächst ausführlich die Ergebnisse für das in dieser Arbeit neu entwickelte gewichtsbasierte Alpha dargestellt. An dieser Stelle wird insbesondere auf das bedingte systematische Risiko eingegangen, das der Schätzung in den einzelnen Offenlegungsperioden zugrundeliegt. Dieses Vorgehen veranschaulicht, wie das gewichtsbasierte Alpha die veröffentlichten Portfolioinformationen zur Bestimmung des systematischen Fondsrisikos nutzt. In einem zweiten Schritt werden anschließend die Ergebnisse für das gewichtsbasierte Alpha denen

---

durch die Standard & Poor's ICDI Investment Objective Codes ergänzt, die von CRSP mitgeliefert werden. Die Angaben in den Thomson Financial Daten zum Anlageschwerpunkt der Fonds sind erst ab dem Jahr 1982 verläßlich. Da auch die Standard & Poor's ICDI Investment Objective Codes erst ab dem Jahr 1991 vorhanden sind, beginnt die Untersuchung unter Berücksichtigung des einjährigen Vorlaufs zur Schätzung der gewichtsbasierten Maße mit dem Jahr 1983.

bislang in der Literatur verwendeter Performancemaße gegenübergestellt. Dies zeigt dann den Effekt auf die Performance, wenn man Renditeinformationen oder die von den Fonds veröffentlichten Portfolioinformationen im Rahmen der Performancemessung unberücksichtigt läßt.

Die Performance des Fondssegments wird wiederum anhand einer vierteljährlich umschichtenden Buy-and-Hold-Strategie untersucht, die wertgewichtet in alle existierenden Aktienfonds investiert. Das Vorgehen zur Bestimmung dieser Strategie wurde bereits in Abschnitt 6.1 ausführlich beschrieben. Die Strategie investiert jedes Quartal entsprechend der Fondsvolumina zum Ende des Vorquartals in diejenigen Fonds, die bis zum Quartalsende überleben und für die zum Quartalsanfang Gewichts- und während des gesamten Quartals monatliche Renditeinformationen vorhanden sind.

Gewichtsbasiertes Alpha aller Aktienfonds

In einem ersten Schritt werden zunächst ausführlich die Ergebnisse für das gewichtsbasierte Alpha des gesamten Aktienfondssegments präsentiert. Der Schwerpunkt der Darstellung liegt dabei auf der bayesianischen Schätzung des bedingten systematischen Fondsrisikos in den verschiedenen Offenlegungsperioden. Zunächst werden die Ergebnisse für das auf dem CAPM basierende gewichtsbasierte Alpha dargestellt. Im Anschluß daran erfolgt die Präsentation der Ergebnisse für das gewichtsbasierte Vier-Faktor-Alpha.

Tabelle 6.4.A zeigt anhand des auf dem CAPM basierenden gewichtsbasierten Alphas die Entwicklung des bedingten systematischen Fondsrisikos aller amerikanischen Aktienfonds (1) in Verbindung mit dem Erwartungswert (2) und der Standardabweichung (4) des zugehörigen Priors. Da die Fondsrenditen in den CRSP Daten nur auf monatlicher Basis vorliegen, wird als Offenlegungsperiode unabhängig davon, ob die untersuchten Fonds ihre Gewichte häufiger bekanntgeben, der Zeitraum von einem Kalenderjahr gewählt. Dieses Vorgehen stellt sicher, daß für die Schätzung der bedingten Betas zumindest 12 Renditebeobachtungen zur Verfügung stehen.[39]

Der erwartete Prior (2) für das bedingte systematische Fondsrisiko in den einzelnen Offenlegungsperioden entspricht nach Gleichung (6.5) dem mit den veröffentlichten Vorjahresgewichten gewogenen Mittel der Betafaktoren der Aktien. Zur Bestimmung des erwarteten Priors werden daher zunächst die Betafaktoren der verschiedenen Aktien bestimmt. Hierzu werden die Überschußrenditen der Aktien in den drei der Offenlegungspe-

---

[39] Idealerweise entspricht die Länge einer Offenlegungsperiode den empirisch beobachteten Offenlegungsperioden der Fonds. Nur auf diese Weise wird das systematische Risiko vor dem Hintergrund der Offenlegungspolitiken der Fonds exakt erfaßt. Da ein großer Teil der Fonds seine Portfoliopositionen während des Untersuchungszeitraums vierteljährlich bekanntgibt, setzt dies eine Offenlegungsperiode von einem Quartal voraus. Ein solches Vorgehen hat aber zur Folge, daß für die Schätzung der bedingten Betafaktoren lediglich noch drei monatliche Fondsrenditebeobachtungen zur Verfügung stehen. Im Hinblick auf eine hinreichend große Anzahl Freiheitsgrade zur Schätzung der bedingten Betafaktoren erscheint eine Offenlegungsperiode von einem Jahr angemessen zu sein.

A. Bedingtes systematisches Risiko (Gewichtsbasiertes Alpha)

Jahr	Bedingtes Beta (1)	Erwarteter Prior (2)	Standardabweichung Zero-Cost-Portfolio (3) (% p.a.)	Standardabweichung Prior (4)
1983	0,9654	0,8504	0,77	0,40
1984	1,0167	0,9166	1,16	31,38
1985	0,9698	0,9497	0,66	0,29
1986	0,9429	0,9582	1,22	0,89
1987	0,9740	0,9046	4,14	6,86
1988	0,9811	0,8934	0,60	0,41
1989	0,9181	0,8960	0,50	0,23
1990	0,9702	0,8593	2,04	4,61
1991	0,9811	0,8816	0,71	0,25
1992	0,9784	1,0061	0,48	0,68
1993	0,9992	1,0182	0,70	0,63
1994	0,9639	0,9385	0,94	11,80
1995	0,9643	0,9007	0,55	0,21
1996	0,9440	0,9523	0,96	0,65
1997	0,9581	0,9782	0,59	0,30
1998	0,9659	0,8932	2,11	1,14
1999	0,9000	1,0154	1,99	1,12
2000	1,0119	1,1300	2,24	6,25
2001	0,9402	0,8807	2,50	2,08
2002	0,9338	0,8127	1,79	0,77
2003	0,7591	0,7139	0,58	0,19

B. Performance (Gewichtsbasiertes Alpha)

Zeitraum	Durchschnittliche Überschußrendite Fonds (5) (% p.a.)	Beta (6)	Durchschnittliche Überschußrendite CRSP-Index (7) (% p.a.)	Gewichtsbasiertes Alpha (8) (% p.a.)
1983–1987	6,58	0,9738	7,74	−0,88
1988–1992	8,75	0,9658	9,97	−0,79
1993–1997	12,38	0,9659	14,51	−1,42
1998–2003	1,07	0,9185	2,48	−1,19
1983–2003	6,83	0,9542	8,30	−1,00

Tabelle 6.4: Gewichtsbasiertes Alpha des gesamten Aktienfondssegments mit wertgewichtetem CRSP-Index als Benchmark

riode vorangehenden Jahren auf die Überschußrendite des wertgewichteten CRSP-Indizes regressiert. In die Berechnung des erwarteten Priors gehen nur solche Aktienpositionen ein, deren Aktienbeta auf mindestens 20 Renditebeobachtungen basiert.[40]

Die Standardabweichung des Priors (4) basiert nach Gleichung (6.6) auf der Standardabweichung der Rendite eines Zero-Cost-Portfolios (3), welches eine wertgewichtete Anlage in alle Fonds durch Leerverkäufe von Aktien entsprechend der zuletzt von den Fonds veröffentlichten Portfoliopositionen finanziert.[41] Zur Bestimmung der Standardabweichung des Priors (4) wird die Standardabweichung der Rendite des Zero-Cost-Portfolios (3) mit einem jahresspezifischen Adjustierungsfaktor multipliziert, der im Querschnitt aller Fonds geschätzt wird.[42,43] Der Adjustierungsfaktor paßt die Standardabweichung der Rendite des Zero-Cost-Portfolios an die Dimension der Standardabweichung des Priors an.

Das bedingte systematische Risiko der Fonds in den einzelnen Offenlegungsperioden (1) wird unter Berücksichtigung des Priors für Beta durch eine lineare bayesianische Regression der Nettoüberschußrendite der wertgewichteten Anlage in die Fonds auf die Überschußrendite des CRSP-Indizes geschätzt. Es liegt für die untersuchten Fonds im Zeitreihenmittel bei 0,9542 und bewegt sich während des gesamten Untersuchungszeitraums (mit Ausnahme des Jahres 2003) im Intervall von 0,9 bis 1,02. Ein Vergleich der bedingten Betafaktoren (1) mit den zugehörigen erwarteten Priors (2) zeigt, daß die bayesianische Regression in zwei Drittel aller Jahre den erwarteten Prior für Beta aufgrund der Fondsrendite während der Offenlegungsperiode nach oben korrigiert. Performancemaße, die allein die veröffentlichten Fondsgewichte betrachten, unterschätzen daher in der Mehrzahl der Jahre das tatsächliche systematische Fondsrisiko. Sie überschätzen tendenziell die Fondsperformance. Hierauf wird in Kürze näher eingegangen.

Die Ergebnisse für das gewichtsbasierte Alpha werden in Tabelle 6.4.B präsentiert. Tabelle 6.4.B zeigt das gewichtsbasierte Alpha (8) für den gesamten Untersuchungszeitraum und für vier gleich lange Teilperioden. Die risikoadjustierte Rendite eines durchschnittlichen Fonds liegt im untersuchten Zeitraum jährlich um 100 Basispunkte unter der Rendite

---

[40] Portfoliopositionen mit fehlender Aktienrendite oder fehlendem Aktienbeta bleiben im Rahmen der Untersuchung unberücksichtigt. Die Fondsgewichte werden im Falle fehlender Aktienbeobachtungen so angepaßt, daß ihre Summe in jedem Zeitpunkt für alle untersuchten Fonds gleich Eins ist.

[41] In die Bestimmung der Renditestandardabweichung gehen alle Gewichtsbeobachtungen mit ein, auch unterjährige Portfoliooffenlegungen. Zu jedem Offenlegungstermin werden hierzu die Gewichte des Zero-Cost-Portfolios entsprechend der Fondsvolumina zu Ende des Vorquartals an die von den Fonds neu veröffentlichten Portfoliopositionen angepaßt. Genaugenommen handelt es sich bei der Rendite des Zero-Cost-Portfolios nicht um eine „Rendite“ im üblichen Sinne, da kein Geld investiert wird.

[42] Der Adjustierungsfaktor entspricht betragsmäßig dem Quotienten aus dem wertgewichteten Prior für das Beta der Fonds und der durchschnittlichen wertgewichteten Monatsrendite der Fonds.

[43] Die Ausreißer der Standardabweichung des Priors (4) in Tabelle 6.4 erklären sich dadurch, daß in diesen Jahren die durchschnittliche Rendite aller Fonds nahe Null ist. Der Adjustierungsfaktor und die Standardabweichung des Priors sind daher in diesen Jahren sehr hoch, vgl. Fußnote 42.

einer passiven Anlage in den wertgewichteten CRSP-Index.[44] Dieses Ergebnis ist robust, wenn man anstatt des gesamten Untersuchungszeitraums vier gleich lange Teilperioden betrachtet. Das gewichtsbasierte Alpha ist für alle vier untersuchten Teilperioden negativ und liegt zwischen $-0,79\%$ und $-1,42\%$ p.a. Amerikanische Aktienfonds sind somit im untersuchten Zeitraum 1983 bis 2003 nicht in der Lage, die Kosten und Gebühren ihrer aktiven Strategien zu erwirtschaften.

Ein abschließender Blick auf die Komponenten des gewichtsbasierten Alphas verdeutlicht, daß das systematische Risiko (6) eines durchschnittlichen Fonds von 0,9738 im Zeitraum 1983 bis 1987 auf nur noch 0,9185 im Zeitraum 1998 bis 2003 zurückgegangen ist. Die durchschnittliche Nettoüberschußrendite der Fonds (5) und die Überschußrendite des wertgewichteten CRSP-Indizes (7) weisen dagegen keinen eindeutigen Trend auf.

Fonds neigen dazu, Aktien mit hoher Marktkapitalisierung und hoher vergangener Rendite sowie Wachstumswerte in ihre Portfolios aufzunehmen.[45] Ebendiese Faktoren sind aber auch in der Lage, einen Teil der Querschnittsvariation erwarteter Aktienrenditen zu erklären.[46] Das gewichtsbasierte Vier-Faktor-Alpha erlaubt es im Rahmen der Performancemessung zwischen privaten Informationen und dem bloßen Ausnutzen derartiger Renditeanomalien zu differenzieren. In Tabelle 6.5 sind daher die entsprechenden Ergebnisse für das gewichtsbasierte Vier-Faktor-Alpha dargestellt. Es bereinigt die Performance neben der Marktrendite zusätzlich um die Renditen von Faktorportfolios für das Verhältnis von Buchwert-zu-Marktwert, die Marktkapitalisierung und die Vorjahresrendite der Aktien.

Tabelle 6.5.A zeigt wiederum die Ergebnisse der einjährigen bayesianischen Regressionen zur Bestimmung des bedingten systematischen Risikos der untersuchten Fonds.[47] Tabelle 6.5.B zeigt das gewichtsbasierte Vier-Faktor-Alpha und dessen Komponenten für den gesamten Untersuchungszeitraum sowie für die vier Teilperioden. Die Ergebnisse für die Performance des Segments aller amerikanischen Aktienfonds unterscheiden sich qualitativ nicht von den Ergebnissen bei alleiniger Wahl des CRSP-Indizes als Benchmark. Das durchschnittliche gewichtsbasierte Vier-Faktor-Alpha ist mit -84 Basispunkten p.a. sowohl für den gesamten Untersuchungszeitraum als auch für alle vier Teilperioden (-36

---

[44] Eine zukünftige ökonometrische Forschungsfrage besteht darin, die statistischen Eigenschaften des gewichtsbasierten Alphas zu untersuchen und Signifikanztests zu entwickeln. Die Aussagen in Bezug auf das gewichtsbasierte Alpha können daher in dieser Arbeit noch nicht auf ihre statistische Signifikanz untersucht werden.

[45] Vergleiche Grinblatt, Titman und Wermers (1995), Carhart (1997) sowie Chen, Jegadeesh und Wermers (2000).

[46] Vergleiche Fama und French (1992), Jegadeesh und Titman (1993), Chan, Jegadeesh und Lakonishok (1996), Fama und French (1996) sowie Daniel und Titman (1997).

[47] Die Ausreißer der Standardabweichungen der Prior erklären sich wiederum durch Jahre mit durchschnittlichen Fondsrenditen nahe Null, die zu großen Werten für die Adjustierungsfaktoren führen.

A. Bedingtes systematisches Risiko (Gewichtsbasiertes Vier-Faktor-Alpha)

Jahr	Beta MKT	Prior MKT	Beta HML	Prior HML	Beta SMB	Prior SMB	Beta PR1YR	Prior PR1YR	Stdabw. Zero-Cost-Portfolio (% p.a.)	Stdabw. Prior MKT	Stdabw. Prior HML	Stdabw. Prior SMB	Stdabw. Prior PR1YR
1983	0,9182	0,8413	0,0011	0,0010	0,2503	0,5622	−0,0738	−0,1525	0,77	0,39	0,00	0,26	0,07
1984	0,9865	0,9522	−0,1606	0,0854	0,1251	0,2324	0,0828	0,0426	1,16	44,97	4,03	10,98	2,01
1985	0,9810	0,9325	−0,0651	−0,0686	0,0453	0,0417	0,0653	0,0625	0,66	0,28	0,02	0,01	0,02
1986	0,9095	0,9361	−0,0762	−0,0760	0,0770	0,0829	0,0604	0,0677	1,22	0,87	0,07	0,08	0,06
1987	0,8779	0,8988	−0,2123	−0,0490	0,0727	0,0692	0,1341	0,0757	4,14	6,99	0,38	0,54	0,59
1988	0,9498	0,8518	−0,1184	−0,1199	−0,0104	−0,0102	0,0194	0,0205	0,60	0,39	0,06	0,00	0,01
1989	0,9666	0,8582	−0,0874	−0,0859	0,2160	0,4775	−0,0060	−0,0057	0,50	0,22	0,02	0,12	0,00
1990	0,9645	0,8362	−0,0068	−0,0591	0,0037	0,0025	−0,0134	−0,0071	2,04	4,43	0,31	0,01	0,04
1991	0,9593	0,8641	−0,1100	−0,1121	0,0184	0,0180	−0,0216	−0,0222	0,71	0,25	0,03	0,01	0,01
1992	0,9339	0,9570	−0,0917	−0,2395	0,0916	0,1309	−0,0155	−0,0155	0,48	0,67	0,17	0,09	0,01
1993	0,9763	0,9934	−0,0634	−0,0624	0,0976	0,1029	−0,0527	−0,0515	0,70	0,61	0,04	0,06	0,03
1994	0,9852	0,9451	0,0014	0,0964	0,0653	0,2073	−0,0025	−0,0025	0,94	12,91	1,32	2,83	0,03
1995	0,9361	0,9142	0,0155	0,0156	0,1775	0,1778	−0,0494	−0,0497	0,55	0,22	0,00	0,04	0,01
1996	0,9001	0,9459	−0,0586	−0,0689	0,0797	0,1386	0,0106	0,0101	0,96	0,65	0,05	0,09	0,01
1997	0,9475	0,9504	−0,0719	−0,0771	0,0458	0,0420	0,0300	0,0281	0,59	0,29	0,02	0,01	0,01
1998	0,9510	0,8969	−0,0159	−0,0178	0,0520	0,0459	−0,0025	−0,0030	2,11	1,14	0,02	0,06	0,00
1999	0,8914	0,9429	−0,0440	−0,2342	−0,0299	−0,0614	0,0247	0,0235	1,99	1,04	0,26	0,07	0,03
2000	0,9893	0,9936	−0,0128	−0,3648	0,0070	−0,0343	0,0063	−0,0594	2,24	5,51	2,02	0,19	0,33
2001	1,0542	0,9724	0,0303	0,1333	0,0281	0,0171	0,0132	−0,0402	2,50	2,25	0,31	0,04	0,09
2002	0,9320	1,0022	0,1762	0,2154	−0,0371	−0,0597	−0,0416	−0,0566	1,79	0,96	0,21	0,06	0,05
2003	0,9050	0,8957	0,2647	0,3022	−0,0606	−0,0649	−0,0542	−0,0574	0,58	0,23	0,08	0,02	0,01

Tabelle wird fortgesetzt.

Fortsetzung

B. Performance (Gewichtsbasiertes Vier-Faktor-Alpha)										
Zeitraum	Durchschnittl. Überschußrendite Fonds (% p.a.)	Beta MKT	Durchschnittl. Rendite MKT (% p.a.)	Beta HML	Durchschnittl. Rendite HML (% p.a.)	Beta SMB	Durchschnittl. Rendite SMB (% p.a.)	Beta PR1YR	Durchschnittl. Rendite PR1YR (% p.a.)	Gewichts-basiertes 4-F-Alpha (% p.a.)
1983–1987	6, 53	0, 9346	8, 16	−0, 1026	7, 76	0, 1141	−2, 93	0, 0537	13, 46	−0, 58
1988–1992	8, 67	0, 9548	9, 71	−0, 0829	1, 11	0, 0639	−0, 37	−0, 0074	10, 08	−0, 36
1993–1997	12, 42	0, 9490	14, 36	−0, 0354	6, 02	0, 0932	−1, 49	−0, 0128	16, 53	−0, 50
1998–2003	1, 11	0, 9538	2, 27	0, 0664	5, 28	−0, 0067	5, 82	−0, 0090	6, 21	−1, 28
1983–2003	6, 82	0, 9483	8, 24	−0, 0336	5, 03	0, 0626	0, 47	0, 0054	11, 25	−0, 84

Tabelle 6.5: Gewichtsbasiertes Alpha des gesamten Aktienfondssegments mit den vier Carhart-Faktoren als Benchmark

bis −128 Basispunkte p.a.) negativ. Es ist jedoch sowohl für den Gesamtzeitraum als auch für die meisten Teilperioden betragsmäßig etwas kleiner als sein Ein-Faktor-Pendant.

Die geschätzten Koeffizienten für die Beta-Faktoren in Tabelle 6.5.B zeigen, daß ein durchschnittlicher Fonds insbesondere in den ersten Jahren des Untersuchungszeitraums tendenziell in Aktien mit geringem Verhältnis von Buchwert-zu-Marktwert und hoher Vorjahresrendite investiert. Diese Ergebnisse stehen in Einklang mit den Ergebnissen von Grinblatt, Titman und Wermers (1995) sowie Chen, Jegadeesh und Wermers (2000).

Auswirkungen einer Vernachlässigung von Rendite- oder Portfolioinformationen auf die Performance

Die Auswirkungen einer Vernachlässigung von Rendite- oder Portfolioinformationen im Rahmen der Performancemessung zeigen sich durch einen Vergleich des gewichtsbasierten Alphas mit den allein auf der Nettorendite basierenden Performancemaßen von Jensen (1968) und Carhart (1997) sowie den ausschließlich auf den veröffentlichten Portfoliopositionen basierenden Maßen von Grinblatt und Titman (1993) und Daniel, Grinblatt, Titman und Wermers (1997). Sie werden wiederum zunächst für das auf dem CAPM basierende gewichtsbasierte Alpha und anschließend für das gewichtsbasierte Vier-Faktor-Alpha untersucht.

Tabelle 6.6 stellt das gewichtsbasierte Alpha dem klassischen Alpha von Jensen (1968) und dem Portfolio-Change-Maß von Grinblatt und Titman (1993) gegenüber. Das Portfolio-Change-Maß erfaßt in der von Grinblatt und Titman (1993) vorgeschlagenen Form (4) lediglich die Performance der Aktienpositionen der Fonds vor Kosten und Gebühren.[48] Es ist für das Segment aller Aktienfonds im gesamten Untersuchungszeitraum positiv. Die Bruttorendite der Aktienpositionen amerikanischer Aktienfonds übertrifft die Rendite der entsprechenden Vorjahrespositionen der Fonds im untersuchten Zeitraum um jährlich 84 Basispunkte. Dieser Wert ist zwar deutlich kleiner als der von Daniel, Grinblatt, Titman und Wermers (1997) für den Zeitraum von 1975 bis 1994 ermittelte Wert von 191 Basispunkten p.a.,[49] er ist aber für alle betrachteten fünfjährigen Teilperioden positiv.[50]

48 Das Portfolio-Change-Maß des gesamten Aktienfondssegments wird wiederum durch eine wertgewichtete Buy-and-Hold-Strategie in alle Aktienfonds bestimmt. Die Vorgehensweise entspricht exakt dem Vorgehen von Grinblatt und Titman (1993) und Daniel, Grinblatt, Titman und Wermers (1997). Sie wurde in Abschnitt 6.1 bereits ausführlich anhand der Nettorendite des Fondssegments dargestellt.

49 Grinblatt und Titman (1993) erhalten für den Zeitraum von 1975 bis 1984 für 155 überlebende Fonds einen Wert von 204 Basispunkten p.a.

50 Für den gemeinsamen Zeitraum 1985 bis 1994 entspricht die Performance mit 1,77% p.a. nahezu exakt dem von Daniel, Grinblatt, Titman und Wermers (1997) für diesen Zeitraum berichteten Wert von 1,82% p.a. Die Ursache für die auf den gesamten Untersuchungszeitraum bezogen deutlich geringere Performance liegt im schlechten Abschneiden der Fonds in den turbulenten Börsenjahren zu Anfang dieses Jahrtausends. Für den Zeitraum 1983 bis 1999 ergibt sich hingegen ein vergleichbarer Wert für das Portfolio-Change-Maß von jährlich 164 Basispunkten.

A. Performance (CAPM)

Zeitraum	Anzahl	gew.bas. Alpha (1) (% p.a.)	Jensen-Maß (2) (% p.a.)	Portfolio-Change-Maß (3) (% p.a.)	Portfolio-Change-Maß Grinblatt/Titman (1993) (4) (% p.a.)
1983–1987	416	−0,88	−0,89	−0,45	0,71
1988–1992	747	−0,79	−0,79	−0,24	1,60
1993–1997	1.524	−1,42	−1,21	−1,31	1,11
1998–2003	2.324	−1,19	−1,25	−1,16	0,08
1983–2003	2.661	−1,00	−1,04	−0,74	0,84

B. Systematisches Risiko (CAPM)

Zeitraum	Anzahl	gew.bas. Alpha (1)	Jensen-Maß (2)	Portfolio-Change-Maß (3)	Portfolio-Change-Maß Grinblatt/Titman (1993) (4)
1983–1987	416	0,9738	0,9749	0,9159	—
1988–1992	747	0,9658	0,9653	0,9073	—
1993–1997	1.524	0,9659	0,9501	0,9576	—
1998–2003	2.324	0,9185	0,9468	0,9077	—
1983–2003	2.661	0,9542	0,9588	0,9214	—

Tabelle 6.6: Vergleich der Performance des gesamten Aktienfondssegments anhand der verschiedenen Maße mit wertgewichtetem CRSP-Index als Benchmark

Das Portfolio-Change-Maß ist in dieser Form jedoch nicht unmittelbar mit dem gewichtsbasierten Alpha (1) vergleichbar. Zum Vergleich der beiden Maße wird es daher (3) zusätzlich unter Berücksichtigung von Kosten und Gebühren, der niedrigeren Rendite des nicht in Aktien investierten Portfolioanteils und unter Verwendung des Zeitreihenmittels der Fondsgewichte als Proxy für die erwarteten Fondsgewichte geschätzt. In diesem Fall ergibt sich ein ganz anderes Bild für die Performance aller amerikanischen Aktienfonds: Die Performance für die Kapitalgeber von Fonds liegt um jährlich 74 Basispunkte unter der des wertgewichteten CRSP-Indizes. Dieses Ergebnis ist für alle vier untersuchten Teilperioden robust. Die Performance in den Teilperioden schwankt zwischen −24 Basispunkten p.a. für den Zeitraum 1988 bis 1992 und −131 Basispunkten p.a. für den Zeitraum 1993 bis 1997.

Berücksichtigt man zusätzlich das Managementrisiko, welches dadurch entsteht, daß Fonds ihre Portfoliopositionen nur in größeren zeitlichen Abständen bekanntgeben, so reduziert sich die Performance um weitere 26 Basispunkte auf jährlich −100 Basispunkte. Die Ergebnisse für das gewichtsbasierte Alpha (1) sind jedoch mit etwas Vorsicht zu interpretieren: Die Mehrheit der untersuchten Fonds gibt ihre Portfoliopositionen vierteljährlich bekannt. Bei der Berechnung des gewichtsbasierten Alphas wird jedoch eine Offenlegungsperiode von einem Kalenderjahr unterstellt, damit der Schätzung der bedingten Betas in den einzelnen Offenlegungsperioden eine hinreichende Anzahl von Freiheitsgraden zugrundeliegt.[51] Die begrenzte Datenbasis führt dazu, daß durchschnittlich nur jede dritte Gewichtsbeobachtung in die Schätzung eingeht. Dies hat zur Folge, daß der in dieser Arbeit ermittelte Wert für das gewichtsbasierte Alpha das Managementrisiko der untersuchten Fonds über- und deren Performance unterschätzt. Auf Basis höherfrequentiger Fondsrenditedaten sollte die Performanceeinbuße durch das Managementrisiko daher geringer ausfallen, als die in dieser Untersuchung geschätzten 26 Basispunkte p.a.

Ein Vergleich des gewichtsbasierten Alphas (1) mit dem klassischen Alpha von Jensen (1968) (2) verdeutlicht dieses Schätzproblem. Das Jensen-Maß liegt mit −104 Basispunkten p.a. nur um vier Basispunkte unter dem Schätzwert für das gewichtsbasierte Alpha. Hieraus läßt sich jedoch aufgrund der begrenzten Datenbasis nicht folgern, daß die veröffentlichten Portfolioinformationen das Managementrisiko der Investoren nur unwesentlich reduzieren oder daß eine Vernachlässigung des Managementrisikos bei der Performancemessung zu nur geringen Fehleinschätzungen führt.[52]

Die positive Performance des Aktienfondssegments vor Kosten und Gebühren weist jedoch nicht notwendigerweise auf erfolgreiches Research und private Informationen der Fondsmanager hin. Sie kann auch darauf zurückzuführen sein, daß Fondsmanager in der Finanzwelt bekannte Aktienrenditeanomalien ausnutzen, indem sie zum Beispiel vermehrt Aktien mit hoher Vorjahresrendite in ihre Portfolios aufnehmen. Tabelle 6.7 stellt daher das gewichtsbasierte Vier-Faktor-Alpha dem ausschließlich auf Renditeinformationen basierenden Alpha von Carhart (1997) und dem allein auf den Aktiengewichten der Fonds basierenden Characteristics-Maß von Daniel, Grinblatt, Titman und Wermers (1997) gegenüber. Alle drei Maße bereinigen die Fondsrendite neben systematischen Marktrisiken zusätzlich um das Exposure der Fonds in Faktorportfolios für das Verhältnis von Buchwert-zu-Marktwert, die Marktkapitalisierung und die Vorjahresrendite der Aktien. Sie weisen im Unterschied zu ihren allein auf dem Marktfaktor basierenden Pendants solchen Fonds, die lediglich in Finanzkreisen bekannte Aktienrenditeanomalien in Bezug auf diese drei Faktoren ausnutzen, eine neutrale Performance zu.

Das Characteristics-Maß mißt in der von Daniel, Grinblatt, Titman und Wermers (1997) gewählten Form (4) die Performance der Aktienpositionen von Fonds vor Kosten

---

51 Um sämtliche von den Fonds veröffentlichten Portfolioinformationen bei der Performancemessung berücksichtigen zu können, sind vor dem Hintergrund der vierteljährlichen Portfoliooffenlegungen einer Vielzahl der untersuchten Fonds zumindest wöchentliche Fondsrenditen erforderlich. Solche Daten sind grundsätzlich erhältlich; die in dieser Arbeit verwendeten CRSP Fondsdaten beinhalten jedoch für den überwiegenden Untersuchungszeitraum nur monatliche Fondsrenditen.

52 Der in dieser Arbeit ausgewiesene Wert für das gewichtsbasierte Alpha unterschätzt, wie oben diskutiert, die tatsächliche Performance der Fonds vor dem Hintergrund der vierteljährlichen Portfoliooffenlegungen. Der Bias bei Verwendung des Jensen-Alphas anstatt des gewichtsbasierten Alphas sollte daher bei höherfrequentigen Fondsrenditedaten unter Berücksichtigung sämtlicher Portfoliobeobachtungen größer als die hier ausgewiesenen vier Basispunkte p.a. sein.

A. Performance (Vier-Faktor-Modell)

Zeitraum	Anzahl	gew.bas. 4-F-Alpha (1) (% p.a.)	Carhart-Alpha (2) (% p.a.)	Characteristics-Maß (3) (% p.a.)	Characteristics-Maß Daniel et. al. (1997) (4) (% p.a.)
1983–1987	416	−0,58	−0,40	−0,33	1,28
1988–1992	747	−0,36	−0,72	0,45	−0,29
1993–1997	1.524	−0,50	−1,68	−0,54	0,12
1998–2003	2.324	−1,28	−1,54	−0,71	0,88
1983–2003	2.661	−0,84	−1,13	−0,48	0,33

B. Systematisches Risiko (Vier-Faktor-Modell, gesamter Zeitraum)

Faktor	gew.bas. 4-F-Alpha (1)	Carhart-Alpha (2)	Characteristics-Maß (3)	Characteristics-Maß Daniel et. al. (1997) (4)
MKT	0,9483	0,9612	0,9229	—
HML	−0,0336	−0,0092	−0,0374	—
SMB	0,0626	0,0492	0,1009	—
PR1YR	0,0054	0,0127	−0,0092	—

Tabelle 6.7: Vergleich der Performance des gesamten Aktienfondssegments anhand der verschiedenen Maße mit den vier Carhart-Faktoren als Benchmark

und Gebühren.[53] Die Ergebnisse in Tabelle 6.7 in Bezug auf das Characteristics-Maß zeigen, daß ein Teil des positiven Portfolio-Change-Maßes des Aktienfondssegments auf in Finanzkreisen bekannte Aktienrenditeanomalien zurückzuführen ist. Bereinigt um das Verhältnis von Buchwert-zu-Marktwert, die Marktkapitalisierung und die Vorjahresrendite weisen die Aktienpositionen amerikanischer Aktienfonds nur noch eine geringfügig positive Performance in Höhe von 33 Basispunkten p.a. auf.[54,55]

Die schwach positive Performance der Aktienpositionen des Fondssegments wird jedoch durch die Kosten und Gebühren der aktiven Strategien der Fonds vollständig aufgezehrt. Schätzt man das Characteristics-Maß unter Berücksichtigung von Kosten und Gebühren (3), so bleibt die wertgewichtete Rendite der Fonds um jährlich 48 Basispunkte hinter der Rendite eines passiven Portfolios zurück, welches entsprechend der durch-

[53] Das Characteristics-Maß wird entsprechend dem in Abschnitt 6.1 beschriebenen Vorgehen durch eine wertgewichtete, vierteljährlich umschichtende Buy-and-Hold-Strategie in alle zu dieser Zeit existierenden Aktienfonds bestimmt. Die Vorgehensweise in dieser Arbeit entspricht dabei exakt dem Vorgehen von Daniel, Grinblatt, Titman und Wermers (1997) und Wermers (2000).

[54] Da erst ab dem Jahr 1986 Angaben zu Buchwerten in den COMPUSTAT-Daten verfügbar sind, beginnt die Schätzung des Characteristics-Maßes (4) unter Berücksichtigung des erforderlichen einjährigen Vorlaufs erst mit dem Jahr 1987.

[55] Dieser Wert ist deutlich kleiner als der von Daniel, Grinblatt, Titman und Wermers (1997) und Wermers (2000) für den Zeitraum 1975 bis 1994 gefundene Wert von 0,77 % p.a. Für den gemeinsamen Zeitraum 1987 bis 1994 bestätigt jedoch mit 33 Basispunkten der in dieser Untersuchung ermittelte Wert die Ergebnisse von Wermers (2000). Wermers erhält für den Zeitraum 1985 bis 1994 einen Wert von 26 Basispunkten p.a. für die Summe aus Characteristic-Selectivity- und Characteristic-Timing-Maß.

schnittlichen Aktienpositionen der Fonds und der Aktienbetas in die vier Faktorportfolios investiert.[56]

Berücksichtigt man zusätzlich das Managementrisiko aufgrund der unvollständigen Portfoliooffenlegungen der Fonds, so reduziert sich die Performance für die Kapitalgeber weiter. Das gewichtsbasierte Vier-Faktor-Alpha (2) mißt die Performance der Fonds unter der Annahme jährlicher Portfoliooffenlegungen. Es ist mit jährlich −84 Basispunkten sowohl für den gesamten Untersuchungszeitraum als auch für die vier untersuchten Teilperioden (−36 bis −128 Basispunkte p.a.) negativ. Die anhand des Alphas von Carhart (1997) geschätzte Performance ist mit −113 Basispunkten p.a. noch geringer.

Ein Vergleich des Carhart-Alphas (2) und des Characteristics-Maßes (3) mit dem gewichtsbasierten Vier-Faktor-Alpha (1) zeigt, daß das Carhart-Alpha durch die Vernachlässigung von den Anlegern bekannten Gewichtsinformationen das gewichtsbasierte Vier-Faktor-Alpha um jährlich 29 Basispunkte unterschätzt. Demgegenüber vernachlässigt das Characteristics-Maß das Managementrisiko. Es führt daher zu einer um 36 Basispunkte p.a. höheren Performance als das gewichtsbasierte Vier-Faktor-Alpha. Dies verdeutlicht das Fehlerpotential ausschließlich auf Rendite- oder Gewichtsinformationen basierender Performancestudien bei der Performancemessung im Querschnitt aller Fonds.[57]

Zusammenfassend läßt sich festhalten, daß amerikanische Aktienfonds im untersuchten Zeitraum 1983 bis 2003 die Rendite des wertgewichteten CRSP-Indizes risikoadjustiert um jährlich 100 Basispunkte verfehlen. Die Performance im Hinblick auf die Renditen von Faktorportfolios für das Marktportfolio sowie für das Verhältnis von Buchwert-zu-Marktwert, die Marktkapitalisierung und die Vorjahresrendite der Aktien ist mit −84 Basispunkten p.a. ebenfalls negativ. Die untersuchten Fonds sind, zumindest im Querschnitt, sowohl während des gesamten Zeitraums 1983 bis 2003 als auch in den vier untersuchten Teilperioden nicht in der Lage, die Kosten und Gebühren ihrer aktiven Strategien zu erwirtschaften.

---

[56] Da dem Portfolio-Change-Maß und dem Characteristics-Maß in der Version (3) und (4) jeweils eine unterschiedliche Form der Benchmarkadjustierung zugrundeliegt, geht die Differenz in beiden Fällen nicht ausschließlich auf die Kosten und Gebühren zurück. Es ist daher nicht überraschend, daß die Differenz im Falle des Characteristics-Maßes ((4)-(3) in Tabelle 6.7) mit 81 Basispunkten von der Differenz von 158 Basispunkten im Falle des Portfolio-Change-Maßes ((4)-(3) in Tabelle 6.6) abweicht.

[57] Auch hier tritt das Problem vernachlässigter Portfoliobeobachtungen bei der Schätzung des gewichtsbasierten Vier-Faktor-Alphas auf, wenn auch in etwas abgemilderter Form. Das Schätzproblem wird dadurch abgemildert, daß es im Vier-Faktor-Modell vier verschiedene Prior und somit jährlich vier Prior-Beobachtungen gibt, die allesamt auf den veröffentlichten Portfoliopositionen basieren. Dies verhindert, daß die Renditebeobachtungen die Schätzung weiterhin dominieren. Aber auch im Falle des gewichtsbasierten Vier-Faktor-Alphas führt die Vernachlässigung von Portfoliobeobachtungen im Rahmen der Schätzung tendenziell zu einer Überschätzung des systematischen Managementrisikos und zu einer Unterschätzung der Performance.

6.3.2 Persistenz der Performance einzelner Fonds

Obwohl amerikanische Aktienfonds im Querschnitt nicht in der Lage sind, die Kosten und Gebühren ihrer aktiven Strategien zu erwirtschaften, ist es dennoch denkbar, daß zumindest einige Fondsmanager überlegene Fähigkeiten besitzen und über einen längeren Zeitraum eine positive Performance erzielen. In diesem Abschnitt wird die Persistenz der Performance amerikanischer Aktienfonds im Zeitraum 1983 bis 2003 untersucht. Anders als in bisherigen Studien werden dabei sowohl die veröffentlichten Portfoliopositionen als auch die Fondsrenditen berücksichtigt. Dieser Abschnitt beschäftigt sich also mit der Frage: Ist eine hohe Rendite in der Vergangenheit ein Indikator für eine überlegene Performance in der Zukunft?

Das Vorgehen in diesem Abschnitt lehnt sich an Studien von Hendricks, Patel und Zeckhauser (1993), Carhart (1997) und Daniel, Grinblatt, Titman und Wermers (1997) an. Zu Beginn eines jeden Kalenderjahres werden alle am Jahresanfang existierenden Fonds anhand ihrer Vorjahresrendite sortiert. Im Falle des gewichtsbasierten Alphas, des gewichtsbasierten Vier-Faktor-Alphas, des Jensen (1968)-Alphas und des Carhart (1997)-Alphas erfolgt die Reihung anhand der Nettorendite. Im Falle des Portfolio-Change-Maßes in der von Grinblatt und Titman (1993) vorgeschlagenen Form und des Characteristics-Maßes in der Variante von Daniel, Grinblatt, Titman und Wermers (1997) bildet die Bruttorendite die Grundlage für die Reihung.[58] Die Fonds werden in beiden Fällen entsprechend ihres im Vorjahr erreichten Renditerangs in zehn Dezilportfolios aufgeteilt. Das erste Dezilportfolio enthält die 10% Fonds mit den höchsten Vorjahresrenditen (Vorjahresgewinner), Portfolio 10 die 10% Fonds mit den niedrigsten Vorjahresrenditen (Vorjahresverlierer). Diese Portfolios werden für ein Jahr gehalten und zu Anfang des nächsten Jahres entsprechend der aktualisierten Vorjahrsrenditeränge in alle dann existierenden Fonds umgeschichtet.

Die Renditen der Dezilportfolios entsprechen den wertgewichteten Renditen aller in den Dezilportfolios enthaltenen Fonds. Zur Renditeberechnung werden zu Beginn des ersten Quartals eines jeden Jahres alle Fonds, die bis zum Quartalsende überleben und die für das laufende Quartal gültige Rendite- und Gewichtsinformationen aufweisen, entsprechend ihrer Fondsvermögen zu Ende des Vorquartals in die jeweiligen Dezilportfolios aufgenommen. Die Portfoliozusammensetzung bleibt dann bis zum Ende des ersten Quartals unverändert. Zu Anfang des zweiten Quartals wird das Portfolio entsprechend der Fondsvermögen zum Ende des ersten Quartals in alle Fonds umgeschichtet, die für das gesamte zweite Quartal gültige Rendite- und Gewichtsinformationen aufweisen. Dieses

58 Werden das Portfolio-Change-Maß und das Characteristics-Maß zum Vergleich mit den in dieser Arbeit neu entwickelten gewichtsbasierten Maßen unter Berücksichtigung der gesamten Portfoliopositionen nach Kosten und Gebühren geschätzt, so erfolgt die Reihung jedoch auf Basis der Nettorendite.

Vorgehen wird für das dritte und vierte Quartal sowie für alle weiteren Jahre wiederholt. Es liefert als Ergebnis wertgewichtete monatliche Renditen für die in den Performancedezilen enthaltenen Fonds.

Tabelle 6.8 stellt die Performance der zehn Dezilportfolios für die auf dem CAPM basierenden Performancemaße dar. Alle Performancemaße zeigen für den untersuchten Zeitraum 1983 bis 2003 eine beachtliche Persistenz. Die Gewinner von heute sind tendenziell auch die Gewinner von morgen, während die Verlierer von heute auch die Verlierer von morgen sind. Eine Strategie, die wertgewichtet in die 10% Vorjahresgewinner investiert und diese Investition durch Leerverkäufe der 10% Vorjahresverlierer finanziert, erwirtschaftet nach Kosten und Gebühren eine jährliche risikoadjustierte Rendite zwischen 3,76% bei Beurteilung anhand des Jensen-Maßes (2) und 3,97% bei Beurteilung anhand des Portfolio-Change-Maßes (3). Betrachtet man jedoch nur die Aktienpositionen der Fonds vor Kosten und Gebühren, so ist das Portfolio-Change-Maß (4) eines derartigen Zero-Cost-Portfolios mit jährlich 46 Basispunkten deutlich geringer.[59]

Ein näherer Blick auf die Performance auf Basis der Nettorenditen der Fonds in den verschiedenen Dezilportfolios verdeutlicht jedoch, daß der beachtliche Renditeunterschied zwischen Vorjahresgewinnern und -verlierern ausschließlich auf die negative Performance der Vorjahresverlierer zurückzuführen ist. Während die Vorjahresgewinner unter allen drei auf der Nettorendite basierenden Maßen eine neutrale oder leicht negative Performance erzielen (−0,28% p.a. anhand des gewichtsbasierten Alphas (1)), ist die Performance der Vorjahresverlierer deutlich negativ (−3,40% p.a. anhand des gewichtsbasierten Alphas (1) und −3,62% p.a. anhand des Jensen-Maßes (2)).[60] Eine Betrachtung der Bruttorenditen zeigt darüber hinaus, daß die Performance der Aktienposition sowohl für die Gewinner als auch im Falle der Verlierer des Vorjahres mit 1,33% beziehungsweise 0,87% p.a. positiv ist. Die hohe Performancepersistenz auf Basis der Nettorenditen läßt sich somit auf vergleichsweise hohe Kosten und Gebühren der Vorjahresverlierer sowie eine deutlich niedrigere Verzinsung des nicht in Aktien investierten Portfolioanteils der Vorjahresverlierer zurückführen.[61]

---

59 Daniel, Grinblatt, Titman und Wermers (1997) finden anhand von gleichgewichteten Portfolios für den Zeitraum von 1975 bis 1994, daß die 20% Fonds mit der geringsten Bruttorendite im Vorjahr ein auf dem 5%-Niveau signifikant größeres Portfolio-Change-Maß aufweisen als die im Vorjahr besten 20% Fonds.

60 Auffällig ist jedoch, daß Fonds im zweiten und dritten Performancedezil unter Verwendung aller drei auf der Nettorendite basierenden Maße eine positive Performance aufweisen. So beträgt das gewichtsbasierte Alpha der Fonds im zweiten Performancedezil 98 Basispunkte und das der Fonds im dritten Performancedezil immerhin noch 47 Basispunkte p.a. Faßt man also die ersten beiden Performancedezile zu einem Quintilportfolio zusammen, so weisen die Vorjahresgewinner mit circa 35 Basispunkten p.a. ein positives gewichtsbasiertes Alpha auf.

61 Insbesondere die Vorjahresgewinner schneiden unter dem Jensen-Maß in der vorliegenden Untersuchung deutlich schlechter ab als bei Carhart (1997) mit einem Alpha von 2,6% p.a. oder Daniel, Grinblatt, Titman und Wermers (1997) mit einem Alpha von 2,7% p.a. Dies kann mehrere Ursachen haben: Erstens untersucht Carhart mit 1962 bis 1993 einen anderen Zeitraum als die vorliegende Stu-

A. Gewichtsbasiertes Alpha (1)

Portfolio	durchschnittl. Anzahl	durchschnittl. Überschußrendite Fonds (% p.a.)	Beta	durchschnittl. Überschußrendite CRSP (% p.a.)	Gewichtsbasiertes Alpha (% p.a.)
Dezil 1 (Beste 10%)	51	8,18	1,0453	8,09	−0,28
Dezil 2	51	7,40	0,9469	8,09	0,98
Dezil 3	51	8,05	0,9348	8,09	0,47
Dezil 4	51	7,21	0,8967	8,09	−0,02
Dezil 5	51	7,17	0,9334	8,09	−0,34
Dezil 6	51	6,74	0,9183	8,09	−0,62
Dezil 7	51	6,49	0,9296	8,09	−0,96
Dezil 8	51	5,78	0,9536	8,09	−1,80
Dezil 9	51	5,64	0,9779	8,09	−2,11
Dez. 10 (Schlechteste 10%)	51	4,61	1,0206	8,09	−3,40
Dezil 1 - Dezil 10 (Beste - Schlechteste 10%)	—	3,42	−0,0672	8,09	3,96

B. Jensen (1968) Alpha (2)

Portfolio	durchschnittl. Anzahl	durchschnittl. Überschußrendite Fonds (% p.a.)	Beta	durchschnittl. Überschußrendite CRSP (% p.a.)	Jensen-Maß
Dezil 1 (Beste 10%)	51	8,18	1,0071	8,09	0,02
Dezil 2	51	7,40	0,9083	8,09	1,29
Dezil 3	51	8,05	0,9169	8,09	0,61
Dezil 4	51	7,21	0,8904	8,09	0,03
Dezil 5	51	7,17	0,9253	8,09	−0,28
Dezil 6	51	6,74	0,9200	8,09	−0,63
Dezil 7	51	6,49	0,9366	8,09	−1,01
Dezil 8	51	5,78	0,9663	8,09	−1,90
Dezil 9	51	5,64	0,9874	8,09	−2,18
Dez. 10 (Schlechteste 10%)	51	4,61	1,0494	8,09	−3,62
Dezil 1 - Dezil 10 (Beste - Schlechteste 10%)	—	3,42	−0,0423	8,09	3,76

Tabelle wird fortgesetzt.

Fortsetzung

C. Portfolio-Change-Maß (3)

Portfolio	durch-schnittl. Anzahl	durchschnittl. Überschußrendite Fonds (% p.a.)	Beta	durchschnittl. Überschußrendite CRSP (% p.a.)	Portfolio-Change-Maß (% p.a.)
Dezil 1 (Beste 10%)	51	8,18	0,9893	8,09	0,16
Dezil 2	51	7,40	0,9160	8,09	1,23
Dezil 3	51	8,05	0,8844	8,09	0,86
Dezil 4	51	7,21	0,8780	8,09	0,13
Dezil 5	51	7,17	0,8863	8,09	0,03
Dezil 6	51	6,74	0,9043	8,09	−0,51
Dezil 7	51	6,49	0,9221	8,09	−0,90
Dezil 8	51	5,78	0,9344	8,09	−1,66
Dezil 9	51	5,64	0,9894	8,09	−2,20
Dez. 10 (Schlechteste 10%)	51	4,61	1,0572	8,09	−3,68
Dez. 1 - Dez. 10 (Beste - Schlechteste 10%)	—	3,42	−0,0679	8,09	3,97

D. Portfolio-Change-Maß nach Grinblatt und Titman (1993) (4)

Portfolio	durchschnittliche Anzahl	Portfolio-Change-Maß (% p.a.)
Dezil 1 (Beste 10%)	51	1,33
Dezil 2	51	1,03
Dezil 3	51	0,91
Dezil 4	51	0,42
Dezil 5	51	0,83
Dezil 6	51	0,29
Dezil 7	51	0,28
Dezil 8	51	1,04
Dezil 9	51	1,19
Dezil 10 (Schlechteste 10%)	51	0,87
Dezil 1 - Dezil 10 (Beste - Schlechteste 10%)	—	0,46

Tabelle 6.8: Persistenz der Performance einzelner Fonds anhand der verschiedenen Maße mit wertgewichtetem CRSP-Index als Benchmark

Carhart (1997) zeigt für den von ihm untersuchten Zeitraum 1962 bis 1993, daß ein Großteil der Querschnittsvariation des Ein-Faktor-Alphas von Jensen (1968) durch sein Vier-Faktor-Modell erklärt wird. Berücksichtigt man neben der Marktrendite zusätzlich Faktorportfolios für die Renditedifferenzen zwischen Aktien mit hohem und niedrigem Verhältnis von Buchwert-zu-Marktwert (HML), zwischen Aktien mit hoher und niedriger Marktkapitalisierung (SMB) und zwischen Aktien mit hoher und niedriger Vorjahresrendite (PR1YR), so ergibt sich ein differenzierteres Bild für die Persistenz der Performance der untersuchten Fonds.

Tabelle 6.9 zeigt die Persistenz der Performance der untersuchten Fonds unter dem gewichtsbasierten Vier-Faktor-Alpha, unter dem Alpha von Carhart (1997) und unter dem Characteristics-Maß von Daniel, Grinblatt, Titman und Wermers (1997). Während das gewichtsbasierte Vier-Faktor-Alpha (1) und das Characteristics-Maß (3) weiterhin eine beachtliche Persistenz der risikoadjustierten Nettorenditen der untersuchten Fonds zeigen, weist das Carhart-Alpha (2) eine niedrigere risikoadjustierte Renditedifferenz zwischen Vorjahresgewinnern und -verlierern aus. Eine Strategie, die eine wertgewichtete Anlage in die 10% Vorjahresgewinner durch Leerverkäufe der 10% Vorjahresverlierer finanziert, erreicht anhand des gewichtsbasierten Vier-Faktor-Alphas (1) eine Performance von 2,87% p.a. Bei Verwendung des Carhart-Alphas (2) ist die Performance derselben Strategie mit 1,39% p.a. deutlich geringer.

Die Unterschiede zwischen beiden Maßen werden noch klarer, wenn man die Komponenten der Renditedifferenz untersucht: Während das Carhart-Alpha für Vorjahresgewinner und -verlierer negativ ist, weist das gewichtsbasierte Vier-Faktor-Alpha Fonds in den drei besten Performancequantilen mit 0,32% bis 1,03% p.a. eine positive Performance zu.[62] Studien, die das Carhart-Alpha zur Performancemessung verwenden, gelangen daher zu dem Schluß, daß der Renditeunterschied allein auf die negative Performance der Vorjahresverlierer zurückgeht und von Kapitalgebern daher nicht realisiert werden kann.[63]

die. Zweitens betrachtet er jede Anteilsklasse als einzelnen Fonds, während diese Untersuchung sämtliche Anteilsklassen zu einem einzigen Fonds aggregiert. Dieser Unterschied dürfte jedoch keine so großen Auswirkungen auf die Ergebnisse haben, da Fonds erst nach Carharts Untersuchungszeitraum verstärkt mehrere Anteilsklassen emittieren. Drittens beeinträchtigen die turbulenten Börsenjahre Anfang dieses Jahrtausends die Performance der untersuchten Fonds beträchtlich. Daniel, Grinblatt, Titman und Wermers (1997) untersuchen mit 1975 bis 1994 ebenfalls einen früheren Zeitraum als diese Studie. Darüber hinaus fassen sie die Fonds zu Quintilportfolios zusammen. Faßt man in Tabelle 6.8.B die beiden ersten Performancedezile zusammen, so ergibt sich hier ebenfalls ein positives Jensen-Maß in einer Größenordnung von 65 Basispunkten p.a. Die Schätzwerte von Daniel, Grinblatt, Titman und Wermers (1997) für das Jensen-Maß aller amerikanischen Aktienfonds nehmen zudem im Zeitablauf stark ab. Dies legt die Vermutung nahe, daß ihr positives Alpha vor allem durch die Jahre 1975 bis 1984 hervorgerufen wird.

62 An dieser Stelle ist nochmals anzumerken, daß für das gewichtsbasierte Vier-Faktor-Alpha derzeit noch kein Signifikanztest existiert. Ob das positive gewichtsbasierte Vier-Faktor-Alpha der Vorjahresgewinner auch statistisch signifikant ist, kann daher in dieser Arbeit noch nicht beantwortet werden. Es ist aber ökonomisch von der Größenordnung nicht zu vernachlässigen.

63 Vgl. beispielsweise Carhart (1997).

A. Gewichtsbasiertes Vier-Faktor-Alpha (1)

Portfolio	durchsch. Anzahl	Beta MKT	Beta HML	Beta SMB	Beta PR1YR	Gew.bas. 4-F-Alpha (% p.a.)
Dezil 1 (Beste 10%)	51	0,9969	−0,0694	0,1707	0,0170	0,32
Dezil 2	51	0,9386	−0,0057	0,0670	0,0119	1,03
Dezil 3	51	0,9389	−0,0119	0,0169	0,0125	0,43
Dezil 4	51	0,9284	0,0303	0,0183	0,0051	−0,37
Dezil 5	51	0,9497	0,0030	−0,0045	−0,0039	−0,34
Dezil 6	51	0,9474	0,0153	0,0220	−0,0039	−0,77
Dezil 7	51	0,9417	−0,0253	0,0432	0,0144	−1,01
Dezil 8	51	0,9424	−0,0860	0,0679	0,0105	−1,37
Dezil 9	51	0,9687	−0,0610	0,1276	0,0048	−1,73
Dez. 10 (Schlechteste 10%)	51	0,9650	−0,1812	0,2120	0,0024	−2,11
Dezil 1 – Dezil 10 (Beste – Schlechteste 10%)	—	0,0013	0,0664	−0,0700	0,0196	2,87

B. Carhart (1997)-Alpha (2)

Portfolio	durchsch. Anzahl	Beta MKT	Beta HML	Beta SMB	Beta PR1YR	Carhart-Alpha (% p.a.)
Dezil 1 (Beste 10%)	51	0,9619	0,3319	−0,1512	0,1856	−1,01
Dezil 2	51	0,9142	0,1590	−0,0075	0,0861	0,36
Dezil 3	51	0,9322	0,1081	0,0109	0,0675	−0,26
Dezil 4	51	0,9376	0,0184	0,0867	0,0262	−0,93
Dezil 5	51	0,9846	−0,0152	0,1177	0,0012	−1,17
Dezil 6	51	0,9835	−0,0451	0,1379	−0,0305	−1,28
Dezil 7	51	0,9967	−0,0464	0,1231	−0,0247	−1,63
Dezil 8	51	1,0053	−0,0264	0,0755	−0,0258	−2,13
Dezil 9	51	1,0398	−0,0486	0,1394	−0,0835	−2,13
Dez. 10 (Schlechteste 10%)	51	1,0550	0,0170	0,0683	−0,1294	−2,38
Dezil 1 – Dezil 10 (Beste – Schlechteste 10%)	—	−0,0931	0,3149	−0,2195	0,3150	1,39

Tabelle wird fortgesetzt.

Fortsetzung

C. Characteristics-Maß (3)

Portfolio	durchsch. Anzahl	Beta MKT	Beta HML	Beta SMB	Beta PR1YR	Characteristics-Maß (% p.a.)
Dezil 1 (Beste 10%)	51	0,9727	−0,1023	0,1829	0,0118	0,71
Dezil 2	51	0,9490	0,0001	0,0772	0,0095	0,95
Dezil 3	51	0,9116	−0,0161	0,0320	−0,0036	0,86
Dezil 4	51	0,9085	0,0052	0,0307	−0,0081	0,06
Dezil 5	51	0,9197	0,0093	0,0146	−0,0152	−0,01
Dezil 6	51	0,9313	0,0113	0,0518	−0,0100	−0,56
Dezil 7	51	0,9269	−0,0227	0,0765	0,0015	−0,76
Dezil 8	51	0,9220	−0,0586	0,0955	−0,0042	−1,16
Dezil 9	51	0,9737	−0,0381	0,1609	−0,0057	−1,74
Dez. 10 (Schlechteste 10%)	51	0,9690	−0,1720	0,2477	−0,0141	−1,99
Dezil 1 - Dezil 10 (Beste – Schlechteste 10%)	—	0,0037	0,0696	−0,0648	0,0258	2,76

D. Characteristics-Maß nach Daniel, Grinblatt, Titman und Wermers (1997) (4)

Portfolio	durchschnittliche Anzahl	Characteristics-Maß (% p.a.)
Dezil 1 (Beste 10%)	51	0,64
Dezil 2	51	0,42
Dezil 3	51	0,64
Dezil 4	51	0,32
Dezil 5	51	0,28
Dezil 6	51	0,78
Dezil 7	51	−0,08
Dezil 8	51	1,03
Dezil 9	51	0,97
Dezil 10 (Schlechteste 10%)	51	−0,24
Dezil 1 - Dezil 10 (Beste – Schlechteste 10%)	—	0,89

Tabelle 6.9: Persistenz der Performance einzelner Fonds anhand der verschiedenen Maße mit den vier Carhart-Faktoren als Benchmark

Durch die zusätzliche Berücksichtigung von Portfolioinformationen bei Verwendung des gewichtsbasierten Vier-Faktor-Alphas läßt sich jedoch das systematische Risiko der Fonds exakter erfassen. Es zeigt sich dann, daß der risikoadjustierte Renditeunterschied zwischen Vorjahresgewinnern und -verlieren zu einem nicht unerheblichen Anteil auch auf eine positive Performance der Vorjahresgewinner zurückgeht. Kapitalgeber können durch eine Anlage in Fonds mit hoher vergangener Rendite in der Zukunft eine positive risikoadjustierte Performance erzielen.

Für das Characteristics-Maß ergibt sich sowohl auf Basis der Netto- als auch auf Basis der Bruttorenditen ein ähnliches Bild. Auch hier ist die Performance der Vorjahresgewinner mit jährlich 71 beziehungsweise 64 Basispunkten positiv, während die Vorjahresverlierer mit −199 beziehungsweise −24 Basispunkten p.a. eine negative Performance aufweisen.[64] Auch die risikoadjustierte Renditedifferenz zwischen Vorjahresgewinnern und -verlierern ist in beiden Fällen positiv. Vor Kosten und Gebühren beträgt sie für die Aktienpositionen der Fonds 89 Basispunkte p.a. und nach Kosten und Gebühren auf Basis der Nettorenditen sogar 276 Basispunkte p.a. Diese Ergebnisse zeigen, daß ein großer Teil der negativen Performance der Vorjahresverlierer auf deren hohe Kosten und Gebühren sowie auf eine im Vergleich zu Vorjahresgewinnern geringere Rendite des nicht in amerikanische Aktien investierten Portfolioanteils zurückzuführen ist.

Die Ergebnisse in Bezug auf die Persistenz der Performance der Aktienpositionen von Fonds vor Kosten und Gebühren bestätigen die ermutigenden Ergebnisse von Daniel, Grinblatt, Titman und Wermers (1997). Aber auch nach Kosten und Gebühren zeichnen die neu entwickelten gewichtsbasierten Maße ein deutlich optimistischeres Bild der Fähigkeiten zumindest einiger Fondsmanager als frühere Studien, beispielsweise von Carhart (1997). Unter Berücksichtigung der von den Fonds veröffentlichten Portfoliopositionen weisen Fonds mit in der Vergangenheit hohen Renditen tendenziell auch in der Zukunft eine positive Performance auf. Eine hohe vergangene Rendite ist vor dem Hintergrund der von den Fonds veröffentlichten Portfolioinformationen ein Indikator für eine in der Zukunft gute Performance.

Das Ergebnis von Carhart (1997), wonach die beachtliche Performancepersistenz allein auf die negative Performance der Vorjahresverlierer zurückzuführen ist, beruht entscheidend auf der Vernachlässigung bewertungsrelevanter Portfolioinformationen. Das Carhart-Alpha führt insbesondere zu systematisch kleineren Schätzwerten für die Performance von Vorjahresgewinnern als das gewichtsbasierte Alpha unter Berücksichtigung offengelegter

[64] Auf den ersten Blick mag es überraschen, daß die Performance der Vorjahresgewinner auf Basis der Nettorendite die der Vorjahresgewinner auf Basis der Bruttorendite übersteigt. Erstens handelt es sich bei Vorjahresgewinnern und -verlierern in den beiden Fällen um unterschiedliche Fonds, da die Fonds mit den im Vorjahr höchsten Nettorenditen nicht notwendigerweise auch die höchsten Bruttorenditen der Aktienpositionen aufweisen. Zweitens ist die absolute Höhe der Performance im Falle der beiden alternativen Implementierungen des Characteristics-Maßes nicht unmittelbar vergleichbar.

Portfolioinformationen. Die Ergebnisse dieser Arbeit unterstreichen die Bedeutung von veröffentlichten Portfolioinformationen für die Performancemessung durch Fondsanleger. Sie zeigen, daß Fondsanleger von der Performancepersistenz amerikanischer Aktienfonds profitieren können, indem sie Fonds mit hohen vergangenen Renditen in ihre Portfolios aufnehmen.

6.4 Zwischenfazit

Die Performancemaße dieser Arbeit berücksichtigen anders als bisherige Maße sowohl die Fondsrenditen als auch die von den Fonds veröffentlichten Portfoliopositionen bei der Performancemessung. Die Ergebnisse dieses Kapitels liefern somit ein exakteres Bild von der Performance amerikanischer Aktienfonds als bisherige Studien, die sich entweder allein auf die Fondsgewichte oder ausschließlich auf die Aktienpositionen der Fonds konzentrieren.

Das gesamte Segment aller amerikanischen Aktienfonds ist im untersuchten Zeitraum 1983 bis 2003 nicht in der Lage, die Kosten und Gebühren seiner aktiven Strategien zu erwirtschaften. Amerikanische Aktienfonds halten zwar Aktienpositionen, die benchmarkadjustiert eine leicht positive Performance aufweisen. Diese wird jedoch von den Kosten und Gebühren ihrer aktiven Strategien vollständig aufgezehrt. Das gewichtsbasierte Alpha ist unabhängig vom verwendeten Bewertungsmodell negativ. Es liegt für amerikanische Aktienfonds im Querschnitt bei jährlich −84 Basispunkten anhand des CAPM beziehungsweise −100 Basispunkten anhand des Vier-Faktor-Modells von Carhart (1997).

Auf der Ebene einzelner Fonds ergibt sich ein deutlich differenzierteres Bild für die Performance amerikanischer Aktienfonds. Alle in dieser Arbeit verwendeten Performancemaße zeigen risikoadjustiert einen deutlichen Unterschied zwischen den Renditen der 10% besten und der 10% schlechtesten Fonds des Vorjahres. Während das allein auf Renditeinformationen basierende Carhart-Alpha den gesamten Renditeunterschied der schlechten Performance der Vorjahresverlierer zuschreibt, zeigt die Berücksichtigung von Portfolioinformationen bei Verwendung des gewichtsbasierten Alphas, daß ein nicht unerheblicher Teil dieses Unterschieds auch auf die gute Performance der Vorjahresgewinner zurückgeht: Eine hohe vergangene Rendite ist ein Indikator für eine auch in der Zukunft gute Performance. Kapitalanleger können eine positive risikoadjustierte Performance erzielen, wenn sie in die Fonds mit den höchsten Vorjahresrenditen investieren. Diese Ergebnisse zeigen, daß die von den Fonds veröffentlichten Portfolioinformationen für die Performancemessung eine zentrale Rolle spielen. Sie zu vernachlässigen bedeutet insbesondere, die Performance von Vorjahresgewinnern zu unterschätzen. Die Ergebnisse dieser Arbeit zeichnen somit insgesamt ein deutlich positiveres Bild des amerikanischen Fondsmarktes als frühere Studien von Jensen (1968) und Carhart (1997). Sie liefern Anhaltspunkte dafür, daß sich zumindest einige Fonds bei ihrer Aktienauswahl als geschickt erweisen.

Kapitel 7

Schlußbemerkungen

Die vorliegende Arbeit erweitert die theoretische und empirische Literatur zu Investmentfonds in den Kapiteln 3 – 6 in vier zentralen Punkten: Sie zeigt erstens, nach welchen Kriterien Fondsmanager die ihnen anvertrauten Gelder am Kapitalmarkt investieren sollten und verdeutlicht den Einfluß der Offenlegungspolitik auf das optimale Anlageverhalten von Fonds. Sie liefert zweitens Lösungen, wie Kapitalanleger neben Renditeinformationen auch die von den Fonds regelmäßig veröffentlichten Portfolioinformationen zur Performancemessung nutzen können. Sie entwickelt drittens Kriterien, an denen sich Fonds bei der Bestimmung ihrer Offenlegungspolitik orientieren können. Und sie zeigt viertens, daß amerikanische Aktienfonds zwar im Querschnitt schlecht abschneiden, daß Kapitalanleger aber dennoch eine gute risikoadjustierte Performance erzielen, wenn sie in die Fonds mit den höchsten vergangenen Renditen investieren.

Fondsmanager müssen ihre Anlageentscheidung nach anderen Kriterien treffen als Individualanleger. Fondsanleger tragen nicht nur das Aktienrisiko, sondern auch Managementrisiken. Das Managementrisiko entsteht dadurch, daß Fonds ihre Portfoliopositionen nur in größeren zeitlichen Abständen offenlegen. Es erfaßt die Unsicherheit der Kapitalgeber von Fonds, die das Anlageverhalten und somit auch die Fähigkeiten ihres Fondsmanagers nur vage einschätzen können. Fondsmanager dürfen daher, verglichen mit Individualanlegern, nur schwächer auf ihre privaten Informationen reagieren und nur einen geringeren Teil der von ihnen verwalteten Gelder in Aktien investieren.

Fonds bestimmen durch ihre Offenlegungspolitik, welche Informationen die Kapitalgeber über die Anlagestrategie des Fondsmanagers erhalten. Die Offenlegungspolitik von Fonds determiniert die Höhe des Managementrisikos der Kapitalgeber. Häufigere Portfoliooffenlegungen lindern die Informationsasymmetrie zwischen dem Fondsmanager und seinen Kapitalgebern und reduzieren somit für die Kapitalgeber das Managementrisiko. Ein Fondsmanager, der seine Portfoliopositionen häufiger offenlegt, kann daher aggressiver auf seine privaten Informationen reagieren und einen größeren Anteil seines Portfolios in Aktien investieren.

Die Höhe des Managementrisikos wirkt sich auch auf die Performance von Fonds aus: Häufigere Portfoliooffenlegungen verbessern aufgrund des geringeren Managementrisikos der Kapitalgeber die Performance von Fonds. Fondsanleger müssen daher bei der Performancemessung sowohl die veröffentlichten Portfoliopositionen als auch die Fondsrenditen berücksichtigen. Nur so können sie die Performance vor dem Hintergrund der Offenlegungspolitik des Fonds unverzerrt messen. Frühere Performancestudien zu Investmentfonds verwenden Maße, die entweder ausschließlich auf Renditeinformationen oder den veröffentlichten Portfolioinformationen basieren. Sie vernachlässigen jeweils einen Teil der bewertungsrelevanten Informationen und führen aus diesem Grund zu verzerrten Ergebnissen für die Performance. Die in dieser Arbeit neu entwickelten gewichtsbasierten Performancemaße aktualisieren zur Bestimmung des Fondsrisikos die veröffentlichten Fondsgewichte zwischen den Offenlegungszeitpunkten bayesianisch um die Fondsrendite. Sie berücksichtigen so den risikoreduzierenden Effekt von Portfoliooffenlegungen und sind bislang in der Literatur verwendeten Maßen aus theoretischer Sicht überlegen.

Die regelmäßige Offenlegung der Portfoliopositionen führt neben Erlösen in Form einer verbesserten risikoadjustierten Performance aber auch zu Offenlegungskosten. Wettbewerber können von den veröffentlichten Positionen auf die privaten Informationen der Fondsmanager schließen. Ihr Herdenverhalten kann auf begrenzt liquiden Kapitalmärkten zu höheren Transaktionskosten für die veröffentlichenden Fonds führen. Fonds mit illiquiden Portfolios und Fonds in Segmenten mit einer hohen Performancesensitivität des Mittelaufkommens sollten ihre Gewichte daher nur selten bekanntgeben. Fonds mit liquiden Portfolios und Fonds in Segmenten mit einer schwachen Performancesensitivität des Mittelaufkommens können ihre Portfoliopositionen dagegen häufiger offenlegen.

Aufbauend auf diese theoretischen Überlegungen wird im empirischen Teil der Arbeit die Performance aller im Zeitraum 1983 bis 2003 existierenden offenen amerikanischen Aktienfonds untersucht. Die empirische Untersuchung basiert auf den in dieser Arbeit neu entwickelten gewichtsbasierten Performancemaßen. Es zeigt sich, daß amerikanische Aktienfonds im Querschnitt Aktienpositionen halten, die vor Kosten und Gebühren -je nach Bewertungsmodell- eine positive Performance zwischen 33 und 84 Basispunkten p.a. erzielen. Die positive Performance der Aktienpositionen wird jedoch durch die Kosten und Gebühren ihrer aktiven Strategien vollständig aufgezehrt. Unter Berücksichtigung der veröffentlichten Portfoliopositionen und der Nettorenditen zwischen den Offenlegungsterminen ergibt sich im Querschnitt aller Fonds ein negatives gewichtsbasiertes Alpha. Dieses reicht -je nach Bewertungsmodell- von -84 bis -100 Basispunkten p.a. Die Ergebnisse auf Basis der gewichtsbasierten Maße dieser Arbeit in Bezug auf die Performance des gesamten Aktienfondssegments stehen somit im Einklang mit den Ergebnissen früherer Studien, die ausschließlich Renditeinformationen zur Performancemessung verwenden.

Im Hinblick auf die Performance und die Performancepersistenz einzelner Fonds führt die Berücksichtigung der veröffentlichten Portfoliopositionen jedoch im Vergleich zu früheren Untersuchungen zu einem anderen, deutlich optimistischeren Bild des Fondsmarktes. Das gewichtsbasierte Alpha zeigt eine wesentlich stärkere Performancepersistenz als das allein auf den Fondsrenditen basierende Carhart-Alpha. Während die Persistenz unter dem Carhart-Alpha ausschließlich auf die negative Performance der Vorjahresverlierer zurückzuführen ist, liefert das gewichtsbasierte Alpha auch Anhaltspunkte für eine persistent positive Performance der Vorjahresgewinner. Eine höhere Vorjahresrendite ist vor dem Hintergrund der Offenlegungspolitik ein Indikator für eine in der Zukunft positive risikoadjustierte Performance.

Die Ergebnisse dieser Arbeit werfen eine Reihe weiterer, interessanter Forschungsfragen auf:

1. Die modelltheoretische Analyse in dieser Arbeit zeigt, daß das Nachfrageverhalten von Fonds eine ganz andere Struktur aufweist als das Nachfrageverhalten von Individualanlegern. Kapitalmarktgleichgewichtsmodelle –beispielsweise das Capital Asset Pricing Model von Sharpe (1964), Lintner (1965) und Mossin (1966) oder das Noisy Rational Expectations Equilibrium Model von Grossman (1976), Hellwig (1980) und Admati (1983), (1985)– unterstellen jedoch, daß Kapitalanleger ihr Vermögen direkt am Kapitalmarkt investieren. Vor dem Hintergrund des stark steigenden Anteils der durch professionelle Manager verwalteten Gelder stellt sich nun aber die Frage, wie sich delegiertes Portfoliomanagement auf das Gleichgewicht an Aktienmärkten und die Bewertung von Unternehmen auswirkt.

2. Verrecchia (2001) unterscheidet zwei Arten der Offenlegung bewertungsrelevanter Unternehmensinformationen: Die transaktionsbedingte Offenlegung von Informationen durch den Preiseinfluß der Nachfragen informierter Marktteilnehmer und die Offenlegung durch freiwillige Mitteilungen der Unternehmen. Eine solche Unterscheidung läßt sich auch für Fonds treffen. Diese Arbeit konzentriert sich auf die freiwillige Offenlegung von Portfolioinformationen und blendet die transaktionsbedingte Offenlegung von privaten Informationen aus. Eine weitere Forschungsfrage könnte sich daher mit optimalen Anlagestrategien beschäftigen, die zusätzlich die unfreiwillige Offenlegung durch Portfolioanpassungen aufgrund privater Informationen des Fondsmanagers berücksichtigen.

3. Im Falle eines permanenten Preiseinflusses führen Portfolioanpassungen des Fondsmanagers dazu, daß sich ein Teil seiner privaten Informationen in den gleichgewichtigen Aktienkursen widerspiegelt. Admati und Ross (1985) zeigen, wie sich in den Aktienkursen enthaltene private Informationen in rein renditebasierte Performance-

maße, beispielsweise das Jensen-Maß oder die Sharpe-Ratio, integrieren lassen. Sie entwickeln Performancemaße anhand eines Noisy Rational Expectations Equilibrium Models. Hieraus ergibt sich die Frage, wie sich die in den Aktienkursen enthaltenen aggregierten privaten Informationen von Fonds in die Performancemessung anhand der gewichtsbasierten Maße dieser Arbeit integrieren lassen.

4. Diese Arbeit nimmt im Rahmen der Optimierung durchweg die Perspektive der Fondsanleger ein. Sie beantwortet somit die Frage, welches Anlage- und Offenlegungsverhalten Kapitalgeber von ihren Fondsmanagern verlangen sollten und nach welchen Kriterien Kapitalgeber das Verhalten ihrer Fondsmanager beurteilen können. Agency-Probleme, die dadurch entstehen, daß Fondsmanager eigene Ziele verfolgen, werden im Rahmen dieser Arbeit bewußt ausgeblendet. Eine interessante weitergehende Forschungsfrage besteht nun darin, zu analysieren, wie Kapitalgeber ihre Fondsmanager durch Anreizverträge –sei es im Rahmen der Performancemessung oder direkt durch ihr Nachfrageverhalten– zu dem in dieser Arbeit untersuchten, aus ihrer Sicht optimalen Anlage- und Offenlegungsverhalten bewegen können.

5. Das in dieser Arbeit entwickelte Modell zur optimalen Offenlegungspolitik von Fonds prognostiziert, daß insbesondere Fonds mit liquiden Portfolios und Fonds in Segmenten mit einer schwachen Performancesensitivität des Mittelaufkommens ihre Portfoliopositionen häufiger offenlegen. Diese Hypothesen lassen sich empirisch testen. Es zeigt sich dann, ob die Modellimplikationen einer empirischen Überprüfung standhalten.

6. In der vorliegenden Arbeit wird gezeigt, daß bei korrelierten privaten Informationen nicht nur das Portfoliosignal des eigenen Fonds, sondern auch die Portfoliosignale anderer Fonds den Kapitalgebern die Fähigkeiten ihres Fondsmanagers signalisieren. Derartige Disclosure-Spillovers sollten sich problemlos in die Performancemessung anhand der gewichtsbasierten Maße dieser Arbeit integrieren lassen.

Die wichtigsten Ergebnisse der Arbeit lassen sich zu vier Kernaussagen zusammenfassen: Fondsmanager müssen die Offenlegungspolitik des Fonds im Rahmen ihrer Portfolioselektion beachten und sich um so defensiver verhalten, je weniger Informationen sie ihren Kapitalgebern über ihre Portfoliopositionen bekanntgeben. Die Kapitalgeber von Fonds sollten zur Performancemessung sowohl Renditeinformationen als auch die von den Fonds veröffentlichten Portfoliopositionen verwenden, denn nur so können sie das Fondsrisiko korrekt erfassen. Fonds mit illiquiden Portfolios und Fonds in Segmenten mit einer hohen Performancesensitivität des Mittelaufkommens sollten ihre Gewichte nur selten bekanntgeben. Obwohl amerikanische Aktienfonds im Querschnitt schlecht abschneiden, können

Investoren durch eine Anlage in die Fonds mit den höchsten vergangenen Renditen eine überlegene risikoadjustierte Performance erzielen.

Anhang

A.1 Herleitung des optimalen Fondsportfolios

Die bedingte Varianz der bedingt auf $\tilde{s}$ erwarteten Fondsrendite $\mathrm{var}\big(w(\tilde{s},\tilde{x})'(\mu+\tilde{s})\,|x\big)$ in Gleichung (3.21) läßt sich alternativ schreiben als:

$$\mathrm{var}\Big(w(\tilde{s},\tilde{x})'(\mu+\tilde{s})\,|x\Big) = \mathrm{E}\Big[w(\tilde{s},\tilde{x})'(\mu+\tilde{s})\,(\mu+\tilde{s})'w(\tilde{s},\tilde{x})|x\Big] - \mathrm{E}\Big[w(\tilde{s},\tilde{x})'(\mu+\tilde{s})\,|x\Big]^2 \tag{A.1}$$

Berücksichtigt man Gleichung (A.1) in (3.21) und ersetzt man anschließend die Erwartungswerte in Gleichung (3.21) durch die entsprechenden Integrale, so lautet das Maximierungsproblem des Fondsmanagers:

$$\begin{aligned}\max_{w}\ \Phi|x \ = \ & \int_{-\infty}^{\infty}\!\!\dots\int_{-\infty}^{\infty} w(s,x)'(\mu+s)f(s|x)\,ds - f \\ & -\frac{\lambda}{2}\int_{-\infty}^{\infty}\!\!\dots\int_{-\infty}^{\infty} w(s,x)'\Big((\mu+s)\,(\mu+s)' + \Sigma(\tilde{\gamma})\Big)w(s,x)f(s|x)\,ds \\ & +\frac{\lambda}{2}\Big[\int_{-\infty}^{\infty}\!\!\dots\int_{-\infty}^{\infty} w(s,x)'(\mu+s)f(s|x)\,ds\Big]^2\end{aligned} \tag{A.2}$$

Dabei bezeichnet $f(s|x) = f\big(s_1,\dots,s_N|x_1,\dots,x_N\big)$ die gemeinsame Dichte der Informationssignale $s_1,\dots,s_N$ bedingt auf die veröffentlichten Portfoliosignale $x_1,\dots,x_N$.

Das Optimierungsproblem des Fondsmanagers (A.2) ist ein N-dimensionales Variationsproblem mit N zu optimierenden Reaktionsfunktionen.[1] Bezeichne $w^\star(s,x)$ die optimale Lösung von (A.2). Wird die Menge zulässiger Reaktionsfunktionen auf die Menge stetig differenzierbarer Funktionen beschränkt, so lassen sich zulässige Reaktionsfunktionen $w(s,x)$ wie folgt darstellen:

$$w(s,x) \ = \ w^\star(s,x) + H(s)\alpha, \qquad \alpha\in\mathbb{R}^N \tag{A.3}$$

---

[1] Einen Überblick über die Variationsrechnung gibt beispielsweise Kapitel 1 von Seierstad und Sydsaeter (1987). Eine ausführliche Darstellung mehrdimensionaler Variationsprobleme mit mehreren unbekannten Reaktionsfunktionen befindet sich in Gelfand und Fomin (1963), Kapitel 7. Das Problem (A.2) beinhaltet als zusätzliche Komplikation, daß das dritte Integral im Quadrat steht.

$H(s)$ ist eine $N \times N$-Diagonalmatrix, deren Einträge $h_k(s)$ Perturbationen des k-ten optimalen Aktiengewichts $w_k^\star(s,x)$ sind.[2,3]

Setzt man Gleichung (A.3) in (A.2) ein, so läßt sich das Variationsproblem (A.2) in w alternativ als ein Extremwertproblem in α darstellen. Damit $w^\star(s,x)$ Lösung des Problems (A.2) ist, muß für die Bedingungen erster Ordnung des Extremwertproblems in α gelten:

$$\left.\frac{\partial \Phi}{\partial \alpha_k}\right|_{\alpha=0} = 0, \qquad k = 1, \ldots, N. \tag{A.4}$$

Wird die resultierende Zielfunktion in α im Hinblick auf $\alpha_1, \ldots, \alpha_N$ maximiert und anschließend $\alpha_1 = \ldots = \alpha_N = 0$ gesetzt, so erhält man als Bedingungen erster Ordnung für das Problem (A.2):[4]

$$\begin{aligned} 0 = \int_{-\infty}^{\infty} \cdots \int_{-\infty}^{\infty} H(s) \Big\{ & (\mu + s) - \lambda\Big((\mu+s)(\mu+s)' + \Sigma(\tilde{\gamma})\Big) w^\star(s,x) \\ & + \lambda(\mu+s) \int_{-\infty}^{\infty} \cdots \int_{-\infty}^{\infty} w^\star(s,x)'(\mu+s) f(s|x)\, ds \Big\} f(s|x)\, ds \end{aligned} \tag{A.5}$$

Da $f(s|x)$ die Dichtefunktion von $\tilde{s}$ bedingt auf $\tilde{x}$ ist, gilt $f(s|x) \geq 0$. Daher muß der Ausdruck in der geschweiften Klammer für alle Ausprägungen s und x gleich Null sein, damit Gleichung (A.5) für beliebige Perturbationsmatrizen $H(s)$ erfüllt ist:

$$\begin{aligned} 0 = & (\mu + \tilde{s}) - \lambda\Big((\mu+\tilde{s})(\mu+\tilde{s})' + \Sigma(\tilde{\gamma})\Big) w^\star(\tilde{s},\tilde{x}) \\ & + \lambda(\mu+\tilde{s}) \int_{-\infty}^{\infty} \cdots \int_{-\infty}^{\infty} w^\star(s,x)'(\mu+s) f(s|x)\, ds \end{aligned} \tag{A.6}$$

Berücksichtigt man, daß $\mathrm{E}[\tilde{R}_j^\star|x] = \int_{-\infty}^{\infty} \cdots \int_{-\infty}^{\infty} w^\star(s,x)'(\mu+s) f(s|x)\, ds$ ist, so erhält man nach wenigen Umformungen Gleichung (3.22).

Löst man Gleichung (3.22) nach $w^\star(\tilde{s},\tilde{x})$ auf, so erhält man für das optimale Fondsportfolio:[5]

---

2 H hängt seinerseits nicht von x ab, da der bedingte Erwartungsnutzen $\Phi|x$ maximiert wird und x folglich im Rahmen der Optimierung eine Konstante ist.

3 Wie mehrdimensionale Extremwertprobleme, so wird auch das mehrdimensionale Variationsproblem (A.2) auf N eindimensionale Variationsprobleme für die optimalen Gewichte der Aktien $w_k^\star(\tilde{s},\tilde{x})$ $(k = 1, \ldots, N)$ zurückgeführt, bei denen jeweils die Gewichte der anderen $N-1$ Aktien optimal gewählt werden, vgl. Gelfand und Fomin (1963). Die Matrixschreibweise in Gleichung (A.3) und (A.5) stellt dieses Vorgehen kompakt dar.

4 In Gleichungssystem (A.5) wird durch das äußere Integral jeweils zeilenweise integriert.

5 Für die zweite Gleichheit in (A.7) vgl. beispielsweise Schott (1997), Seite 9f.

$$
\begin{aligned}
w^{\star}(\tilde{s},\tilde{x}) &= \frac{1}{\lambda}\Big(\big(\mu+\tilde{s}\big)\big(\mu+\tilde{s}\big)' + \Sigma(\tilde{\gamma})\Big)^{-1}\big(\mu+\tilde{s}\big)\big(1+\lambda \mathrm{E}\big[\tilde{R}_j^{\star}|\tilde{x}\big]\big) \\
&= \frac{1}{\lambda}\left\{\Sigma(\tilde{\gamma})^{-1} - \frac{\Sigma(\tilde{\gamma})^{-1}\big(\mu+\tilde{s}\big)\big(\mu+\tilde{s}\big)'\Sigma(\tilde{\gamma})^{-1}}{1+\big(\mu+\tilde{s}\big)\Sigma(\tilde{\gamma})^{-1}\big(\mu+\tilde{s}\big)}\right\}\big(\mu+\tilde{s}\big)\big(1+\lambda \mathrm{E}\big[\tilde{R}_j^{\star}|\tilde{x}\big]\big) \\
&= \frac{1}{\lambda}\Sigma(\tilde{\gamma})^{-1}\big(\mu+\tilde{s}\big)\frac{1+\lambda \mathrm{E}\big[\tilde{R}_j^{\star}|\tilde{x}\big]}{1+\big(\mu+\tilde{s}\big)'\Sigma(\tilde{\gamma})^{-1}\big(\mu+\tilde{s}\big)} \qquad \text{(A.7)}
\end{aligned}
$$

Gleichung (A.7) entspricht Gleichung (3.23) in der Arbeit.

Für die erwartete Fondsrendite vor Managementgebühren $\mathrm{E}\big[\tilde{R}_j^{\star}|\tilde{x}\big]$ ergibt sich durch Einsetzen von (A.7) für $w(\tilde{s},\tilde{x})$ in die Bestimmungsgleichung $\mathrm{E}\big[\tilde{R}_j|\tilde{x}\big] = \mathrm{E}\big[\big(\mu+\tilde{s}\big)'w(\tilde{s},\tilde{x})|\tilde{x}\big]$ für die erwartete Fondsrendite:

$$
\mathrm{E}\big[\tilde{R}_j^{\star}|\tilde{x}\big] = \frac{1}{\lambda}\mathrm{E}\left[\big(\mu+\tilde{s}\big)'\Sigma(\tilde{\gamma})^{-1}\big(\mu+\tilde{s}\big)\frac{1+\lambda \mathrm{E}\big[\tilde{R}_j^{\star}|\tilde{x}\big]}{1+\big(\mu+\tilde{s}\big)'\Sigma(\tilde{\gamma})^{-1}\big(\mu+\tilde{s}\big)}|\tilde{x}\right] \qquad \text{(A.8)}
$$

Löst man Gleichung (A.8) nach $\mathrm{E}\big[\tilde{R}_j^{\star}|\tilde{x}\big]$ auf, so resultiert nach wenigen Umformungsschritten Gleichung (3.24).

Unter Berücksichtigung der Definition (3.26) für $\psi(\tilde{s})$ lassen sich die Gleichungen (A.7) und (3.24) kompakt schreiben:

$$
\begin{aligned}
w^{\star}(\tilde{s},\tilde{x}) &= \frac{1}{\lambda}\Sigma(\tilde{\gamma})^{-1}\big(\mu+\tilde{s}\big)\big(1+\lambda \mathrm{E}\big[\tilde{R}_j^{\star}|\tilde{x}\big]\big)\psi(\tilde{s}) \qquad \text{(A.9)} \\
\mathrm{E}\big[\tilde{R}_j^{\star}|\tilde{x}\big] &= \frac{1}{\lambda}\left\{\frac{1}{\mathrm{E}\big[\psi(\tilde{s})|\tilde{x}\big]} - 1\right\} \qquad \text{(A.10)}
\end{aligned}
$$

Wird nun $\mathrm{E}\big[\tilde{R}_j^{\star}|\tilde{x}\big]$ gemäß Gleichung (A.10) in (A.9) eingesetzt, so folgt unmittelbar die Lösung für das optimale Fondsportfolio (3.25)–(3.26).

q.e.d.

Perfektes Portfoliosignal: Für Fonds mit perfektem Portfoliosignal gilt $\tilde{x} = w^{\star}_{\mathrm{Full}}(\tilde{s})$, wobei $w^{\star}_{\mathrm{Full}}(\tilde{s})$ das im Falle eines perfekten Portfoliosignals optimale Fondsportfolio bezeichnet. Unter der Voraussetzung, daß $w^{\star}_{\mathrm{Full}}(s)$ strikt monoton in s ist, gilt in Gleichung (3.25): $\mathrm{E}\big[\psi(\tilde{s})|\tilde{x}\big] = \mathrm{E}\big[\psi(\tilde{s})|w^{\star}_{\mathrm{Full}}(\tilde{s})\big] = \psi(\tilde{s})$. Ersetzt man $\mathrm{E}\big[\psi(\tilde{s})|\tilde{x}\big]$ in Gleichung (3.25) durch $\psi(\tilde{s})$, so erhält man:

$$
w^{\star}_{\mathrm{Full}}(\tilde{s}) = \frac{1}{\lambda}\Sigma(\tilde{\gamma})^{-1}\big(\mu+\tilde{s}\big) \qquad \text{(A.11)}
$$

Eine Überprüfung von (A.11) zeigt, daß $w^{\star}_{\mathrm{Full}}(s)$ tatsächlich strikt monoton in s wächst. Dies beweist, daß (A.11) beziehungsweise im Ein-Aktien-Fall Gleichung (3.3) Lösung für das mit perfektem Portfoliosignal optimal Fondsportfolio ist.

q.e.d.

Kein Portfoliosignal: Ohne Portfoliosignal gilt in Gleichung (3.25): $\mathrm{E}[\psi(\tilde{s})|\tilde{x}] = \mathrm{E}[\psi(\tilde{s})]$. Damit erhält man für das im Falle ohne Portfoliosignal optimale Fondsportfolio

$$w^{\star}_{\text{No}}(\tilde{s}) = \frac{1}{\lambda}\Sigma(\tilde{\gamma})^{-1}(\mu+\tilde{s})\frac{\psi(\tilde{s})}{\mathrm{E}[\psi(\tilde{s})]} \tag{A.12}$$

beziehungsweise im Ein-Aktien-Fall Gleichung (3.10).

q.e.d.

A.2 Erwartungsnutzen bei Wahl des Portfolios $w^{\star}_{\textbf{Full}}(\tilde{s})$ ohne Portfoliosignal

Das Optimierungsproblem[6]

$$\begin{aligned}\max_{\phi} \;\; \Phi(\phi w^{\star}_{\text{Full}}(\tilde{s})) &= \phi\,\mathrm{E}\left[\frac{\mu+\tilde{s}}{\lambda\sigma^2_{\gamma}}(\mu+\tilde{s})\right] - \frac{\lambda}{2}\phi^2\,\mathrm{var}\left(\frac{\mu+\tilde{s}}{\lambda\sigma^2_{\gamma}}(\mu+\tilde{s}+\tilde{\gamma})\right) \\ &= \phi\,\frac{\mu^2+\sigma^2_s}{\lambda\sigma^2_{\gamma}} - \frac{\lambda}{2}\phi^2\,\frac{\sigma^2_{\gamma}(\mu^2+\sigma^2_s)+2\sigma^2_s(2\mu^2+\sigma^2_s)}{\lambda^2\sigma^4_{\gamma}}\end{aligned} \tag{A.13}$$

liefert den Vermögensanteil $\phi^{\star}$, den der Kapitalgeber ohne Portfoliosignal im Optimum in den informierten Fonds mit Portfolio $w^{\star}_{\text{Full}}(\tilde{s})$ nach Gleichung (3.3) und Managementgebühr $f = 0$ investiert.[7]

Die Bedingung erster Ordnung des Optimierungsproblems (A.13) impliziert für $\phi^{\star}$:

$$\phi^{\star} = \frac{\sigma^2_{\gamma}(\mu^2+\sigma^2_s)}{\sigma^2_{\gamma}(\mu^2+\sigma^2_s)+2\sigma^2_s(2\mu^2+\sigma^2_s)} \tag{A.14}$$

Durch Einsetzen von $\phi^{\star}$ nach Gleichung (A.14) in (A.13) und anschließende Vereinfachung erhält man den Erwartungsnutzen des Kapitalgebers aus einer Fondsinvestition (3.13).

q.e.d.

---

6 Da $\tilde{s} \sim N(0,\sigma^2_s)$ und $\tilde{\gamma} \sim N(0,\sigma^2_{\gamma})$ unabhängig normalverteilt sind, gilt $\mathrm{E}[\tilde{s}^4] = 3\sigma^4_s$, $\mathrm{E}[\tilde{s}^3] = 0$ und $\mathrm{E}[\tilde{s}^2\tilde{\gamma}^2] = \sigma^2_s\sigma^2_{\gamma}$.

7 ϕ kann von Eins abweichen, da das Portfolio $w^{\star}_{\text{Full}}$ für den Kapitalgeber nicht optimal ist.

A.3 Eigenschaften der Erwartungsnutzenfunktion bei Optimalverhalten des Fondsmanagers

Zum Beweis der Gleichungen (4.5) und (4.6) bietet es sich an, zunächst die drei folgenden Kovarianzen und Varianzen zu berechnen:

- $\mathrm{cov}(\tilde{R}_j^\star, \tilde{R}_E|\tilde{x})$,
- $\mathrm{var}(\tilde{R}_j^\star|\tilde{x})$
- $\mathrm{cov}(\tilde{R}_j^\star, \tilde{R}_k^\star|\tilde{x})$

Durch Einsetzen des optimalen Fondsportfolios (3.25) in die Bestimmungsgleichung für die Kovarianz zwischen der Fondsrendite und der Benchmarkrendite gilt unter Verwendung iterativer Erwartungen:

$$
\begin{aligned}
&\mathrm{cov}(\tilde{R}_j^\star, \tilde{R}_E|\tilde{x})\\
&= \mathrm{E}\Big[w^\star(\tilde{s},\tilde{x})'\tilde{R}\tilde{R}'\alpha|\tilde{x}\Big] - \mathrm{E}[\tilde{R}_j^\star|x]\mathrm{E}[\tilde{R}_E|\tilde{x}]\\
&= \mathrm{E}\Big[w^\star(\tilde{s},\tilde{x})'\mathrm{E}[\tilde{R}\tilde{R}'|\tilde{s}]\alpha|\tilde{x}\Big] - \mathrm{E}[\tilde{R}_j^\star|\tilde{x}]\mathrm{E}[\tilde{R}_E|\tilde{x}]\\
&= \frac{1}{\lambda}\mathrm{E}\left[\frac{\psi(\tilde{s})}{\mathrm{E}[\psi(\tilde{s})|\tilde{x}]}(\mu+\tilde{s})'\Sigma(\tilde{\gamma})^{-1}\Big\{(\mu+\tilde{s})(\mu+\tilde{s})'+\Sigma(\tilde{\gamma})\Big\}\alpha|\tilde{x}\right] - \mathrm{E}[\tilde{R}_j^\star|\tilde{x}]\mathrm{E}[\tilde{R}_E|\tilde{x}]\\
&= \frac{1}{\lambda}\frac{\mathrm{E}\Big[\psi(\tilde{s})\psi(\tilde{s})^{-1}(\mu+\tilde{s})'\alpha|\tilde{x}\Big]}{\mathrm{E}[\psi(\tilde{s})|\tilde{x}]} - \mathrm{E}[\tilde{R}_j^\star|\tilde{x}]\mathrm{E}[\tilde{R}_E|\tilde{x}] \qquad \text{(A.15)}\\
&= \frac{1}{\lambda}\frac{\mathrm{E}[\tilde{R}_E|\tilde{x}]}{\mathrm{E}[\psi(\tilde{s})|\tilde{x}]} - \mathrm{E}[\tilde{R}_j^\star|\tilde{x}]\mathrm{E}[\tilde{R}_E|\tilde{x}]
\end{aligned}
$$

Setzt man nach Gleichung (A.10) $\mathrm{E}[\tilde{R}_j^\star|\tilde{x}]/(1-\mathrm{E}[\psi(\tilde{s})|\tilde{x}])$ für $1/\lambda\mathrm{E}[\psi(\tilde{s})|\tilde{x}]$ in (A.15) ein, so vereinfacht sich Gleichung (A.15) zu:

$$
\begin{aligned}
\mathrm{cov}(\tilde{R}_j^\star, \tilde{R}_E|\tilde{x}) &= \mathrm{E}[\tilde{R}_j^\star|\tilde{x}]\mathrm{E}[\tilde{R}_E|\tilde{x}]\frac{\mathrm{E}[\psi(\tilde{s})|\tilde{x}]}{1-\mathrm{E}[\psi(\tilde{s})|\tilde{x}]}\\
&= \frac{1}{\lambda}\mathrm{E}[\tilde{R}_E|\tilde{x}] \qquad \text{(A.16)}
\end{aligned}
$$

Durch Einsetzen des optimalen Fondsportfolios (3.25) in die Bestimmungsgleichung für die Varianz der Fondsrendite gilt unter Verwendung iterativer Erwartungen:

$$
\begin{aligned}
&\operatorname{var}(\tilde{R}_j^\star|\tilde{x}) \\
&= \mathrm{E}\Big[w^\star(\tilde{s},\tilde{x})'\tilde{R}\tilde{R}'w^\star(\tilde{s},\tilde{x})|\tilde{x}\Big] - \mathrm{E}\big[\tilde{R}_j^\star|\tilde{x}\big]^2 \\
&= \mathrm{E}\Big[w^\star(\tilde{s},\tilde{x})'\mathrm{E}\big[\tilde{R}\tilde{R}'|\tilde{s}\big]w^\star(\tilde{s},\tilde{x})|\tilde{x}\Big] - \mathrm{E}\big[\tilde{R}_j^\star|\tilde{x}\big]^2 \\
&= \frac{1}{\lambda^2}\mathrm{E}\left[\frac{\psi(\tilde{s})^2(\mu+\tilde{s})'\Sigma(\tilde{\gamma})^{-1}\{(\mu+\tilde{s})(\mu+\tilde{s})'+\Sigma(\tilde{\gamma})\}\Sigma(\tilde{\gamma})^{-1}(\mu+\tilde{s})}{\mathrm{E}\big[\psi(\tilde{s})|\tilde{x}\big]^2}|\tilde{x}\right] - \mathrm{E}\big[\tilde{R}_j^\star|\tilde{x}\big]^2 \\
&= \frac{1}{\lambda^2}\frac{\mathrm{E}\Big[\psi(\tilde{s})^2\psi(\tilde{s})^{-1}(\mu+\tilde{s})'\Sigma(\tilde{\gamma})^{-1}(\mu+\tilde{s})|\tilde{x}\Big]}{\mathrm{E}\big[\psi(\tilde{s})|\tilde{x}\big]^2} - \mathrm{E}\big[\tilde{R}_j^\star|\tilde{x}\big]^2 \qquad (A.17) \\
&= \frac{1}{\lambda^2}\frac{\mathrm{E}\big[\psi(\tilde{s})(\psi(\tilde{s})^{-1}-1)|\tilde{x}\big]}{\mathrm{E}\big[\psi(\tilde{s})|\tilde{x}\big]^2} - \mathrm{E}\big[\tilde{R}_j^\star|\tilde{x}\big]^2
\end{aligned}
$$

Setzt man nach Gleichung (A.10) $\mathrm{E}\big[\tilde{R}_j^\star|\tilde{x}\big]^2/\big(1-\mathrm{E}[\psi(\tilde{s})|\tilde{x}]\big)^2$ für $1/\big(\lambda\mathrm{E}[\psi(\tilde{s})|\tilde{x}]\big)^2$ in (A.17) ein, so vereinfacht sich Gleichung (A.17) zu:

$$
\begin{aligned}
\operatorname{var}(\tilde{R}_j^\star|\tilde{x}) &= \mathrm{E}\big[\tilde{R}_j^\star|\tilde{x}\big]^2\frac{1-\mathrm{E}\big[\psi(\tilde{s})|\tilde{x}\big]}{\big(1-\mathrm{E}\big[\psi(\tilde{s})|\tilde{x}\big]\big)^2} - \mathrm{E}\big[\tilde{R}_j^\star|\tilde{x}\big]^2 \\
&= \mathrm{E}\big[\tilde{R}_j^\star|\tilde{x}\big]^2\frac{\mathrm{E}\big[\psi(\tilde{s})|\tilde{x}\big]}{1-\mathrm{E}\big[\psi(\tilde{s})|\tilde{x}\big]} \qquad (A.18)
\end{aligned}
$$

Wird das optimale Fondsportfolio (3.25) in die Bestimmungsgleichung für die Kovarianz zwischen der Rendite $\tilde{R}_j$ eines Fonds mit Informationssignal $\tilde{s}$ und der Rendite $\tilde{R}_k$ eines Fonds mit Signal $\tilde{s}_k = \tilde{s} + \tilde{v}$ eingesetzt, so erhält man unter Verwendung iterativer Erwartungen:

$$
\begin{aligned}
&\operatorname{cov}(\tilde{R}_k^\star,\tilde{R}_j^\star|\tilde{x}) \\
&= \mathrm{E}\Big[w^\star(\tilde{s}_k,\tilde{x})'\tilde{R}\tilde{R}'w^\star(\tilde{s},\tilde{x})|\tilde{x}\Big] - \mathrm{E}\big[\tilde{R}_k^\star|x\big]\mathrm{E}\big[\tilde{R}_j^\star|\tilde{x}\big] \\
&= \mathrm{E}\Big[w^\star(\tilde{s}_k,\tilde{x})'\mathrm{E}\big[\tilde{R}\tilde{R}'|\tilde{s}_k\big]w^\star(\tilde{s},\tilde{x})|\tilde{x}\Big] - \mathrm{E}\big[\tilde{R}_k^\star|x\big]\mathrm{E}\big[\tilde{R}_j^\star|\tilde{x}\big] \\
&= \frac{1}{\lambda}\mathrm{E}\left[\frac{\psi(\tilde{s}_k)}{\mathrm{E}\big[\psi(\tilde{s}_k)|\tilde{x}\big]}(\mu+\tilde{s}_k)'\Sigma(\tilde{\gamma}_k)^{-1}\Big\{(\mu+\tilde{s}_k)(\mu+\tilde{s}_k)'+\Sigma(\tilde{\gamma}_k)\Big\}w^\star(\tilde{s},\tilde{x})|\tilde{x}\right] \\
&\quad -\mathrm{E}\big[\tilde{R}_k^\star|\tilde{x}\big]\mathrm{E}\big[\tilde{R}_j^\star|\tilde{x}\big] \qquad (A.19) \\
&= \frac{1}{\lambda}\mathrm{E}\left[\frac{\psi(\tilde{s}_k)\psi(\tilde{s}_k)^{-1}(\mu+\tilde{s}_k)'w^\star(\tilde{s},\tilde{x})}{\mathrm{E}\big[\psi(\tilde{s}_k)|\tilde{x}\big]}|\tilde{x}\right] - \mathrm{E}\big[\tilde{R}_k^\star|\tilde{x}\big]\mathrm{E}\big[\tilde{R}_j^\star|\tilde{x}\big] \\
&= \frac{1}{\lambda}\frac{\mathrm{E}\big[\tilde{R}_j^\star|\tilde{x}\big]}{\mathrm{E}\big[\psi(\tilde{s}_k)|\tilde{x}\big]} - \mathrm{E}\big[\tilde{R}_k^\star|\tilde{x}\big]\mathrm{E}\big[\tilde{R}_j^\star|\tilde{x}\big]
\end{aligned}
$$

Setzt man wiederum nach Gleichung (A.10) $\mathrm{E}\big[\tilde{R}_k^\star|\tilde{x}\big]/\big(1-\mathrm{E}[\psi(\tilde{s}_k)|\tilde{x}]\big)$ für $1/\lambda\mathrm{E}\big[\psi(\tilde{s}_k)|\tilde{x}\big]$ in (A.19) ein, so vereinfacht sich Gleichung (A.19) zu:

$$\operatorname{cov}(\tilde{R}_k^\star, \tilde{R}_j^\star|\tilde{x}) = \mathrm{E}[\tilde{R}_k^\star|\tilde{x}]\mathrm{E}[\tilde{R}_j^\star|\tilde{x}]\frac{\mathrm{E}[\psi(\tilde{s}_k)|\tilde{x}]}{1-\mathrm{E}[\psi(\tilde{s}_k)|\tilde{x}]} \tag{A.20}$$

Beweis von Gleichung (4.2): Setzt man $\mathrm{E}[\tilde{R}_j^\star|\tilde{x}]$ nach Gleichung (A.10) in (A.18) ein, so erhält man für die bedingte Varianz der Fondsrendite bei optimalem Anlageverhalten des Fondsmanagers:

$$\begin{aligned}\operatorname{var}(\tilde{R}_j^\star|\tilde{x}) &= \frac{1}{\lambda^2}\frac{\left(1-\mathrm{E}[\psi(\tilde{s})|\tilde{x}]\right)^2}{\mathrm{E}[\psi(\tilde{s})|\tilde{x}]^2}\frac{\mathrm{E}[\psi(\tilde{s})|\tilde{x}]}{\left(1-\mathrm{E}[\psi(\tilde{s})|\tilde{x}]\right)}\\ &= \frac{1}{\lambda^2}\frac{1-\mathrm{E}[\psi(\tilde{s})|\tilde{x}]}{\mathrm{E}[\psi(\tilde{s})|\tilde{x}]}\end{aligned} \tag{A.21}$$

Gleichung (4.2) folgt durch Erwartungsbildung sofort aus (A.21).
q.e.d.

Beweis von Gleichung (4.5): Der Beweis erfolgt in zwei Schritten: In einem ersten Schritt wird gezeigt, daß die Differenz zwischen den beiden Ausdrücken auf der linken und der rechten Seite von Gleichung (4.5) der Renditevarianz eines Portfolios entspricht. In einem zweiten Schritt wird Gleichung (4.5) dann unter Verwendung dieser Portfoliorenditevarianz bewiesen.

Im ersten Schritt wird ein Portfolio konstruiert, das zu einem Anteil $w_j = 1$ aus dem Fonds j, einem Anteil $w_E = -\mathrm{E}[\tilde{R}_j^\star|x]/\mathrm{E}[\tilde{R}_E|x]$ aus dem Benchmarkportfolio α und einem Anteil $1 - w_j - w_E = \mathrm{E}[\tilde{R}_j^\star|x]/\mathrm{E}[\tilde{R}_E|x]$ aus der risikolosen Anleihe besteht. Für die Varianz dieses Portfolios gilt unter Berücksichtigung von Gleichung (A.16) und (A.18) bedingt auf x:

$$\begin{aligned}0 &\leq \operatorname{var}\left(\tilde{R}_j^\star - \frac{\mathrm{E}[\tilde{R}_j^\star|x]}{\mathrm{E}[\tilde{R}_E|x]}\tilde{R}_E\Big|x\right)\\ &= \operatorname{var}(\tilde{R}_j^\star|x) + \frac{\mathrm{E}[\tilde{R}_j^\star|x]^2}{\mathrm{E}[\tilde{R}_E|x]^2}\operatorname{var}(\tilde{R}_E|x) - 2\frac{\mathrm{E}[\tilde{R}_j^\star|x]}{\mathrm{E}[\tilde{R}_E|x]}\operatorname{cov}(\tilde{R}_j^\star, \tilde{R}_E|x)\\ &= \mathrm{E}[\tilde{R}_j^\star|x]^2\left\{\frac{\operatorname{var}(\tilde{R}_E|x)}{\mathrm{E}[\tilde{R}_E|x]^2} - \frac{\mathrm{E}[\psi(\tilde{s})|x]}{1-\mathrm{E}[\psi(\tilde{s})|x]}\right\}\end{aligned} \tag{A.22}$$

Nach Definition (3.26) ist $0 < \psi(\tilde{s}) < 1$. Daher gilt nach Gleichung (A.10) $\mathrm{E}[\tilde{R}_j^\star|x] > 0$, und aus Gleichung (A.22) folgt die Relation:

$$\frac{1-\mathrm{E}[\psi(\tilde{s})|\tilde{x}]}{\mathrm{E}[\psi(\tilde{s})|\tilde{x}]} \geq \frac{\mathrm{E}[\tilde{R}_E|\tilde{x}]^2}{\operatorname{var}(\tilde{R}_E|\tilde{x})} \tag{A.23}$$

Für die Varianz $\text{var}(\tilde{R}_E|x)$ gilt: $\text{var}(\tilde{R}_E|x) = \alpha'\text{var}(\tilde{R}|x)\alpha = \alpha'\{\Sigma(\tilde{\gamma}) + \Sigma(\tilde{s}|x)\}\alpha = \alpha'\Sigma\alpha - \alpha'\Sigma(\text{E}[\tilde{s}|\tilde{x}])\alpha \leq \alpha'\Sigma\alpha$. Dies impliziert für die rechte Seite der Relation (A.23):

$$\frac{\text{E}[\tilde{R}_E|\tilde{x}]^2}{\text{var}(\tilde{R}_E|\tilde{x})} \geq \frac{\text{E}[\tilde{R}_E|\tilde{x}]^2}{\alpha'\Sigma\alpha} \tag{A.24}$$

Aus Relation (A.23) in Verbindung mit (A.24) erhält man im Erwartungswert:

$$\begin{aligned} \text{E}\left[\frac{1-\text{E}[\psi(\tilde{s})|\tilde{x}]}{\text{E}[\psi(\tilde{s})|\tilde{x}]}\right] &\geq \frac{\text{E}\{\text{E}[\tilde{R}_E|\tilde{x}]^2\}}{\alpha'\Sigma\alpha} \\ &\geq \frac{\alpha'\mu\mu'\alpha}{\alpha'\Sigma\alpha} \end{aligned} \tag{A.25}$$

Für die zweite Ungleichheit in (A.25) wurde $\text{E}\{\text{E}[\tilde{R}_E|\tilde{x}]^2\} = \mu_E^2 + \text{var}(\text{E}[\tilde{R}_E|\tilde{x}]) \geq \mu_E^2 = \alpha'\mu\mu'\alpha$ verwendet. Wählt man für α das auf Basis öffentlicher Informationen effiziente Tangentialportfolio $\alpha = \frac{\Sigma^{-1}\mu}{\underline{1}'\Sigma^{-1}\mu}$, so vereinfacht sich die Relation (A.25) weiter zu:

$$\begin{aligned} \text{E}\left[\frac{1-\text{E}[\psi(\tilde{s})|\tilde{x}]}{\text{E}[\psi(\tilde{s})|\tilde{x}]}\right] &\geq \frac{\frac{1}{(\underline{1}'\Sigma^{-1}\mu)^2}\mu'\Sigma^{-1}\mu\mu'\Sigma^{-1}\mu}{\frac{1}{(\underline{1}'\Sigma^{-1}\mu)^2}\mu'\Sigma^{-1}\Sigma\Sigma^{-1}\mu} \\ &= \mu'\Sigma^{-1}\mu \end{aligned} \tag{A.26}$$

Dabei bezeichnet $\underline{1} = (1,\ldots,1)'$ einen N-Vektor, dessen Einträge allesamt gleich Eins sind.

Im Falle eines unvollständigen Portfoliosignals ist die Rendite des Hilfsportfolios bedingt auf x zufällig und es gilt in (A.22) und (A.23) strikte Ungleichheit. In diesem Fall gilt auch in (A.26) strikte Ungleichheit. Im Falle eines perfekten Signals ($\Sigma(\tilde{s}|x) = 0$) ist das Hilfsportfolio ebenfalls bedingt auf x zufällig, wenn der Fondsmanager Selektionsfähigkeiten besitzt. Verfügt der Manager jedoch über Timingfähigkeiten, so ist $\Sigma(\tilde{s}) > 0$. In Verbindung mit $\Sigma(\tilde{s}|x) = 0$ folgt in diesem Fall: $\text{var}(\tilde{R}_E|x) = \alpha'\{\Sigma(\tilde{\gamma}) + \Sigma(\tilde{s}|x)\}\alpha = \alpha'\{\Sigma - \Sigma(\tilde{s})\}\alpha < \alpha'\Sigma\alpha$. Damit gilt in (A.24) und daher auch in (A.26) strikte Ungleichheit. Die drei Argumente zusammen beweisen Gleichung (4.5).
q.e.d.

Beweis von Gleichung (4.6): Der Beweis verläuft analog zum Beweis von Gleichung (4.5). In einem ersten Schritt wird die Varianz eines Hilfsportfolios analysiert, daß zu einem Anteil $w_k = 1$ aus dem Fondsportfolio mit Signal $\tilde{s}_k = \tilde{s} + \tilde{v}$, zu einem Anteil $w_j = -\text{E}[\tilde{R}_k^\star|x]/\text{E}[\tilde{R}_j^\star|x]$ aus dem Fondsportfolio mit Signal $\tilde{s}_j = \tilde{s}$ und zu einem Anteil $1 - w_j - w_k = \text{E}[\tilde{R}_k^\star|x]/\text{E}[\tilde{R}_j^\star|x]$ aus der risikolosen Anleihe besteht.[8] $\tilde{v} \sim N(0, \Sigma(\tilde{v}))$ ist

[8] Hierzu ist es nicht erforderlich, daß beide Fondsportfolios gleichzeitig am Kapitalmarkt angeboten werden. Für das Argument ist es unerheblich, ob der Kapitalgeber dieses Portfolio tatsächlich bilden

unabhängig von $\tilde{s}$ und $\tilde{\gamma}_k$; für die Aktienrendite gilt $\tilde{R} = \mu + \tilde{s}_k + \tilde{\gamma}_k = \mu + \tilde{s} + \tilde{v} + \tilde{\gamma}_k = \mu + \tilde{s} + \tilde{\gamma}$. Für die Varianz dieses Portfolios gilt unter Berücksichtigung von Gleichung (A.18) und (A.20) bedingt auf das in beiden Fällen identische Portfoliosignal x:

$$\begin{aligned} 0 &\leq \operatorname{var}\Big(\tilde{R}_k^\star - \frac{\mathrm{E}\big[\tilde{R}_k^\star|x\big]}{\mathrm{E}\big[\tilde{R}_j^\star|x\big]}\tilde{R}_j^\star|x\Big) \\ &= \operatorname{var}\big(\tilde{R}_k^\star|x\big) + \frac{\mathrm{E}\big[\tilde{R}_k^\star|x\big]^2}{\mathrm{E}\big[\tilde{R}_j^\star|x\big]^2}\operatorname{var}\big(\tilde{R}_j^\star|x\big) - 2\frac{\mathrm{E}\big[\tilde{R}_k^\star|x\big]}{\mathrm{E}\big[\tilde{R}_j^\star|x\big]}\operatorname{cov}\big(\tilde{R}_k^\star, \tilde{R}_j^\star|x\big) \qquad \text{(A.27)} \\ &= \mathrm{E}\big[\tilde{R}_k^\star|x\big]^2\left\{\frac{\mathrm{E}\big[\psi(\tilde{s})|x\big]}{1-\mathrm{E}\big[\psi(\tilde{s})|x\big]} - \frac{\mathrm{E}\big[\psi(\tilde{s}+\tilde{v})|x\big]}{1-\mathrm{E}\big[\psi(\tilde{s}+\tilde{v})|x\big]}\right\} \end{aligned}$$

Nach Definition (3.26) ist $0 < \psi(\tilde{s}) < 1$ sowie $0 < \psi\big(\tilde{s}+\tilde{v}\big) < 1$. Daher gilt nach Gleichung (A.10) $\mathrm{E}\big[\tilde{R}_k^\star|\tilde{x}\big] > 0$, und aus Gleichung (A.27) folgt die Relation

$$\frac{1-\mathrm{E}\big[\psi(\tilde{s}+\tilde{v})|\tilde{x}\big]}{\mathrm{E}\big[\psi(\tilde{s}+\tilde{v})|\tilde{x}\big]} \geq \frac{1-\mathrm{E}\big[\psi(\tilde{s})|\tilde{x}\big]}{\mathrm{E}\big[\psi(\tilde{s})|\tilde{x}\big]} \qquad \text{(A.28)}$$

beziehungsweise in Erwartungswerten:

$$\mathrm{E}\left[\frac{1-\mathrm{E}\big[\psi(\tilde{s}+\tilde{v})|\tilde{x}\big]}{\mathrm{E}\big[\psi(\tilde{s}+\tilde{v})|\tilde{x}\big]}\right] \geq \mathrm{E}\left[\frac{1-\mathrm{E}\big[\psi(\tilde{s})|\tilde{x}\big]}{\mathrm{E}\big[\psi(\tilde{s})|\tilde{x}\big]}\right] \qquad \text{(A.29)}$$

Im Falle unvollständiger Portfoliooffenlegung ist die Rendite des Hilfsportfolios bedingt auf x zufällig und es gilt in Gleichung (A.27), (A.28) und (A.29) strikte Ungleichheit. Im Falle eines perfekten Portfoliosignals ($\Sigma(\tilde{s}+\tilde{v}|x) = 0$) ist die Rendite des Hilfsportfolios ebenfalls zufällig, falls das Fondsportfolio mit Signal $\tilde{s}+\tilde{v}$ nicht durch eine Anlage in das Fondsportfolio mit Signal $\tilde{s}$ und die risikolose Anleihe dupliziert werden kann.[9] Kann hingegen das Fondsportfolio mit Signal $\tilde{s}+\tilde{v}$ durch eine Anlage in das Fondsportfolio mit Signal $\tilde{s}$ und die risikolose Anleihe dupliziert werden, so gilt $\Sigma(\tilde{v}) > 0$. Aus Relation (A.29) folgt dann unter Berücksichtigung der Definition (3.26) von $\psi(\tilde{s}+\tilde{v})$ und des perfekten Portfoliosignals:

---

kann. Es dient lediglich der Abschätzung von Gleichung (4.6).

9 Ein perfektes Portfoliosignal über das besser informierte Fondsportfolio ist unter der Voraussetzung eines in beiden Fällen identischen Portfoliosignals nur denkbar, falls es sich um verschiedene Fonds handelt. Ein einzelner Fonds kann im schlechter informierten Fall kein Portfoliosignal geben, welches den Teil der Aktienrendite erklärt, den er selbst in diesem Fall nicht prognostizieren kann. Handelt es sich hingegen um zwei verschiedene Fonds, so ist $\tilde{x} = (\tilde{x}_j, \tilde{x}_k)'$ das gemeinsame Portfoliosignal beider Fonds. Aber auch in diesem Fall ist es schwer vorstellbar, daß der schlechter informierte Fonds die durch das Portfoliosignal des besser informierten Fonds enthüllten Informationen nicht für die eigene Portfolioselektion nutzt. Der Fall eines perfekten Portfoliosignals wird hier lediglich zur Vollständigkeit des Beweises diskutiert.

$$
\begin{aligned}
\mathrm{E}\left[\frac{1}{\psi(\tilde{s}+\tilde{v})}-1\right] &= \mathrm{E}\Big[1+(\mu+\tilde{s}+\tilde{v})'\{\Sigma(\tilde{\gamma})-\Sigma(\tilde{v})\}^{-1}(\mu+\tilde{s}+\tilde{v})-1\Big] \\
&= \mathrm{E}\Big[(\mu+\tilde{s}+\tilde{v})'\Sigma(\tilde{\gamma})^{-1}(\mu+\tilde{s}+\tilde{v})\Big] \qquad \text{(A.30)} \\
&\quad +\mathrm{E}\Big[(\mu+\tilde{s}+\tilde{v})\{[\Sigma(\tilde{\gamma})-\Sigma(\tilde{v})]^{-1}-\Sigma(\tilde{\gamma})^{-1}\}(\mu+\tilde{s}+\tilde{v})\Big]
\end{aligned}
$$

Aus $\Sigma(\tilde{v}) = \Sigma(\tilde{\gamma}) - [\Sigma(\tilde{\gamma}) - \Sigma(\tilde{v})] > 0$ folgt durch elementare Matrixalgebra auch $[\Sigma(\tilde{\gamma}) - \Sigma(\tilde{v})]^{-1} - \Sigma(\tilde{\gamma})^{-1} > 0$. Aus diesem Grund ist der zweite Summand in Gleichung (A.30) positiv und (A.30) vereinfacht sich zu:

$$
\begin{aligned}
\mathrm{E}\left[\frac{1}{\psi(\tilde{s}+\tilde{v})}-1\right] &> \mathrm{E}\Big[(\mu+\tilde{s}+\tilde{v})'\Sigma(\tilde{\gamma})^{-1}(\mu+\tilde{s}+\tilde{v})\Big] \\
&= \mathrm{E}\Big[(\mu+\tilde{s})'\Sigma(\tilde{\gamma})^{-1}(\mu+\tilde{s})\Big] + \mathrm{E}\big[\tilde{v}'\Sigma(\tilde{\gamma})^{-1}\tilde{v}\big] \\
&> \mathrm{E}\Big[(\mu+\tilde{s})'\Sigma(\tilde{\gamma})^{-1}(\mu+\tilde{s})\Big] \qquad \text{(A.31)} \\
&= \mathrm{E}\left[\frac{1}{\psi(\tilde{s})}-1\right]
\end{aligned}
$$

Die Gleichheit in der zweite Zeile von (A.31) folgt aus der Unabhängigkeit von $\tilde{s}$ und $\tilde{v}$. Die drei Argumente zusammen beweisen Gleichung (4.6).
q.e.d.

A.4 Verzerrung von Jensen-Maß und Sharpe-Ratio

Herleitung von Gleichung (4.12)

Für das Jensen-Maß gilt nach Gleichung (4.9)–(4.10) bei optimalem Anlageverhalten des Fondsmanagers:

$$
J_j(w^\star(\tilde{s},\tilde{x})) = \mathrm{E}\Big[w^\star(\tilde{s},\tilde{x})(\mu+\tilde{s})\Big] - \frac{\mathrm{cov}\big(w^\star(\tilde{s},\tilde{x})\tilde{R},\tilde{R}\big)}{\sigma^2}\mu \qquad \text{(A.32)}
$$

Für die unbedingt erwartete Fondsrendite gilt bei optimalem Anlageverhalten des Fondsmanagers durch Erwartungsbildung von Gleichung (A.10):

$$
\begin{aligned}
\mathrm{E}\Big[w^\star(\tilde{s},\tilde{x})(\mu+\tilde{s})\Big] &= \mathrm{E}\Big[\mathrm{E}\big[w^\star(\tilde{s},\tilde{x})(\mu+\tilde{s})|\tilde{x}\big]\Big] \\
&= \frac{1}{\lambda}\mathrm{E}\left[\frac{1-\mathrm{E}[\psi(\tilde{s})|\tilde{x}]}{\mathrm{E}[\psi(\tilde{s})|\tilde{x}]}\right] \qquad \text{(A.33)}
\end{aligned}
$$

Aus Gleichung (A.33) folgt unmittelbar die Gleichheit des ersten Summanden von Gleichung (4.12).

Für die Kovarianz zwischen der Fondsrendite und der Aktienrendite gilt unter Berücksichtigung des optimalen Fondsportfolios (3.17)-(3.18):

$$\begin{aligned}
\operatorname{cov}\big(w^\star(\tilde{s},\tilde{x})\tilde{R},\tilde{R}\big) &= \mathrm{E}\Big[w^\star(\tilde{s},\tilde{x})\tilde{R}^2\Big] - \mathrm{E}\big[w^\star(\tilde{s},\tilde{x})\tilde{R}\big]\mu \\
&= \mathrm{E}\left[\frac{(\mu+\tilde{s})\psi(\tilde{s})}{\lambda\sigma_\gamma^2\mathrm{E}\big[\psi(\tilde{s})|\tilde{x}\big]}\Big\{(\mu+\tilde{s})^2+\sigma_\gamma^2\Big\}\right] - \mathrm{E}\left[\frac{(\mu+\tilde{s})^2\psi(\tilde{s})}{\lambda\sigma_\gamma^2\mathrm{E}\big[\psi(\tilde{s})|\tilde{x}\big]}\right]\mu \\
&= \frac{1}{\lambda}\left\{\mathrm{E}\left[\frac{\mu+\tilde{s}}{\mathrm{E}\big[\psi(\tilde{s})|\tilde{x}\big]}\right] - \mathrm{E}\left[\frac{1-\psi(\tilde{s})}{\mathrm{E}\big[\psi(\tilde{s})|\tilde{x}\big]}\right]\mu\right\} \\
&= \frac{1}{\lambda}\mathrm{E}\left[\frac{\tilde{s}+\mu\psi(\tilde{s})}{\mathrm{E}\big[\psi(\tilde{s})|\tilde{x}\big]}\right] \\
&= \frac{1}{\lambda}\left\{\mathrm{E}\left[\frac{\tilde{s}}{\mathrm{E}\big[\psi(\tilde{s})|\tilde{x}\big]}\right] + \mu\,\mathrm{E}\left[\frac{\psi(\tilde{s})}{\mathrm{E}\big[\psi(\tilde{s})|\tilde{x}\big]}\right]\right\}
\end{aligned} \tag{A.34}$$

Die zweite Gleichheit in (A.34) folgt aus der Verwendung iterativer Erwartungen in Verbindung mit der Unabhängigkeit von $\tilde{s}$ und $\tilde{\gamma}$. Die dritte Gleichheit folgt aus der Definition (3.18) von $\psi(\tilde{s})$.

Die Gleichheit des zweiten Summanden von Gleichung (4.12) folgt unter Berücksichtigung von $\mathrm{E}\Big[\frac{\psi(\tilde{s})}{\mathrm{E}[\psi(\tilde{s})|\tilde{x}]}\Big] = \mathrm{E}\Big[\frac{\mathrm{E}[\psi(\tilde{s})|\tilde{x}]}{\mathrm{E}[\psi(\tilde{s})|\tilde{x}]}\Big] = 1$, indem man (A.34) für $\operatorname{cov}\big(w^\star(\tilde{s},\tilde{x})\tilde{R},\tilde{R}\big)$ in die erste Zeile von Gleichung (4.12) einsetzt.

Herleitung von Gleichung (4.14)

Die Gleichheit der Zähler von Gleichung (4.14) folgt sofort aus Gleichung (A.33).

Für die Varianz der Fondsrendite gilt unter Berücksichtigung des optimalen Fondsportfolios (3.17)-(3.18):

$$\begin{aligned}
\operatorname{var}\big(w^\star(\tilde{s},\tilde{x})\tilde{R}\big) &= \mathrm{E}\Big[w^\star(\tilde{s},\tilde{x})^2\tilde{R}^2\Big] - \mathrm{E}\big[w^\star(\tilde{s},\tilde{x})\tilde{R}\big]^2 \\
&= \mathrm{E}\left[\frac{(\mu+\tilde{s})^2\psi(\tilde{s})^2}{\lambda^2\sigma_\gamma^4\mathrm{E}\big[\psi(\tilde{s})|\tilde{x}\big]^2}\Big\{(\mu+\tilde{s})^2+\sigma_\gamma^2\Big\}\right] - \mathrm{E}\left[\frac{(\mu+\tilde{s})^2}{\lambda\sigma_\gamma^2}\frac{\psi(\tilde{s})}{\mathrm{E}\big[\psi(\tilde{s})|\tilde{x}\big]}\right]^2 \\
&= \frac{1}{\lambda^2}\left\{\mathrm{E}\left[\frac{\big(\psi(\tilde{s})^{-1}-1\big)\psi(\tilde{s})^2\psi(\tilde{s})^{-1}}{\mathrm{E}\big[\psi(\tilde{s})|\tilde{x}\big]^2}\right] - \mathrm{E}\left[\frac{\big(\psi(\tilde{s})^{-1}-1\big)\psi(\tilde{s})}{\mathrm{E}\big[\psi(\tilde{s})|\tilde{x}\big]}\right]^2\right\} \\
&= \frac{1}{\lambda^2}\left\{\mathrm{E}\left[\frac{1-\mathrm{E}\big[\psi(\tilde{s})|\tilde{x}\big]}{\mathrm{E}\big[\psi(\tilde{s})|\tilde{x}\big]^2}\right] - \mathrm{E}\left[\frac{1-\mathrm{E}\big[\psi(\tilde{s})|\tilde{x}\big]}{\mathrm{E}\big[\psi(\tilde{s})|\tilde{x}\big]}\right]^2\right\}
\end{aligned} \tag{A.35}$$

Die Gleichheit der Nenner von Gleichung (4.14) folgt sofort, indem man (A.35) für $\operatorname{std}\big(w^\star(\tilde{s},\tilde{x})\tilde{R}\big) = \sqrt{\operatorname{var}\big(w^\star(\tilde{s},\tilde{x})\tilde{R}\big)}$ in die erste Zeile von Gleichung (4.14) einsetzt.

A.5 Unverzerrtheit des gewichtsbasierten Alphas

Aussage (i): Ist der Fondsmanager uninformiert, so ist sowohl $\tilde{w}$ als auch $\tilde{x}$ unabhängig von $\tilde{R}$. Unter Berücksichtigung der Effizienz der Benchmark $\alpha = \frac{\Sigma^{-1}\mu}{1'\Sigma^{-1}\mu}$ auf Grundlage öffentlicher Informationen vereinfacht sich das gewichtsbasierte Alpha (4.26) zu:

$$\begin{aligned} DBJ_j(x) &= \mathrm{E}\big[\tilde{w}'\tilde{R}\big] - \mathrm{E}\left[\frac{\mathrm{E}\big[\tilde{w}'\tilde{R}\tilde{R}'\alpha|\tilde{x}\big] - \mathrm{E}\big[\tilde{w}'\tilde{R}|\tilde{x}\big]\mu'\alpha}{\mathrm{var}\big(\alpha'\tilde{R}|\tilde{x}\big)}\right]\alpha'\mu \\ &= \mathrm{E}\big[\tilde{w}\big]'\mu - \mathrm{E}\left[\frac{\mathrm{E}\big[\tilde{w}|\tilde{x}\big]'\mathrm{E}\big[\tilde{R}\tilde{R}'|\tilde{x}\big]\alpha - \mathrm{E}\big[\tilde{w}|\tilde{x}\big]'\mu\mu'\alpha}{\alpha'\Sigma\alpha}\right]\alpha'\mu \\ &= \mathrm{E}\big[\tilde{w}\big]'\mu - \mathrm{E}\left[\frac{\mathrm{E}\big[\tilde{w}|\tilde{x}\big]'\big(\mu\mu' + \Sigma\big)\Sigma^{-1}\mu - \mathrm{E}\big[\tilde{w}|\tilde{x}\big]'\mu\mu'\Sigma^{-1}\mu}{\mu'\Sigma^{-1}\Sigma\Sigma^{-1}\mu}\right]\mu'\Sigma^{-1}\mu \\ &= \mathrm{E}\big[\tilde{w}\big]'\mu - \frac{\mu'\Sigma^{-1}\mu}{\mu'\Sigma^{-1}\mu}\mathrm{E}\big[\tilde{w}\big]'\mu \\ &= 0 \end{aligned} \tag{A.36}$$

Dies beweist Aussage (i) von Satz 1.

Aussage (ii): Das gewichtsbasierte Alpha (4.26) läßt sich alternativ schreiben:

$$DBJ_j(x) = \mathrm{E}\left[\mathrm{E}\big[\tilde{R}_j|\tilde{x}\big] - \frac{\mathrm{cov}\big(\tilde{R}_j, \tilde{R}_E|\tilde{x}\big)}{\mathrm{var}\big(\tilde{R}_E|\tilde{x}\big)}\mathrm{E}\big[\tilde{R}_E|\tilde{x}\big]\right] + \mathrm{cov}\left(\frac{\mathrm{cov}\big(\tilde{R}_j, \tilde{R}_E|\tilde{x}\big)}{\mathrm{var}\big(\tilde{R}_E|\tilde{x}\big)}, \mathrm{E}\big[\tilde{R}_E|\tilde{x}\big]\right) \tag{A.37}$$

Unter der Voraussetzung von Optimalverhalten des Fondsmanager ist $\mathrm{cov}\big(\tilde{R}_j, \tilde{R}_E|\tilde{x}\big)$ durch Gleichung (A.16) gegeben. Berücksichtigt man ferner $\mathrm{E}\big[\tilde{R}_E|\tilde{x}\big] = \alpha'\mathrm{E}\big[\tilde{R}|\tilde{x}\big] = \alpha'\big(\mu + \mathrm{E}\big[\tilde{s}|\tilde{x}\big]\big)$ sowie $\mathrm{var}\big(\tilde{R}_E|\tilde{x}\big) = \alpha'\Sigma(\tilde{R}|x)\alpha = \alpha'\big\{\Sigma(\tilde{\gamma}) + \Sigma\big(\tilde{s}|x\big)\big\}\alpha$, so erhält man für das gewichtsbasierte Alpha (A.37) bei optimalem Anlageverhalten des Fondsmanagers:

$$\begin{aligned} DBJ_j(x) &= \mathrm{E}\left[\mathrm{E}\big[\tilde{R}_j^\star|\tilde{x}\big] - \frac{\frac{1}{\lambda}\mathrm{E}\big[\tilde{R}_E|\tilde{x}\big]}{\mathrm{var}\big(\tilde{R}_E|\tilde{x}\big)}\mathrm{E}\big[\tilde{R}_E|\tilde{x}\big]\right] + \frac{1}{\lambda}\mathrm{cov}\left(\frac{\alpha'\mathrm{E}\big[\tilde{R}|\tilde{x}\big]}{\alpha'\Sigma\big(\tilde{R}|x\big)\alpha}, \alpha'\mathrm{E}\big[\tilde{R}|\tilde{x}\big]\right) \\ &= \mathrm{E}\left[\mathrm{E}\big[\tilde{R}_j^\star|\tilde{x}\big]\left\{1 - \frac{\mathrm{E}\big[\psi(\tilde{s})|\tilde{x}\big]}{1 - \mathrm{E}\big[\psi(\tilde{s})|\tilde{x}\big]}\frac{\mathrm{E}\big[\tilde{R}_E|\tilde{x}\big]^2}{\mathrm{var}\big(\tilde{R}_E|\tilde{x}\big)}\right\}\right] \\ &\quad + \frac{1}{\lambda}\frac{\alpha'\big(\Sigma(\tilde{s}) - \Sigma(\tilde{s}|x)\big)\alpha}{\alpha'\big(\Sigma(\tilde{\gamma}) + \Sigma(\tilde{s}|x)\big)\alpha} \end{aligned} \tag{A.38}$$

In der zweiten Zeile von (A.38) wurde für $1/\lambda$ nach Gleichung (A.10) $\mathrm{E}\big[\tilde{R}_j^\star|\tilde{x}\big]\frac{\mathrm{E}[\psi(\tilde{s})|\tilde{x}]}{1-\mathrm{E}[\psi(\tilde{s})|\tilde{x}]}$ eingesetzt. Der erste Summand auf der rechten Seite von Gleichung (A.38) ist nach Gleichung (A.23) ≥ 0. Da $\Sigma(\tilde{\gamma}) > 0$ und $\Sigma(\tilde{s}) \geq \Sigma(\tilde{s}|x) \geq 0$ gilt, ist auch der zweite Summand auf der rechten Seite von Gleichung (A.38) ≥ 0.

Im Falle eines unvollständigen Portfoliosignals oder im Falle eines Fondsmanagers mit Selektionsfähigkeiten gilt, wie in Anhang A.3 bewiesen, strikte Ungleichheit in Relation (A.23). In diesem Fall ist der erste Summand von Gleichung (A.38) strikt positiv. Im Falle eines Fondsmanagers mit perfektem Portfoliosignal und Timingfähigkeiten gilt aber $\Sigma(\tilde{s}) > 0$ und $\Sigma(\tilde{s}|x) = 0$. In diesem Fall ist der zweite Summand von Gleichung (A.38) strikt positiv. Beide Argumente zusammen führen zu $DBJ_j(x) > 0$ und beweisen Aussage (ii) von Satz 1.

Aussage (iii) Angenommen, Fondsportfolio k basiert verglichen mit Fondsportfolio j zusätzlich auf den Informationen $\tilde{v} \sim N(0, \Sigma(\tilde{v}))$, das heißt $\tilde{s}_j = \tilde{s}$ und $\tilde{s}_k = \tilde{s} + \tilde{v}$, mit $\tilde{R} = \mu + \tilde{s}_k + \tilde{\gamma}_k = \mu + \tilde{s} + \tilde{v} + \tilde{\gamma}_k = \mu + \tilde{s} + \tilde{\gamma}$; $\tilde{\gamma}_k$ und $\tilde{s}$ sind unabhängig von $\tilde{v}$. Für die Differenz zwischen dem gewichtsbasierten Alpha (A.38) der beiden Fondsportfolios gilt unter der Voraussetzung eines in beiden Fällen identischen Portfoliosignals $\tilde{x}$:

$$\begin{aligned} DBJ_k(x) - DBJ_j(x) &= \mathrm{E}\left[\mathrm{E}[\tilde{R}_k^\star|\tilde{x}]\left\{1 - \frac{\mathrm{E}[\psi(\tilde{s}_k)|\tilde{x}]}{(1-\mathrm{E}[\psi(\tilde{s}_k)|\tilde{x}])}\frac{\mathrm{E}[\tilde{R}_E|\tilde{x}]^2}{\mathrm{var}(\tilde{R}_E|\tilde{x})}\right\}\right] \\ &\quad -\mathrm{E}\left[\mathrm{E}[\tilde{R}_j^\star|\tilde{x}]\left\{1 - \frac{\mathrm{E}[\psi(\tilde{s})|\tilde{x}]}{(1-\mathrm{E}[\psi(\tilde{s})|\tilde{x}])}\frac{\mathrm{E}[\tilde{R}_E|\tilde{x}]^2}{\mathrm{var}(\tilde{R}_E|\tilde{x})}\right\}\right] \\ &\quad +\frac{1}{\lambda}\left(\frac{\alpha'[\Sigma(\tilde{s}_k) - \Sigma(\tilde{s}_k|x)]\alpha}{\alpha'[\Sigma(\tilde{\gamma}_k) + \Sigma(\tilde{s}_k|x)]\alpha} - \frac{\alpha'[\Sigma(\tilde{s}) - \Sigma(\tilde{s}|x)]\alpha}{\alpha'[\Sigma(\tilde{\gamma}) + \Sigma(\tilde{s}|x)]\alpha}\right) \end{aligned} \tag{A.39}$$

Zwischen den erwarteten Renditen der beiden Fondsportfolios gilt im Optimum nach Gleichung (A.10) die folgende Beziehung:

$$\mathrm{E}[\tilde{R}_j^\star|\tilde{x}] = \mathrm{E}[\tilde{R}_k^\star|\tilde{x}]\frac{\mathrm{E}[\psi(\tilde{s}_k)|\tilde{x}]}{(1-\mathrm{E}[\psi(\tilde{s}_k)|\tilde{x}])}\frac{(1-\mathrm{E}[\psi(\tilde{s})|\tilde{x}])}{\mathrm{E}[\psi(\tilde{s})|\tilde{x}]} \tag{A.40}$$

Unter Berücksichtigung von Gleichung (A.40) vereinfacht sich (A.39) zu:

$$\begin{aligned} DBJ_k(x) - DBJ_j(x) &= \mathrm{E}\left[\mathrm{E}[\tilde{R}_k^\star|\tilde{x}]\left\{1 - \frac{\mathrm{E}[\psi(\tilde{s}_k)|\tilde{x}]}{(1-\mathrm{E}[\psi(\tilde{s}_k)|\tilde{x}])}\frac{(1-\mathrm{E}[\psi(\tilde{s})|\tilde{x}])}{\mathrm{E}[\psi(\tilde{s})|\tilde{x}]}\right\}\right] \\ &\quad +\frac{1}{\lambda}\left(\frac{\alpha'[\Sigma(\tilde{s}_k) - \Sigma(\tilde{s}_k|x)]\alpha}{\alpha'[\Sigma(\tilde{\gamma}_k) + \Sigma(\tilde{s}_k|x)]\alpha} - \frac{\alpha'[\Sigma(\tilde{s}) - \Sigma(\tilde{s}|x)]\alpha}{\alpha'[\Sigma(\tilde{\gamma}) + \Sigma(\tilde{s}|x)]\alpha}\right) \end{aligned} \tag{A.41}$$

Da $\mathrm{E}[\tilde{R}_k^\star|\tilde{x}] > 0$ gilt, ist der erste Summand auf der rechten Seite von Gleichung (A.41) nach Gleichung (A.28) ≥ 0. Unter den Modellannahmen gilt: $\Sigma(\tilde{\gamma}) > 0$, $\Sigma(\tilde{\gamma}_k) > 0$, $\Sigma(\tilde{s}) \geq \Sigma(\tilde{s}|x) \geq 0$, $\Sigma(\tilde{s}_k) \geq \Sigma(\tilde{s}_k|x) \geq 0$ und $\Sigma(\tilde{v}) \geq \Sigma(\tilde{v}|x) \geq 0$.[10] Aus $\Sigma(\tilde{s}_k) =$

10 Vergleicht man das Fondsportfolio eines Fonds unter zwei verschiedenen Informationssignalen, so richtet sich das Portfoliosignal $\tilde{x}$ mit der gleichen Begründung wie in Fußnote 9 nach den Informationen des Fondsmanagers im schlechter informierten Fall und es gilt $\Sigma(\tilde{v}) = \Sigma(\tilde{v}|x)$.

$\Sigma(\tilde{s})+\Sigma(\tilde{v})$, $\Sigma(\tilde{s}_k|x) = \Sigma(\tilde{s}|x)+\Sigma(\tilde{v}|x)$ und $\Sigma(\tilde{v}) \geq \Sigma(\tilde{v}|x)$ folgt daher: $\Sigma(\tilde{s}_k)-\Sigma(\tilde{s}_k|x) \geq \Sigma(\tilde{s}) - \Sigma(\tilde{s}|x)$. Daraus folgt aber auch: $\Sigma(\tilde{\gamma}_k) + \Sigma(\tilde{s}_k|x) = \Sigma - [\Sigma(\tilde{s}_k) - \Sigma(\tilde{s}_k|x)] \leq \Sigma - [\Sigma(\tilde{s}) - \Sigma(\tilde{s}|x)] = \Sigma(\tilde{\gamma}) + \Sigma(\tilde{s}|x)$. Folglich ist auch der zweite Summand auf der rechten Seite von Gleichung (A.41) ≥ 0.

Im Falle eines unvollständigen Portfoliosignals gilt, wie in Anhang A.3 bewiesen, in Relation (A.28) strikte Ungleichheit. In diesem Fall ist auch der erste Summand von Gleichung (A.41) strikt positiv. Im Falle eines perfekten Portfoliosignals gilt, wie Anhang A.3 zeigt, in (A.28) ebenfalls strikte Ungleichheit, sofern das Fondsportfolio k nicht durch das Portfolio j und die risikolose Anleihe dupliziert werden kann.[11] Ist das Fondsportfolio k aber durch das Fondsportfolio j und die risikolose Anleihe duplizierbar, so gilt $\Sigma(\tilde{s}_k) > \Sigma(\tilde{s})$.[12] Da mit perfektem Portfoliosignal $\Sigma(\tilde{s}_k|x) = \Sigma(\tilde{s}|x) = 0$ gilt, folgt $\Sigma(\tilde{s}_k) - \Sigma(\tilde{s}_k|x) = \Sigma(\tilde{s}_k) > \Sigma(\tilde{s}) = \Sigma(\tilde{s}) - \Sigma(\tilde{s}|x)$ und $\Sigma(\tilde{\gamma}_k) + \Sigma(\tilde{s}_k|x) = \Sigma(\tilde{\gamma}_k) = \Sigma - \Sigma(\tilde{s}_k) < \Sigma - \Sigma(\tilde{s}) = \Sigma(\tilde{\gamma}) = \Sigma(\tilde{\gamma}) + \Sigma(\tilde{s}|x)$. Daher ist in diesem Fall der zweite Summand auf der rechten Seite von Gleichung (A.41) strikt positiv. Alle drei Argumente zusammen führen zu $DBJ_k(x) > DBJ_j(x)$. Dies beweist Aussage (iii) von Satz 1.
q.e.d.

A.6 Unverzerrtheit der gewichtsbasierten Sharpe-Ratio

Aussage (i) Im Falle eines uninformierten Fondsmanagers sind $\tilde{w}$ und $\tilde{x}$ unabhängig von $\tilde{R}$. Zur Überprüfung, ob die gewichtsbasierte Sharpe-Ratio eines uninformierten Fonds kleiner oder gleich der gewichtsbasierten Sharpe-Ratio μ_E/σ_E der Benchmark ist, wird wiederum die Varianz eines Hilfsportfolios analysiert. Dieses besteht nun zu einem Anteil $w_j = 1$ aus Fonds j, einem Anteil $w_E = -\mathrm{E}[\tilde{R}_j|x]/\mu_E$ aus dem Benchmarkportfolio α und einem Anteil $1 - w_j - w_E = \mathrm{E}[\tilde{R}_j|x]/\mu_E$ aus der risikolosen Anleihe. Für die Varianz des Hilfsportfolios gilt bedingt auf x:

[11] Der Fall eines in beiden Fällen perfekten Portfoliosignals ist mit der gleichen Begründung wie in Fußnote 9 nur im Falle zweier verschiedener Fondsmanager denkbar. Dann stellt sich aber ökonomisch wiederum die Frage, warum der schlechter informierte Manager die durch das Portfolio des besser informierten Managers enthüllten Informationen $\tilde{v}$ nicht auch zur Portfolioselektion nutzen sollte. Der Fall trotz perfekten Portfoliosignals unterschiedlicher Informationen wird hier lediglich aus Gründen der Vollständigkeit des Beweises betrachtet.

[12] Hat $\Sigma(\tilde{s}_k)$ vollen Rang, so gilt bei Duplizierbarkeit $\Sigma(\tilde{v}) > 0$, und es folgt $\Sigma(\tilde{s}_k) > \Sigma(\tilde{s})$. Hat die $N \times N$-Matrix $\Sigma(\tilde{s}_k)$ nicht den vollen Rang, so haben (i) $\Sigma(\tilde{s}_k)$ und $\Sigma(\tilde{s})$ die gleichen Nullzeilen und -spalten und es gilt (ii) für die um Nullzeilen und -spalten gekappten $M \times M$-Matrizen aufgrund der Duplizierbarkeit $\hat{\Sigma}(\tilde{s}_k) > \hat{\Sigma}(\tilde{s})$. Damit gilt aber für beliebige quadratische Formen $x'\Sigma(\tilde{s}_k)x = \sum_{i=1}^{N}\sum_{j=1}^{N} x_i x_j \sigma_{ij}(\tilde{s}_k) = \sum_{i=1}^{M}\sum_{j=1}^{M} x_i x_j \hat{\sigma}_{ij}(\tilde{s}_k) = \hat{x}'\hat{\Sigma}(\tilde{s}_k)\hat{x} > \hat{x}'\hat{\Sigma}(\tilde{s})\hat{x} = x'\Sigma(\tilde{s})x$, sofern nicht $x_1 = \ldots = x_M = 0$ gilt. Dies ist für α nicht der Fall. Damit gilt hier auch in diesem Fall: $\Sigma(\tilde{s}_k) > \Sigma(\tilde{s})$.

$$\begin{aligned} 0 &\leq \operatorname{var}\Big(\tilde{R}_j - \frac{\mathrm{E}[\tilde{R}_j|x]}{\mu_E}\alpha'\tilde{R}|x\Big) \\ &= \operatorname{var}(\tilde{R}_j|x) + \frac{\mathrm{E}[\tilde{R}_j|x]^2}{\alpha'\mu\mu'\alpha}\alpha'\Sigma\alpha - 2\frac{\mathrm{E}[\tilde{R}_j|x]}{\alpha'\mu}\operatorname{cov}(\tilde{w}'\tilde{R}, \alpha'\tilde{R}|x) \end{aligned} \tag{A.42}$$

Aus der Effizienz der Benchmark auf Grundlage öffentlicher Informationen folgt $\alpha = \frac{\Sigma^{-1}\mu}{1'\Sigma^{-1}\mu}$. Da sowohl $\tilde{w}$ als auch $\tilde{x}$ unabhängig von $\tilde{R}$ sind, vereinfacht sich (A.42) zu:

$$\begin{aligned} 0 &\leq \operatorname{var}(\tilde{R}_j|x) + \frac{\mathrm{E}[\tilde{R}_j|x]^2}{(\mu'\Sigma^{-1}\mu)^2}\mu'\Sigma^{-1}\mu - 2\frac{\mathrm{E}[\tilde{R}_j|x]}{\mu'\Sigma^{-1}\mu}\mathrm{E}[\tilde{w}|x]'\Sigma\Sigma^{-1}\mu \\ &= \operatorname{var}(\tilde{R}_j|x) - \frac{\mathrm{E}[\tilde{R}_j|x]^2}{\mu'\Sigma^{-1}\mu} \end{aligned} \tag{A.43}$$

Die Relation (A.43) impliziert im unbedingten Erwartungswert:

$$\mu'\Sigma^{-1}\mu \geq \frac{\mathrm{E}\Big[\mathrm{E}[\tilde{R}_j|\tilde{x}]^2\Big]}{\mathrm{E}\big[\operatorname{var}(\tilde{R}_j|\tilde{x})\big]} \tag{A.44}$$

Aus Relation (A.44) folgt in Verbindung mit $\mathrm{E}\{\mathrm{E}[\tilde{R}_j|\tilde{x}]^2\} = \mu_j^2 + \operatorname{var}(\mathrm{E}[\tilde{R}_j|\tilde{x}]) \geq \mu_j^2$:

$$\sqrt{\mu'\Sigma^{-1}\mu} \;\geq\; \frac{\mu_j}{\sqrt{\mathrm{E}\big[\operatorname{var}(\tilde{R}_j|\tilde{x})\big]}} \tag{A.45}$$

Für die Sharpe-Ratio der Benchmark gilt: $\mu_E/\sigma_E = \frac{\alpha'\mu}{\sqrt{\alpha'\Sigma\alpha}} = \frac{\mu'\Sigma^{-1}\mu}{\sqrt{\mu'\Sigma^{-1}\mu}} = \sqrt{\mu'\Sigma^{-1}\mu}$. Dies beweist in Verbindung mit Relation (A.45) Aussage (i) von Satz 2.

Aussage (ii) Aus Gleichung (A.18) in Verbindung mit (A.10) folgt:

$$\begin{aligned} \mathrm{E}\big[\operatorname{var}(\tilde{R}_j^\star|\tilde{x})\big] &= \mathrm{E}\left[\mathrm{E}[\tilde{R}_j^\star|\tilde{x}]^2\,\frac{\mathrm{E}[\psi(\tilde{s})|\tilde{x}]}{1-\mathrm{E}[\psi(\tilde{s})|\tilde{x}]}\right] \\ &= \mathrm{E}\left[\mathrm{E}[\tilde{R}_j^\star|\tilde{x}]^2\,\frac{1}{\lambda\mathrm{E}[\tilde{R}_j^\star|\tilde{x}]}\right] \\ &= \frac{1}{\lambda}\mathrm{E}[\tilde{R}_j^\star] \end{aligned} \tag{A.46}$$

Setzt man $\mathrm{E}\big[\operatorname{var}(\tilde{R}_j^\star|\tilde{x})\big]$ nach Gleichung (A.46) in (4.30) ein, so erhält man für die gewichtsbasierte Sharpe-Ratio:

$$\begin{aligned} DBS_j(x) &= \sqrt{\lambda\mathrm{E}[\tilde{R}_j^\star]} \\ &= \sqrt{\mathrm{E}\left[\frac{1-\mathrm{E}[\psi(\tilde{s})|\tilde{x}]}{\mathrm{E}[\psi(\tilde{s})|\tilde{x}]}\right]} \end{aligned} \tag{A.47}$$

Die zweite Gleichheit in (A.47) folgt aus Gleichung (A.10) unter Verwendung iterativer Erwartungen $\mathrm{E}[\tilde{R}_j^\star] = \mathrm{E}\{\mathrm{E}[\tilde{R}_j^\star|\tilde{x}]\}$.

In Anhang A.3 wurde zum Beweis von Gleichung (4.5) gezeigt, daß die Beziehung

$$\mathrm{E}\left[\frac{1-\mathrm{E}[\psi(\tilde{s})|\tilde{x}]}{\mathrm{E}[\psi(\tilde{s})|\tilde{x}]}\right] \quad > \quad \mu'\Sigma^{-1}\mu \tag{A.48}$$

gilt. Gleichung (A.48) impliziert unter Berücksichtigung von $\mu_E/\sigma_E = \sqrt{\mu'\Sigma^{-1}\mu}$:

$$\sqrt{\mathrm{E}\left[\frac{1-\mathrm{E}[\psi(\tilde{s})|\tilde{x}]}{\mathrm{E}[\psi(\tilde{s})|\tilde{x}]}\right]} \quad > \quad \frac{\mu_E}{\sigma_E} \tag{A.49}$$

Dies beweist in Verbindung mit Gleichung (A.47) Aussage (ii) von Satz 2.

Aussage (iii) Angenommen, Fondsportfolio k basiert im Vergleich zu Fondsportfolio j zusätzlich auf den Informationen $\tilde{v}$, $\tilde{v} \sim N(0, \Sigma(\tilde{v}))$ ist unabhängig von $\tilde{s}$ und $\tilde{\gamma}_k$. Dann gilt $\tilde{s}_k = \tilde{s} + \tilde{v}$, $\tilde{s}_j = \tilde{s}$ sowie $\tilde{R} = \mu + \tilde{s}_k + \tilde{\gamma}_k = \mu + \tilde{s} + \tilde{v} + \tilde{\gamma}_k = \mu + \tilde{s} + \tilde{\gamma}$, und für die Differenz der gewichtsbasierten Sharpe-Ratios (A.47) folgt:

$$DBS_k(x) - DBS_j(x) \quad = \quad \sqrt{\mathrm{E}\left[\frac{1-\mathrm{E}[\psi(\tilde{s}+\tilde{v})|\tilde{x}]}{\mathrm{E}[\psi(\tilde{s}+\tilde{v})|\tilde{x}]}\right]} - \sqrt{\mathrm{E}\left[\frac{1-\mathrm{E}[\psi(\tilde{s})|\tilde{x}]}{\mathrm{E}[\psi(\tilde{s})|\tilde{x}]}\right]} \tag{A.50}$$

In Anhang A.3 wurde zum Beweis von Gleichung (4.6) gezeigt, daß folgende Beziehung gilt:

$$\mathrm{E}\left[\frac{1-\mathrm{E}[\psi(\tilde{s}+\tilde{v})|\tilde{x}]}{\mathrm{E}[\psi(\tilde{s}+\tilde{v})|\tilde{x}]}\right] \quad > \quad \mathrm{E}\left[\frac{1-\mathrm{E}[\psi(\tilde{s})|\tilde{x}]}{\mathrm{E}[\psi(\tilde{s})|\tilde{x}]}\right] \tag{A.51}$$

Die Beziehung (A.51) impliziert in Verbindung mit Gleichung (A.50) $DBS_k(x) > DBS_j(x)$. Dies beweist Aussage (iii) von Satz 2.

q.e.d.

A.7 Herleitung von Gleichung (4.35)

Für die Kovarianz zwischen der Fondsrendite $\tilde{R}_j$ und der Benchmarkrendite $\tilde{R}_E$ gilt:

$$\mathrm{cov}(\tilde{R}_j, \tilde{R}_E) \quad = \quad \mathrm{cov}(\tilde{w}'\beta\tilde{R}_E, \tilde{R}_E) + \mathrm{cov}(\tilde{w}'(\tilde{R} - \beta\tilde{R}_E), \tilde{R}_E) \tag{A.52}$$

Da die unbedingt erwartete Rendite μ_E deterministisch ist, läßt sich die erste Kovarianz auf der rechten Seite von Gleichung (A.52) wie folgt erweitern:

$$\operatorname{cov}(\tilde{w}'\beta\tilde{R}_E, \tilde{R}_E) = \operatorname{cov}(\tilde{w}'\beta(\tilde{R}_E - \mu_E), \tilde{R}_E - \mu_E) + \mu_E \operatorname{cov}(\tilde{w}'\beta, \tilde{R}_E) \quad (A.53)$$

Da $\mathrm{E}[\tilde{R}_E - \mu_E] = 0$ ist, vereinfacht sich die erste Kovarianz auf der rechten Seite von Gleichung (A.53) zu:

$$\begin{aligned} \operatorname{cov}(\tilde{w}'\beta(\tilde{R}_E - \mu_E), \tilde{R}_E - \mu_E) &= \mathrm{E}\left[\tilde{w}'\beta(\tilde{R}_E - \mu_E)^2\right] \\ &= \operatorname{cov}(\tilde{w}'\beta, (\tilde{R}_E - \mu_E)^2) + \mathrm{E}[\tilde{w}]'\beta\sigma_E^2 \quad (A.54) \end{aligned}$$

Setzt man Gleichung (A.54) und (A.53) in (A.52) ein, so erhält man unter Verwendung der Definition (4.10) für β_j Gleichung (4.35).
q.e.d.

A.8 Beweis der Monotonie der Performancemaße

Angenommen, das Portfoliosignal $\tilde{y}$ wird durch das Signal $\tilde{x}$ determiniert, $\tilde{x}$ enthält im Vergleich zu $\tilde{y}$ aber zusätzliche Informationen über $\tilde{s}$, so daß $\Sigma(\tilde{s}|y) - \Sigma(\tilde{s}|x) > 0$ gilt.[13] Nach Gleichung (4.26) in Verbindung mit Gleichung (A.16) und $\alpha = \frac{\Sigma^{-1}\mu}{1'\Sigma^{-1}\mu}$ folgt für die Differenz der gewichtsbasierten Alphas:

$$\begin{aligned} & DBJ_j(x) - DBJ_j(y) \\ &= \left\{ \mathrm{E}\left[\frac{\operatorname{cov}(\tilde{R}_j^\star, \tilde{R}_E|\tilde{x})}{\operatorname{var}(\tilde{R}_E|\tilde{x})}\right] - \mathrm{E}\left[\frac{\operatorname{cov}(\tilde{R}_j^\star, \tilde{R}_E|\tilde{y})}{\operatorname{var}(\tilde{R}_E|\tilde{y})}\right]\right\}\mu_E \\ &= \left\{ \mathrm{E}\left[\frac{1}{\lambda}\frac{\mathrm{E}[\tilde{R}_E|\tilde{x}]}{\operatorname{var}(\tilde{R}_E|\tilde{x})} - \frac{1}{\lambda}\frac{\mathrm{E}[\tilde{R}_E|\tilde{y}]}{\operatorname{var}(\tilde{R}_E|\tilde{y})}\right]\right\}\alpha'\mu \\ &= \frac{1}{\lambda}\left\{ \frac{\alpha'\mu}{\alpha'\{\Sigma(\tilde{\gamma}) + \Sigma(\tilde{s}|x)\}\alpha} - \frac{\alpha'\mu}{\alpha'\{\Sigma(\tilde{\gamma}) + \Sigma(\tilde{s}|y)\}\alpha}\right\}\alpha'\mu \quad (A.55) \\ &= \frac{1}{\lambda}\left\{ \frac{\mu'\Sigma^{-1}\mu}{\mu'\Sigma^{-1}\{\Sigma(\tilde{\gamma}) + \Sigma(\tilde{s}|x)\}\Sigma^{-1}\mu} - \frac{\mu'\Sigma^{-1}\mu}{\mu'\Sigma^{-1}\{\Sigma(\tilde{\gamma}) + \Sigma(\tilde{s}|y)\}\Sigma^{-1}\mu}\right\}\mu'\Sigma^{-1}\mu \\ &= \frac{1}{\lambda}\frac{(\mu'\Sigma^{-1}\mu)^2\mu'\Sigma^{-1}[\Sigma(\tilde{s}|y) - \Sigma(\tilde{s}|x)]\Sigma^{-1}\mu}{\mu'\Sigma^{-1}\{\Sigma(\tilde{\gamma}) + \Sigma(\tilde{s}|x)\}\Sigma^{-1}\mu\mu'\Sigma^{-1}\{\Sigma(\tilde{\gamma}) + \Sigma(\tilde{s}|y)\}\Sigma^{-1}\mu} \\ &> 0 \end{aligned}$$

---

13 Der Beweis erfordert nicht den vollen Rang von Rang von $\Sigma(\tilde{s})$. Hat $\Sigma(\tilde{s})$ nicht den vollen Rang, so impliziert die Beziehung $\hat{\Sigma}(\tilde{s}|y) > \hat{\Sigma}(\tilde{s}|x)$ für die um die Nullzeilen und -spalten gekappten Matrizen für alle zulässigen α: $\Sigma(\tilde{s}|y) > \Sigma(\tilde{s}|x)$. Vgl. Fußnote 12.

Gleichung (A.55) beweist, daß zusätzliche Portfoliooffenlegung zu einem Anstieg des gewichtsbasierten Alphas informierter Fonds führt.

Für die Differenz der gewichtsbasierten Sharpe-Ratios gilt nach Gleichung (4.30):

$$
\begin{aligned}
&DBS_j(x) - DBS_j(y) \\
&= \frac{\mathrm{E}\big[\tilde{R}_j^\star\big]}{\sqrt{\mathrm{E}\big[\mathrm{var}\big(\tilde{R}_j^\star|\tilde{x}\big)\big]}} - \frac{\mathrm{E}\big[\tilde{R}_j^\star\big]}{\sqrt{\mathrm{E}\big[\mathrm{var}\big(\tilde{R}_j^\star|\tilde{y}\big)\big]}} \\
&= \frac{\mathrm{E}\big[\tilde{R}_j^\star\big]}{\sqrt{\mathrm{E}\big[\mathrm{var}\big(\tilde{R}_j^\star|\tilde{x}\big)\big]}} - \frac{\mathrm{E}\big[\tilde{R}_j^\star\big]}{\sqrt{\mathrm{E}\big[\mathrm{E}\big\{\mathrm{var}\big(\tilde{R}_j^\star|\tilde{x}\big)|\tilde{y}\big\} + \mathrm{var}\big(\mathrm{E}\big[\tilde{R}_j^\star|\tilde{x}\big]|\tilde{y}\big)\big]}} \\
&= \frac{\mathrm{E}\big[\tilde{R}_j^\star\big]}{\sqrt{\mathrm{E}\big[\mathrm{var}\big(\tilde{R}_j^\star|\tilde{x}\big)\big]}} - \frac{\mathrm{E}\big[\tilde{R}_j^\star\big]}{\sqrt{\mathrm{E}\big[\mathrm{var}\big(\tilde{R}_j^\star|\tilde{x}\big)\big] + \mathrm{E}\big[\mathrm{var}\big(\mathrm{E}\big\{\tilde{R}_j^\star|\tilde{x}\big\}|\tilde{y}\big)\big]}}
\end{aligned}
\tag{A.56}
$$

Da $\tilde{x}$ im Vergleich zu $\tilde{y}$ zusätzliche Informationen über $\tilde{s}$ beinhaltet, gibt es ein y, für das $\mathrm{var}\big(\mathrm{E}\big\{\tilde{R}_j^\star|\tilde{x}\big\}|y\big) > 0$ gilt. In Verbindung mit $\mathrm{var}\big(\mathrm{E}\big\{\tilde{R}_j^\star|\tilde{x}\big\}|\tilde{y}\big) \geq 0$ folgt daraus auch $\mathrm{E}\big[\mathrm{var}\big(\mathrm{E}\big\{\tilde{R}_j^\star|\tilde{x}\big\}|\tilde{y}\big)\big] > 0$ und nach Gleichung (A.56) $DBS_j(x) > DBS_j(y)$. Dies beweist, daß zusätzliche Portfoliooffenlegung auch zu einem Anstieg der gewichtsbasierten Sharpe-Ratio führt.

q.e.d.

A.9 Herleitung des bei imperfekter Liquidität optimalen Fondsportfolios

Herleitung von Gleichung (5.16): Für die bedingte Varianz der bedingt auf $\tilde{s}$ erwarteten Fondsrendite $\mathrm{var}\big(w(\tilde{s},\tilde{x})(\mu+\tilde{s})|x\big)$ in Gleichung (5.14) gilt:

$$
\mathrm{var}\Big(w(\tilde{s},\tilde{x})\big(\mu+\tilde{s}\big)|x\Big) = \mathrm{E}\Big[w(\tilde{s},\tilde{x})^2\big(\mu+\tilde{s}\big)^2|x\Big] - \mathrm{E}\Big[w(\tilde{s},\tilde{x})\big(\mu+\tilde{s}\big)|x\Big]^2 \tag{A.57}
$$

Darüber hinaus gilt unter Verwendung iterativer Erwartungen in Gleichung (5.14):

$$
\begin{aligned}
\mathrm{E}\big[w(\tilde{s},\tilde{x})\tilde{w}_l\big] &= \mathrm{E}\Big[w(\tilde{s},\tilde{x})\mathrm{E}\big[\tilde{w}_l|\tilde{s},\tilde{x}\big]\Big] \\
&= \mathrm{E}\big[w(\tilde{s},\tilde{x})\overline{w}_l\big]
\end{aligned}
\tag{A.58}
$$

Berücksichtigt man Gleichung (A.57) und (A.58) in (5.14), so lautet die Zielfunktion des informierten Fondsmanagers k in Integralnotation:

$$\begin{aligned}
\Phi_k &= \int_{-\infty}^{\infty}\int_{-\infty}^{\infty} w(s,x)(\mu+s)f(s|x)f(x)\,dsdx \\
&\quad -c\int_{-\infty}^{\infty}\int_{-\infty}^{\infty} w(s,x)^2 f(s|x)f(x)\,dsdx \\
&\quad -cg(R_k^2)\int_{-\infty}^{\infty}\int_{-\infty}^{\infty} w(s,x)\overline{w}_l f(s|x)f(x)\,dsdx \\
&\quad -\frac{\lambda}{2}\int_{-\infty}^{\infty}\int_{-\infty}^{\infty} w(s,x)^2\Big((\mu+s)^2+\sigma_\gamma^2\Big)f(s|x)f(x)\,dsdx \\
&\quad +\frac{\lambda}{2}\int_{-\infty}^{\infty}\left[\int_{-\infty}^{\infty} w(s,x)(\mu+s)f(s|x)\,ds\right]^2 f(x)\,dx
\end{aligned} \tag{A.59}$$

Das Optimierungsproblem (A.59) ist, genau wie in Anhang A.1, ein Variationsproblem. Bezeichne $w^\star(s,x)$ die optimale Lösung von (A.59). Beschränkt man die Menge zulässiger Reaktionsfunktionen w auf die Menge stetig differenzierbarer Funktionen, so lassen sich zulässige Reaktionsfunktionen $w(s,x)$ wie folgt darstellen:

$$w(s,x) \;=\; w^\star(s,x)+\alpha h(s), \qquad \alpha\in\mathbb{R} \tag{A.60}$$

Die Funktion $h(s)$ ist eine Perturbation des optimalen Aktiengewichts $w^\star(s,x)$.

Setzt man Gleichung (A.60) in (A.59) ein, so läßt sich das Variationsproblem (A.59) in w alternativ als Extremwertproblem in α formulieren. Damit $w^\star(s,x)$ Lösung des Variationsproblems (A.59) ist, muß für die Bedingung erster Ordnung des Extremwertproblems in α gelten:

$$\left.\frac{\partial\Phi_k}{\partial\alpha}\right|_{\alpha=0} \;=\; 0 \tag{A.61}$$

Wird die resultierende Zielfunktion in α im Hinblick auf α maximiert und anschließend $\alpha=0$ gesetzt, so resultiert als Bedingung erster Ordnung:

$$\begin{aligned}
0 &= \int_{-\infty}^{\infty}\int_{-\infty}^{\infty} (\mu+s)h(s)f(s|x)f(x)\,dsdx \\
&\quad -2c\int_{-\infty}^{\infty}\int_{-\infty}^{\infty} w^\star(s,x)h(s)f(s|x)f(x)\,dsdx \\
&\quad -g(R_k^2)\int_{-\infty}^{\infty}\int_{-\infty}^{\infty} \overline{w}_l h(s)f(s|x)f(x)\,dsdx \\
&\quad -\lambda\int_{-\infty}^{\infty}\int_{-\infty}^{\infty} w^\star(s,x)\Big((\mu+s)^2+\sigma_\gamma^2\Big)h(s)f(s|x)f(x)\,dsdx \\
&\quad +\lambda\int_{-\infty}^{\infty}\int_{-\infty}^{\infty}\left[\int_{-\infty}^{\infty} w^\star(s,x)(\mu+s)f(s|x)\,ds\right](\mu+s)h(s)f(s|x)f(x)\,dsdx
\end{aligned} \tag{A.62}$$

Durch Zusammenfassung der Integrale läßt sich die Bedingung erster Ordnung (A.62) wie folgt umformulieren:

$$\begin{aligned} 0 \;=\; & \int_{-\infty}^{\infty}\int_{-\infty}^{\infty} h(s)\Big\{(\mu+s) - cg(R_k^2)\overline{w}_l - \Big[\lambda\Big((\mu+s)^2+\sigma_\gamma^2\Big)+2c\Big]w^\star(s,x) \\ & +\lambda(\mu+s)\int_{-\infty}^{\infty} w^\star(s,x)(\mu+s)f(s|x)\,ds\Big\} f(s|x)f(x)\,dsdx \end{aligned} \tag{A.63}$$

Da $f(s|x)$ und $f(x)$ Dichtefunktionen sind, gilt $f(s|x) \geq 0$ und $f(x) \geq 0$. Daher muß der Ausdruck in der geschweiften Klammer für alle Ausprägungen s und x gleich Null sein, damit Gleichung (A.63) für beliebige Funktionen $h(s)$ erfüllt ist:

$$\begin{aligned} 0 \;=\; & (\mu+\tilde{s}) - cg(R_k^2)\overline{w}_l - \Big[\lambda\Big((\mu+\tilde{s})^2+\sigma_\gamma^2\Big)+2c\Big]w^\star(\tilde{s},\tilde{x}) \\ & +\lambda(\mu+s)\int_{-\infty}^{\infty} w^\star(s,x)(\mu+s)f(s|x)\,ds \end{aligned} \tag{A.64}$$

Da $\mathrm{E}\big[\tilde{R}_k^\star|\tilde{x}\big] = \int_{-\infty}^{\infty} w^\star(s,x)(\mu+s)f(s|x)\,ds$ der Erwartungswert (vor Kosten) von $R_k^\star$ bedingt auf $\tilde{x} = (\tilde{x}_k, \tilde{x}_l)'$ ist, folgt Gleichung (5.15) nach wenigen Umformungsschritten aus (A.64).

Gleichung (5.15) impliziert für das optimale Portfolio von Fonds k:

$$w^\star(\tilde{s},\tilde{x}) \;=\; \frac{(\mu+\tilde{s})\big(1+\lambda\mathrm{E}[\tilde{R}_k^\star|\tilde{x}]\big) - cg(R_k^2)\overline{w}_l}{\lambda\Big\{(\mu+\tilde{s})^2+\sigma_\gamma^2\Big\}+2c} \tag{A.65}$$

Für die erwartete Fondsrendite vor Kosten $\mathrm{E}\big[\tilde{R}_k^\star|\tilde{x}\big]$ ergibt sich durch Einsetzen der optimalen Anlagestrategie (A.65) in die Bestimmungsgleichung für die erwartete Fondsrendite $\mathrm{E}\big[\tilde{R}_k|\tilde{x}\big] = \mathrm{E}\big[w(\tilde{s},\tilde{x})(\mu+\tilde{s})|\tilde{x}\big]$:

$$\mathrm{E}\big[\tilde{R}_k^\star|\tilde{x}\big] = \mathrm{E}\left[\frac{(\mu+\tilde{s})^2\big(1+\lambda\mathrm{E}[\tilde{R}_k^\star|\tilde{x}]\big) - (\mu+\tilde{s})cg(R_k^2)\overline{w}_l}{\lambda\Big\{(\mu+\tilde{s})^2+\sigma_\gamma^2\Big\}+2c}\Big|\tilde{x}\right] \tag{A.66}$$

Auflösen von (A.66) nach $\mathrm{E}\big[\tilde{R}_k^\star|\tilde{x}\big]$ ergibt:

$$\mathrm{E}\big[\tilde{R}_k^\star|\tilde{x}\big] \;=\; \frac{\frac{1}{\lambda}\big(1-\mathrm{E}[\psi(\tilde{s})|\tilde{x}]\big) - \frac{cg(R_k^2)}{\lambda\sigma_\gamma^2+2c}\overline{w}_l\mathrm{E}\big[(\mu+\tilde{s})\psi(\tilde{s})|\tilde{x}\big]}{\mathrm{E}\big[\psi(\tilde{s})|\tilde{x}\big]} \tag{A.67}$$

Dabei ist $\psi(\tilde{s})$ entsprechend Gleichung (5.17) definiert.

Wird (A.67) für $\mathrm{E}\big[\tilde{R}_k^\star|\tilde{x}\big]$ in Gleichung (A.65) eingesetzt, so folgt nach wenigen Umformungen Gleichung (5.16).

q.e.d.

Herleitung von Gleichung (5.20): Das Optimierungsproblem (5.19) von Fondsmanager l gleicht in der Struktur exakt dem Optimierungsproblem (5.14) von Fondsmanager k, wobei in Gleichung (5.19)

- $\mathrm{E}\big[\tilde{R}|\tilde{x}_k\big] = \mu + \tilde{\tau}_l$ anstelle von $\mathrm{E}\big[\tilde{R}|\tilde{s}\big] = \mu + \tilde{s}$,
- $\mathrm{var}\big(\tilde{R}|\tilde{x}_k\big) = \sigma^2 - R_k^2\sigma_s^2$ anstelle von $\mathrm{var}\big(\tilde{R}|\tilde{s}\big) = \sigma_\gamma^2$,
- $1/g\big(R_k^2\big)$ anstelle von $g\big(R_k^2\big)$,
- $cg\big(R_k^2\big)$ anstelle von c und
- $\tilde{w}_k$ anstelle von $\tilde{w}_l$

in Gleichung (5.14) tritt.

Man erhält daher die Lösung für das optimale Portfolio von Fondsmanager l, indem man in Gleichung (5.16)–(5.17)

- $\mu + \tilde{s}$ durch $\mu + \tilde{\tau}_l$,
- σ_γ^2 durch $\sigma^2 - R_k^2\sigma_s^2$,
- $g\big(R_k^2\big)$ durch $1/g\big(R_k^2\big)$,
- c durch $cg\big(R_k^2\big)$ und
- $\overline{w}_l$ durch $\overline{w}_k$

ersetzt. Dies liefert dann die Lösung (5.20)–(5.21) für die optimale Anlagestrategie von Fondsmanager l.

q.e.d.

Literaturverzeichnis

Admati, A., 1983, *On Models and Measures of Information Asymmetries in Financial Markets*, Ph.D. Thesis, Yale University.

Admati, A., 1985, "A Noisy Rational Expectations Equilibrium For Multi-Asset Securities Markets," *Econometrica*, 53, 629–657.

Admati, A., S. Bhattacharya, P. Pfleiderer und S. A. Ross, 1986, "On Timing and Selectivity," *Journal of Finance*, 41, 715–730.

Admati, A. und P. Pfleiderer, 2000, "Forcing Firms to Talk: Financial Disclosure Regulation and Externalities," *Review of Financial Studies*, 13, 479–519.

Admati, A. und S. A. Ross, 1985, "Measuring Investment Performance in a Rational Expectations Equilibrium Model," *Journal of Business*, 58, 1–26.

Baks, K. P., 2003, "On the Performance of Mutual Fund Managers," Working Paper.

Baks, K. P., A. Metrick und J. Wachter, 2001, "Should Investors Avoid All Actively Managed Funds? A Study in Bayesian Performance Evaluation," *Journal of Finance*, 56, 45–86.

Ber, S., A. Kempf und S. Rünzi, 2007, "Determinanten der Mittelzuflüsse bei deutschen Aktienfonds," *Erscheint in: Zeitschrift für Betriebswirtschaftliche Forschung*.

Brown, K. C., W. V. Harlow und L. T. Starks, 1996, "Of Tournaments and Temptations: An Analysis of Managerial Incentives in the Mutual Fund Industry," *Journal of Finance*, 51, 82–110.

Brown, S. J. und W. N. Goetzmann, 1995, "Performance Persistence," *Journal of Finance*, 50, 679–698.

Carhart, M. M., 1997, "On Persistence in Mutual Fund Performance," *Journal of Finance*, 52, 57–82.

Chan, L. K. C., N. Jegadeesh und J. Lakonishok, 1996, "Momentum Strategies," *Journal of Finance*, 51, 1681–1713.

Chen, H.-L., N. Jegadeesh und R. Wermers, 2000, "The Value of Active Mutual Fund Management: An Examination of the Stockholdings and Trades of Fund Managers," *Journal of Financial and Quantitative Analysis*, 35, 343–368.

Chen, J., H. Hong, M. Huang und J. D. Kubik, 2004, "Does Fund Size Erode Mutual Fund Performance? The Role of Liquidity and Organization," *American Economic Review*, 94, 1276–1302.

Chen, Z. und P. J. Knez, 1996, "Portfolio Performance Measurement: Theory and Applications," *Review of Financial Studies*, 9, 511–555.

Chevalier, J. und G. Ellison, 1997, "Risk Taking by Mutual Funds as a Response to Incentives," *Journal of Political Economy*, 105, 1167–1200.

Connor, G. und R. A. Korajczyk, 1986, "Performance Measurement with the Arbitrage Pricing Theory: A New Framework for Analysis," *Journal of Financial Economics*, 15, 373–394.

Cornell, B., 1979, "Asymmetric Information and Portfolio Performance Measurement," *Journal of Financial Economics*, 7, 381–390.

Daniel, K., M. Grinblatt, S. Titman und R. Wermers, 1997, "Measuring Mutual Fund Performance with Characteristic Based Benchmarks," *Journal of Finance*, 52, 1035–1058.

Daniel, K. und S. Titman, 1997, "Evidence on the Characteristics of Cross Sectional Variation in Stock Returns," *Journal of Finance*, 52, 1–33.

Ding, B. und R. Wermers, 2004, "The Performance and Risk-Taking Behavior of Mutual Fund Managers and the Role of Fund Directors," Working Paper.

Dybvig, P. H. und S. A. Ross, 1985, "Differential Information and Performance Measurement Using a Security Market Line," *Journal of Finance*, 40, 383–399.

Edelen, R. M., 1996, *The Relation between Mutual-Fund Flow, Trading Activity and Performance*, Ph.D. Thesis, University of Rochester.

Fama, E. und K. French, 1992, "The Cross-Section of Expected Stock Returns," *Journal of Finance*, 47, 427–465.

Fama, E. und K. French, 1993, "Common Risk Factors in the Returns on Bonds and Stocks," *Journal of Financial Economics*, 33, 3–53.

Fama, E. und K. French, 1996, "Multifactor Explanations of Asset Pricing Anomalies," *Journal of Finance*, 51, 55–84.

Ferson, W. E. und A. F. Siegel, 2001, "The Efficient Use of Conditioning Information in Portfolios," *Journal of Finance*, 56, 967–982.

Frank, M. M., J. M. Poterba, D. A. Shackelford und J. B. Shoven, 2004, "Copycat Funds: Information Disclosure Regulation and the Returns to Active Management in the Mutual Fund Industry," *Journal of Law and Economics*, 67, 515–541.

Gaspar, J. M., M. Massa und P. Matos, 2005, "Favoritism in Mutual Fund Families? Evidence on Strategic Cross-Fund Subsidization," *Journal of Finance, forthcoming.*

Ge, W. und L. Zheng, 2005, "The Frequency of Mutual Fund Portfolio Disclosure," Working Paper.

Gelfand, I. M. und S. V. Fomin, 1963, *Calculus of Variations*, Prentice-Hall, Englewood Cliffs, N.J.

Gelman, A. B., J. S. Carlin, H. S. Stern und D. B. Rubin, 1995, *Bayesian Data Analysis*, Chapman and Hall/CRC, New York.

George, T. J. und C.-Y. Hwang, 2005, "Disclosure Policies of Investment Companies," Working Paper.

Grinblatt, M. und S. Titman, 1989a, "Mutual Fund Performance: An Analysis of Quarterly Portfolio Holdings," *Journal of Business*, 62, 393–416.

Grinblatt, M. und S. Titman, 1989b, "Portfolio Performance Evaluation: Old Issues and New Insights," *Review of Financial Studies*, 2, 393–421.

Grinblatt, M. und S. Titman, 1993, "Performance Measurement without Benchmarks: An Examination of Mutual Fund Returns," *Journal of Business*, 66, 47–68.

Grinblatt, M. und S. Titman, 1995, "Performance Evaluation," in Robert Jarrow, Vojislav Maksimovic und William Ziemba (Hrsg.), *Handbook in Operations Research and Management Science*, Band 9, 581–609, Amsterdam.

Grinblatt, M., S. Titman und R. Wermers, 1995, "Momentum Investment Strategies, Portfolio Performance, and Herding: A Study of Mutual Funds Behavior," *American Ecomonic Review*, 85, 1088–1105.

Grossman, S., 1976, "On the Efficiency of Competitive Stock Markets Where Trades Have Diverse Information," *Journal of Finance*, 31, 573–585.

Gruber, M., 1996, "Another Puzzle: The Growth in Actively Managed Mutual Funds," *Journal of Finance*, 51, 783–810.

Hansen, L. P. und S. F. Richard, 1987, "The Role of Conditioning Information in Deducing Testable Restrictions Implied by Dynamic Asset Pricing Models," *Econometrica*, 55, 587–613.

Healey, P. M. und K. G. Palepu, 2001, "Information Asymmetry, Corporate Disclosure, and the Capital Markets: A Review of the Empirical Disclosure Literature," *Journal of Accounting and Economics*, 31, 405–440.

Hellwig, M. F., 1980, "On the Aggregation of Information in Competitive Markets," *Journal of Economic Theory*, 22, 477–498.

Hendricks, D., J. Patel und R. Zeckhauser, 1993, "Hot Hand in Mutual Funds: The Persistence of Performance, 1974–88," *Journal of Finance*, 48, 93–130.

Henriksson, R. D. und R. C. Merton, 1981, "On Market Timing and Investment Performance II: Statistical Procedures for Evaluating Forecasting Skills," *Journal of Business*, 54, 513–533.

Hirshleifer, J., 1975, "Speculation and Equilibrium: Information, Risk, and Markets," *Quarterly Journal of Economics*, 89, 519–542.

Ingersoll, J. E., 1987, *Theory of Financial Decision Making*, Rowman & Littlefield, Maryland.

Investment Company Institute, 2005, *Investment Company Fact Book*, Investment Company Institute, Washington, DC, 45. Auflage.

Iskoz, S. und J. Wang, 2003, "How to Tell if a Money Manager Knows More," NBER Working Paper.

Jegadeesh, N. und S. Titman, 1993, "Returns to Buying Winners and Selling Losers: Implication for Stock Market Efficiency," *Journal of Finance*, 48, 65–91.

Jensen, M. C., 1968, "The Performance of Mutual Funds in the Period 1945-1964," *Journal of Finance*, 23, 389–416.

Jensen, M. C., 1972, "Optimal Utilization of Market Forecasts and the Evaluation of Investment Performance," in Giorgio P. Szegö und Karl Shell (Hrsg.), *Mathematical Methods in Investment and Finance*, 310–335, Amsterdam.

Kasperczyk, M., C. Sialm und L. Zheng, 2005, "Unobserved Actions of Mutual Funds," Working Paper.

Kempf, A. und K. Kreuzberg, 2004, "Portfolio Disclosure: Effects on Portfolio Optimality and Performance," Working Paper.

Lehmann, B. N. und D. M. Modest, 1987, "Mutual Fund Performance Evaluation: A Comparison of Benchmarks and Benchmark Comparisons," *Journal of Finance*, 42, 233–265.

Lintner, J., 1965, "Security Prices, Risk, and Maximal Gains from Diversification," *Journal of Finance*, 20, 587–615.

Malkiel, B., 1995, "Returns from Investing in Mutual Funds 1971 to 1991," *Journal of Finance*, 50, 549–572.

Mamaysky, H., M. Spiegel und H. Zhang, 2003, "Estimating the Dynamics of Mutual Fund Alphas and Betas," Working Paper.

Markowitz, H. M., 1952, "Portfolio Selection," *Journal of Finance*, 7, 77–91.

Markowitz, H. M., 1959, *Portfolio Selection: Efficient Diversification of Investments*, John Wiley, New York.

Mas-Colell, A., M. D. Whinston und J. R. Green, 1995, *Microeconomic Theory*, Oxford University Press, New York.

Massa, M. und L. Phalippou, 2005, "Mutual Funds and the Market for Liquidity," Working Paper.

Mayers, D. und E. M. Rice, 1979, "Measuring Portfolio Performance and the Empirical Content of Asset Pricing Models," *Journal of Financial Economics*, 7, 3–28.

Mossin, J., 1966, "Equilibrium in a Capital Asset Market," *Econometrica*, 34, 768–783.

Roll, R., 1978, "Ambiguity When Performance is Measured by the Securities Market Line," *Journal of Finance*, 33, 1051–1069.

Rünzi, S., 2006, *Optimale Gestaltung von Fondsfamilien: Organisation und Intrafirmenwettbewerb*, Gabler, Wiesbaden.

Schott, J. R., 1997, *Matrix Analysis for Statistics*, John Wiley and Sons, New York.

Seierstad, A. und K. Sydsaeter, 1987, *Optimal Control Theory with Economic Applications*, North Holland, Amsterdam.

Sharpe, W. F., 1964, “Capital Asset Prices: A Theory of Market Equilibrium Under Condition of Risk,” *Journal of Finance*, 19, 425–442.

Sharpe, W. F., 1966, “Mutual Fund Performance,” *Journal of Business*, 39, 119–138.

Sirri, E. R. und P. Tufano, 1998, “Costly Search and Mutual Fund Flows,” *Journal of Finance*, 53, 1589–1622.

Tobin, J., 1958, “Liquidity Preference as Behaviour Towards Risk,” *Review of Economic Studies*, 25, 65–86.

Treynor, J. L., 1965, “How to Rate Management of Investment Funds,” *Harvard Business Review*, 43, 63–75.

Treynor, J. L. und F. Black, 1973, “How to Use Security Analysis to Improve Portfolio Selection,” *Journal of Business*, 46, 66–86.

Treynor, J. L. und K. K. Mazuy, 1966, “Can Mutual Funds Outguess the Market,” *Harvard Business Review*, 44, 131–136.

Verrecchia, R. E., 2001, “Essays on Disclosure,” *Journal of Accounting and Economics*, 32, 97–180.

Wermers, R., 1999, “Mutual Fund Herding and the Impact on Stock Prices,” *Journal of Finance*, 54, 1655–1695.

Wermers, R., 2000, “Mutual Fund Performance: An Empirical Decomposition into Stock-Picking Talent, Style, Transactions Costs, and Expenses,” *Journal of Finance*, 55, 581–622.

Wermers, R., 2001, “The Potential Effects of More Frequent Portfolio Disclosure on Mutual Fund Performance,” *Investment Company Institute Perspective*, 7.

Wermers, R., 2003, “Is Money Really "Smart"? New Evidence on the Relation Between Mutual Fund Flows, Manager Behavior, and Performance Persistence,” Working Paper.